나는
내가
제일
어렵다

WER BIN ICH OHNE DICH? : Warum Frauen depressiv werden-und wie sie zu sich selbst finden
by Ursula Nuber

© Campus Verlag GmbH 2012
Korean Translation Copyright © 2014 Munhakdongne Publishing Corp.
All rights reserved.
The Korean language edition is published by arrangement with
Campus Verlag GmbH through MOMO Agency, Seoul.

이 책의 한국어판 저작권은 모모 에이전시를 통해
Campus Verlag GmbH사와 독점 계약한 (주)문학동네에 있습니다.
저작권법에 의해 한국 내에서 보호를 받는 저작물이므로
무단 전재 및 무단 복제를 금합니다.

이 도서의 국립중앙도서관 출판시도서목록(CIP)은 서지정보유통지원시스템 홈페이지(http://seogi.nl.go.
kr)와 국가자료공동목록시스템(http://www.nl.go.kr/kolisnet)에서 이용하실 수 있습니다.
(CIP제어번호: CIP2014009189)

나는 내가 제일 어렵다

우르술라 누버 지음 | 손희주 옮김

**남에겐 친절하고 나에겐 불친절한
여자들을 위한 심리학**

문학동네

Contents

3장

왜 나만 이렇게 사는 게 힘든 걸까?
유능한 척, 괜찮은 척……
'척'에 빠진 여자들의 심리학

6장
이런 나라도 사랑할 수 있을까?
내 안의 작은 아이 끌어안기

7장
이제 행복해질 시간
우울의 늪에서 벗어나는 다섯 가지 방법

낮에는 웃던 그녀들이
밤마다 우는 이유

지난밤, 당신은 조금 울었다.

한낮의 당신은 당당하고 친절하며 이미 꽤 많은 것들을 이루어 낸 '괜찮은 여자'다. 그러나 밤이 되면 '또다른 여자'가 고개를 내민다. 지금 나는 완전히 잘못 살고 있다는 무서운 자책과 아무도 이런 사정을 알지 못할 거라는 고립감이 밀려온다.

가장 견디기 힘든 것은 이렇게 울고 싶을 때 전화를 받지 않는 애인이나 배우자도, 나의 친절과 호의를 영리하게 이용하는 동료나 상사도, 거대한 짐짝처럼 어깨에 얹혀 있는 가족도 아니다. 바로 나 자신이다. 점점 가라앉는 몸과 마음, 오늘 하루 충동적으로 던지고는 '아차' 싶었던 말과 행동, 결코 되돌릴 수 없게 돼버린 그 수많은 일들…… 스스로를 이해하고 싶지만, 생각하면 생각할수록 내가 왜 이러는지 이해가 되질 않는다. 당신은 이 모든 우울의 시작과 끝이 결국은 '나' 때문이라고 단정지으며 스스로를 할퀸다.

왜 우리는 이렇게 가뜩이나 힘든 나 자신을 상처내고야 마는 걸까? 유독 여자들이 자기 안의 미로에서 벗어나지 못하고 우울해하는 이유는 여자가 남자보다 민감하고 연약하기 때문일까? 지금까지 그 누구도 왜 여자들이 그토록 많은 시간을 우울해하고 자신을 괴롭히는지에 대해서는 설명해주지 않았다.

우리는 '우울증'이라는 무시무시한 진단을 바라는 것이 아니다. 이름부터 우울하기 짝이 없는 그런 병명만으로는 복잡하고 까다로운 감정상태를 설명할 수 없다. 우리가 바라는 것은 왜 내 마음이 내 마음대로 되지 않는지, 남들은 똑똑하고 여유롭게 잘살아가는데 어째서 나만 이렇게 사람과 일과 삶 모두가 어렵고 힘든지, 그 이유에 대한 설명과 해답이다.

사실 우울증에 걸린 여자가 남자에 비해 월등히 많은 이유는 이미 밝혀졌다. 여자가 비교적 쉽게 의사에게 감정상태를 털어놓기 때문이다. 따라서 우울증으로 진단받는 경우도 당연히 더 많다. 보통 여성은 사춘기, 출산 후, 갱년기와 같은 특정한 시기에 심리상태에 바람직하지 않은 영향을 미치는 호르몬장애로 인해 우울에 빠진다. 이것은 지극히 자연스러운 현상이다. 문제는 그다음이다.

우울해질 때마다 여성은 자기 자신을 괴롭히는 방법으로 문제를 해결하려 든다. 실제로 발표된 사례들을 보면 많은 여성들은 자신이 우울한 이유가 몸상태나 현재 처한 환경 때문이라고 생각하지 않았다. 기본적으로 본인에게 문제가 있다고 믿는 경우가 대부분이다. 그리고 이렇게까지 상황을 망쳐버린 자신을 모질게 책망한다. 결국 스스로에게조차 위로받지 못하고 이해받지 못한 영혼은 더욱 지쳐갈 뿐이다.

이 모든 걸 망친 건 나였어……
자책하는 여자, 무너지는 자존감

이 책은 자기 자신의 마음은 제쳐두고 타인의 인정과 사랑을 얻으려 애쓰는 평범한 여성들을 위한 이야기이다. 낮에는 일상생활을 잘 꾸려가는 것처럼 보이던 그녀들이 왜 밤만 되면 남몰래 아파하며 베갯잇을 적시는지, 혼자가 되면 유독 가라앉는 이유가 무엇인지, 본질적이고 근원적인 마음의 작용에 대해 이야기해보려 한다. 이를 위해 우선 두 가지 사실에 주목해야 한다.

첫째, 여자가 스스로를 감당하기 힘들어하는 이유는 남자와 판이하게 다른 여자만의 스트레스와 그로 인한 압박감 때문이라는 점이다. 남자의 스트레스가 여자의 스트레스에 비해 강도가 낮다거나 의미 없다고 평가절하하는 것은 결코 아니다. 실제로 남자들이 받는 엄청난 압박감, 특히 직업적·경제적인 어려움으로 인한 부담감은 상상 이상이다. 그러나 남자의 스트레스와 여자의 스트레스는 확연한 차이가 있으며, 바로 이 차이점이 여자를 우울의 늪으로 인도하는 결정적 요인이다. 뒤에서 자세히 이야기하겠지만,

여자는 남자의 삶에서는 뚜렷하게 드러나지 않거나 혹은 전혀 존재하지 않는 특별한 종류의 스트레스 속에서 살아간다.

이 책에서 두번째로 중요하게 다루는 부분은 여자는 관계에서 어려움을 겪을 때 그 이유를 전적으로 자기 자신에게 돌린다는 점이다. 자신의 마음을 제대로 들여다보지 못하는 여성들을 보면 의지할 수 있는 친근하고 따뜻한 관계를 상실한 경우가 대부분이다. 이들에게 왜 그리 힘들어하느냐고 물어보면 일상적인 스트레스와 그리 행복하지 않았던 유년 시절을 원인으로 지목하면서, 서로에게 힘이 되는 애정으로 충만한 관계를 꿈꾼다고 덧붙인다. 때로는 예전에 겪었던 상실이 자신을 계속 괴롭힌다고도 털어놓는다. 예기치 않은 사고로 인해 소중한 사람을 떠나보낸 경우도 있지만, 약간 다른 의미에서의 상실을 뜻하는 경우도 많다. 누군가와 서로 의지할 수 있는 관계를 쌓았으나 이를 유지하지 못한 경우, 여자는 이별을 모든 희망을 앗아간 절대적인 상실로 받아들인다. 또한 다른 이와 진정한 관계를 맺지 못하고 삶에 친밀감이 결여된 원인으로 자신을 지목하고 처절하게 자책한다.

'내가 지금보다 더 매력적이고 똑똑했더라면, 아무도 잃지 않고 사람들 사이에서 조화롭게 살아갈 수 있었을 텐데……'

이러한 자책 끝에 우리는 결핍과 약점을 보완하기 위해 더더욱 스스로를 다그친다. 더 친절하게 행동하고 더 많이 남을 배려하며, 스스로의 욕구나 입장, 목표 같은 것은 '기꺼이' 미뤄둔다. 무엇보다 상황을 최악으로 몰아가는 것은 자신이 느끼는 모든 '나쁜' 마음을 억지로 삼킨다는 점이다. 사실 우리는 분노와 공격적 성향, 실망감 등을 다른 이에게 들켜서는 안 된다고 믿는다. 자기 자신의 마음보다 타인과의 조화로운 관계가 더 중요하다고 여기기 때문이다. 다른 사람의 마음을 얻기 위해 나의 욕구, 희망사항, 분노는 억눌러야 한다고 믿다가 결국 나 자신과의 소통이 단절되는 무시무시한 대가를 치르기도 한다.

이렇게 아파하는 여자를 바라보는 외부의 시선도 곱지 않다. 가령 우리 사회는 타인으로부터 인정을 얻고자 하는 욕망을 의존적이고 미성숙한 기질로 치부하곤 한다. 이런 비난은 우리를 더욱 주눅들게 하고 무기력하게 만든다. 실제로 많은 여자들이 자신이 신뢰하고 의지하는 사람들을 떠올리며 '그가 없는 나는 누구일까?' '너 없이도 내가 살 수 있을까?'라고 자문한다. 그러면서 자신이 어딘가 결핍되어 있으며 뒤틀려 있다는 사실을 확인한다. 우리는 이와 같은 두려움이 어디에서 오는지조차 알지 못한 채 외로움과 고독에 몸서리칠 뿐이다.

오늘날 자율성과 독립심은 사회인이 갖춰야 할 기본소양으로 여겨진다. 그런데 여기서 대부분의 사람들에게, 특히 여자에게는 사회에서 어떤 관계를 맺고 어떻게 교감을 나누는지가 매우 중요하다는 사실은 간과된다. 그래서 우리는 신뢰를 바탕으로 한 감정적인 관계에 몰두하다보면 무시당한다는 느낌을 받곤 한다. 한번 사회로부터 혹은 애정을 쏟아부은 사람으로부터 '의존적'이며 '자립적이지 않다'고 낙인찍히고 나면, 정말 나에게 문제가 있는 것은 아닌지 스스로를 의심할 수밖에 없다. 이런 상태에서 '관계 맺기'를 원하는 욕구를 자연스럽게 인정하고 당당하게 실현할 수 있을까? 우리는 관계가 어긋난 원인이나 관계를 맺는 과정에서 받은 상처가 결코 나의 잘못과 무능력 때문이 아니라는 사실을 깨닫지 못한다.

여자의 우울은 일종의 관계장애이다. 여자는 타인과 관계를 맺은 상태에서 혹은 관계가 단절되는 과정에서 겪은 부정적인 경험으로 인해 우울의 덫에 걸려들 수 있다.

일상에서 수시로 닥쳐오는 만성적 스트레스＋절실하게 원했던 관계에서 오는 실망감＝우울증

이러한 공식은 정신적으로 무너지기 일보 직전의 상황에서 간신히 균형을 잡고 있거나 이미 우울증에 걸린 여자들에게서 흔히 볼 수 있다. "우울증이라니? 내가 그런 엄청난 병에 걸렸다는 거야?"라고 외치고 싶은가? 우리는 "우울해 죽겠어" "사는 게 우울해" 같은 말을 입에 달고 살면서, 정작 우울증이라는 단어는 이상할 정도로 기피한다. 하지만 이 책에서는 우울증이라는 단어를 피할 수 없을 것이다. 왜냐하면 슬프고 외롭고 허무하고 힘들고 속상한, 삶이 버겁게 느껴질 때의 그 모든 감정을 포괄하는 말이 바로 우울증이기 때문이다. 사전에서 '우울증'이라는 단어를 찾아보면, "기분이 언짢아 명랑하지 않은 심리상태"라고 풀이되어 있다. 이

책에서 우울증은 대체로 여자들에게 나타나는 어두운 감정상태를 나타내는 의미로 사용되며, 간혹 심각한 질병을 뜻하는 단어로도 쓰일 것이다.

'여자의 우울'을 제대로 다루려면 여성이 경험하는 관계의 특수성을 인정하고 거기에 초점을 맞춰야 한다. 나는 이 책을 아래와 같은 상황에 놓인 그대들에게 바친다.

◆ 날마다 헤아릴 수 없이 많은 스트레스 상황을 헤쳐나가야만 하는 당신(그리고 오랜 기간 그렇게 일해오면서 종종 성공했던 당신).

◆ '아니요'라고 말하지 못하는 당신, 타인에게 경계선을 긋지 못하는 당신.

◆ 더이상 사랑받지 못할까봐, 화가 나거나 실망해도 표현하지 않은 채 감정을 마음속에 감추는 일에 익숙해져버린 당신.

◆ 자신이 너무 많이 사랑을 갈구하고 남자친구나 배우자에게 지나치게 들러붙는다는 생각에, 늘 그의 곁에 머물고 싶다는 마음을 들키지 않으려 애쓰는 당신.

◆ 누군가와 맺은 관계 안에서 감정적으로 굶주려 있고, 상대방이 무슨 생각을 하는지 이해하지 못한다고 느끼는 당신.

◆ 습관적으로 과식하거나 과음하는 당신, 수면제나 안정제를 과다복용하며 불면증에 시달리는 당신.

◆ 가능한 한 모든 사람을 만족시키려 애쓰는 당신, 그렇지

만 정작 자기 자신은 어떻게 대하는 것이 옳은지를 완전히 잊어버린 당신.

만약 당신이 이중 어느 한 대목에서라도 눈길이 머물렀다면, 부디 책장을 계속 넘겨주길 바란다. 나는 바로 당신에게 용기를 주고자 이 책을 썼다. 언제든 우울해질 수 있는 '위험'을 안고 사는 여자들에겐 용기가 필요하다. 일상을 잠식하는 우울에 적극적으로 대처하고, 만인에게 더 상냥해져야 한다는 강박에서 벗어날 용기가 필요하다. 지금 나의 우울이 내게 무엇을 말하려고 하는지 귀기울여야 한다. 자신의 목소리를 높이고 스스로를 강하게 북돋워줄 의지가 필요하다. 그래야만, 반드시 그럴 수 있어야만 내 삶을 우울로부터 구해낼 수 있다.

이 책에는 일도, 사랑도, 삶도 어렵지만 무엇보다 자기 자신이 가장 힘들고 어려워 고민하는 수많은 여성들의 이야기가 실려 있다. 자기 자신을 견디기 힘들어하거나 아예 방치해둔 이들의 이야기는 내가 심리치료사로 일하면서 만난 사람들의 실제 경험담을 재구성한 것이다. 만약 그녀들 중 어느 누구라도 안쓰럽고 안타까워 용기를 불어넣어주고 싶은 마음이 든다면, 다른 누구도 아닌 바로 당신 스스로에게 그 용기를 전해주면 된다. 우리가 가장 사랑하고 존중하고 돌봐야 할 사람은 바로 우리 자신이니까.

1장

내 마음은
왜 내 마음대로
되지 않을까?

:

여자들이 자기 자신을
못 견디는 이유

:

가끔, 당신은 궁금하다.

내 마음은 내 마음인데, 왜 내 마음대로 되지 않을까? 왜 툭하면 제멋대로(나의 의지와는 상관없이!) 바닥 끝까지 가라앉고 쓰라리게 아픈 걸까?

일도 어렵고 사랑도 힘들지만, 언제나 가장 어렵고 힘든 대상은 바로 나 자신이다. 어떤 날은 아무 이유 없이 마냥 우울하다. 주변 사람들의 말 한마디 한마디가 거슬리고, 무엇을 해도 기분이 나아지지 않는다. 아무리 고민해봐도 이유를 모르겠다. 내 마음인데도 왜 지금 이토록 아픈지, 왜 갑자기 속상한지 도통 알 수가 없다. 그러다 어느 날은 그래도 세상은 역시 살 만하고 아름다운 곳이라는 생각이 들며 한없이 즐거워진다. 며칠 전에는 신경을 긁어대던 상사의 한숨 소리마저 일에 빠져 고뇌하는 자의 열정적인 탄성으로 들린다. 도대체 무슨 일일까?

이유를 설명하기에 앞서 그림형제의 동화 「룸펠슈틸츠헨Rumpel-stilzchen」을 소개하는 데는 그럴 만한 이유가 있다. 우리는 왜 우울해지는가, 라는 절박한 질문의 답이 이 동화에 담겨 있기 때문이다.

옛날에 지지리 가난한 방앗간 주인이 살았습니다. 그 집에는 아주 예쁜 딸이 있었지요. 하루는 방앗간 주인이 왕을 만난 자리에서 허풍을 떨었습니다.

"제겐 어여쁜 딸이 한 명 있는데, 이 아이는 밀짚으로 금실을 자을 수 있답니다."

그러자 왕이 방앗간 주인에게 명령했습니다.

"네가 말한 대로 정말 딸한테 그런 재주가 있다면 대단한걸. 내일 당장 딸을 성으로 데리고 오너라. 어디 한번 내 눈으로 직접 봐야겠다."

방앗간 집 딸이 성에 도착하자 왕은 밀짚으로 가득한 방에 딸을 데리고 갔습니다. 그러고는 물레와 실패를 주며 말했습니다.

"이제 어서 일을 시작해라. 내일 이른 아침까지 짚으로 금실을 잣지 못하면 넌 죽은 목숨인 줄 알라."

왕이 말을 끝낸 후 방문을 닫고 가버리자 딸은 혼자 남겨졌습니다. 불쌍한 방앗간 집 딸은 넋을 놓고 앉아서 어쩌할 바를 몰랐습니다. 밀짚으로 금실을 잣는 방법 따위는 전혀 알지 못했거든요. 딸은 점점 더 무서워져서 결국 울음을 터뜨렸습니다. 그런데 그때 갑자기 문이 열리더니 웬 난쟁이가 들어오는 게 아니겠어요?

"안녕, 방앗간 집 아가씨. 왜 그렇게 울고 있어?"

"흑흑, 나더러 짚으로 금실을 만들어내라고 하는데 난 할 줄 모르거든. 내일이면 난 죽을 거야."

방앗간 집 딸은 한숨을 쉬었습니다.

"내가 대신 실을 자으면 나한테 무엇을 해줄래?"

난쟁이가 물었습니다.

"내가 걸고 있는 이 목걸이를 줄게."

딸이 얼른 대답했습니다. 난쟁이는 목걸이를 받고는 물레 앞에 앉아서 실을 잣기 시작했습니다. 그런데 놀랍게도 스르렁, 스르렁, 스르렁 물레를 세 번 돌리자 실패에 금실이 가득 감기는 게 아니겠어요? 난쟁이는 다른 실패를 끼우고는 다시 스르렁, 스르렁, 스르렁 세 번을 돌렸습니다. 그러자 두번째 실패에도 금세 금실이 가득 감겼습니다. 그렇게 다음날 아침이 밝을 때까지 난쟁이는 계속해서 짚을 전부 실로 자았습니다. 어느새 실패에는 금실이 가득했지요.

해 뜰 무렵 찾아온 왕은 금실을 보고 깜짝 놀라며 기뻐했습니다. 하지만 그걸로 만족하지 못하고 더 많은 금은보화를 갖고 싶어했지요. 그래서 왕은 방앗간 집 딸을 밀짚이 가득찬 더 큰 방으로 데려갔습니다. 그러고는 목숨을 잃고 싶지 않으면

하룻밤 사이에 밀짚을 모두 금실로 만들라고 또다시 명령했습니다. 방앗간 집 딸은 어떻게 해야 좋을지 몰라서 엉엉 울었습니다. 이때 문이 열리더니 난쟁이가 나타났습니다.

"밀짚으로 금실을 만들어줄 테니 나한테 무엇을 줄래?"

난쟁이가 물었습니다.

"내 반지를 줄게."

방앗간 집 딸이 대답했습니다. 난쟁이는 반지를 받고는 다시 물레를 돌리기 시작해서 다음날 아침까지 밀짚을 반짝이는 금실로 바꾸어놓았습니다. 왕은 많은 금실 더미를 보자 자지러지게 기뻐했습니다. 하지만 아직도 성에 차지 않았지요. 그래서 또다시 방앗간 집 딸을 짚으로 가득찬 더 큰 방으로 데려갔습니다.

"내일 아침까지 이것을 전부 금실로 잣도록 해라. 만약 이 일을 해낸다면, 너를 신부로 맞이하리라."

왕은 비록 방앗간 집 딸이긴 해도 이 소녀보다 더 부자인 신붓감을 찾지는 못할 거라고 생각했습니다. 방앗간 집 딸이 혼자 남겨지자 이번에도 난쟁이가 찾아왔어요.

"내가 이번에도 짚으로 금실을 잣는다면, 뭘 줄 수 있지?"

난쟁이가 물었습니다.

"난 이제 더이상 줄 수 있는 게 아무것도 없어."

방앗간 집 딸이 대답했습니다.

"그렇다면 네가 왕비가 된 후에 낳은 첫아이를 나에게 준다고 약속하는 건 어때?"

난쟁이가 제안했습니다.

'지금 내 눈앞이 깜깜한데 대체 내일 어떤 일이 일어날지 누가 알겠어?'

뾰족한 수가 없었던 방앗간 집 딸은 다급한 마음에 난쟁이의 요구를 들어주기로 약속했습니다. 다음날 아침, 자기가 갖고 싶어했던 걸 발견한 왕은 방앗간 집 딸과 결혼했습니다. 그래서 아리따운 방앗간 집 딸은 왕비가 되었지요.

1년이 지나 예쁜 첫아이를 얻었을 때, 왕비는 난쟁이에 대한 일은 완전히 잊어버린 상태였습니다. 그러던 어느 날 갑자기 왕비의 방으로 난쟁이가 들어오더니, "자, 이제 약속한 대로 아기를 내게 줘"라고 하는 게 아니겠어요? 깜짝 놀란 왕비는 난쟁이에게 아기를 데려가지 않는다면 왕국의 재산을 전부 주겠다며 애원했습니다. 하지만 난쟁이는 단칼에 거절했지요.

"아니, 나는 온 세상의 보물보다 살아 있는 게 더 좋아."

그럼에도 왕비가 계속 울면서 하소연하자 난쟁이는 왕비에게 말했습니다.

"좋아. 사흘간 말미를 주지. 그때까지 내 이름이 무엇인지 알아맞히면 아이를 네 곁에 그냥 놔둘게."

왕비는 밤새 이제까지 들어본 이름이란 이름은 죄다 떠올려보았습니다. 그러고는 신하 한 명을 전국 방방곡곡으로 보내서 어떤 이름들이 있는지 알아오라고 시켰습니다. 다음날 난쟁이가 찾아오자 왕비는 카스파, 멜키오르, 발처 등 알고 있는 이름을 차례로 모두 대보았습니다. 하지만 난쟁이는 이름을 들을 때마다 빙글거리며 "아니, 내 이름은 그게 아닌데"라고만 말할 뿐이었습니다. 둘째 날 왕비는 이웃나라에 어떤 인명이 있는지 수소문해보았습니다. 그러고는 그중에서 가장 희귀하고 이상한 이름을 난쟁이에게 불러보았습니다.

"혹시 네 이름이 립펜비스트 아니면 함멜스바테, 슈니어바인이니?"

하지만 난쟁이는 이번에도 "아니, 내 이름은 그게 아니야"라고 부인했습니다.

아무런 소득도 없이 시간은 흘러 드디어 사흘째 되는 날, 신하가 궁전으로 돌아와서는 왕비에게 말했습니다.

"새로운 이름은 하나도 찾지 못했습니다. 그런데 어느 높은 산 근처 조용한 숲에 다다랐을 때 조그마한 집이 한 채 있었습니다. 집 앞에 모닥불이 타고 있었는데 정말 우습게 생긴 난쟁이 한 명이 다리 한쪽을 치켜들고 그 주변을 팔짝팔짝 뛰어다니면서 이렇게 노래하더군요.

오늘은 빵을 굽고,
내일은 술을 빚고,
내일모레는 왕비의 아이를 데려오고.
아, 좋아라. 아무도 모른다네.

내 이름은 룸펠슈틸츠헨인데!"

난쟁이의 이름을 들었을 때 왕비가 얼마나 기뻐했을지 상상이 되시나요? 신하의 보고를 받은 직후 곧바로 난쟁이가 방에 들어와서 물었습니다.

"자, 왕비, 내 이름이 뭐지?"

왕비는 우선 이렇게 물었습니다.

"쿤츠가 네 이름이지?"

"아니."

"그럼 하인츠니?"

"아닌데?"

"그럼 혹시 룸펠슈틸츠헨?"

그러자 난쟁이는 무시무시하게 화를 냈습니다.

"악마가 가르쳐줬지? 악마가 가르쳐줬어!"

소리소리 지르던 난쟁이가 오른발로 땅을 쾅쾅 구르자 몸이 땅속으로 쑥 들어갔습니다. 난쟁이는 더더욱 화를 내면서 양손으로 왼발을 잡더니 자기 몸을 두 조각으로 찢어버렸습니다.

「룸펠슈틸츠헨」은 가난한 아버지의 허풍 때문에 짚으로 금실을 잣는, 말도 안 되는 일을 해내야 했던 한 소녀의 이야기이다. 일을 완수하면 행운의 여신이 미소를 짓지만(왕과 결혼해서 왕비가 될 수 있다), 만약 실패하면 죽음이 기다린다. 아마 대부분의 여성은 위기에 처한 착한 주인공이 등장하는 다른 동화를 읽을 때 으레 그러했듯이 마음을 졸이며 방앗간 집 딸을 걱정했을 것이다. 소녀가 못된 난쟁이를 통쾌하게 이길 수 있기를 응원하면서 말이다. 가난한 소녀가 돌연 왕비가 되는 일이 멋지고 낭만적이라고도 느꼈을 것이다. 선은 이기기 마련이고 악은 설 자리가 없다는 교훈을 얻었을 수도 있다.

그런데 사실 이 동화의 심연에 깔린 내용은 좀더 복잡하다. 이 동화는 한 여자의 우울과 이를 극복해낸 이야기로 해석할 수 있다. 이런 관점에서 동화를 분석해보면 방앗간 집 딸과 현실세계의 우리가 겪는 일 사이에 묘한 유사점이 있다는 사실을 발견할 수 있다. 불쌍한 방앗간 집 딸과 나 사이에 도대체 무슨 공통점이 있다는 건지 궁금하다면, 앞으로의 이야기에 집중해주길 바란다.

'할 수 있어, 아니 해야만 해'
당신을 옥죄는 생각의 굴레

방앗간 집 딸과 마찬가지로 우리도 일상생활에서 밀짚으로 금실을 자으려고 노력한다. 불가능해 보이는 과제와 도전에 응하고, 스스로에게 불가능한 일을 요구하기도 한다.

아마 터무니없는 상황에 처한 주인공이 낯설지 않은 여자들이 많을 것이다. 대부분의 여자는 '밀짚으로 금실을 만들어야 하는 이 말도 안 되는 상황에서 벗어날 방도는 없을까'가 아니라 '어떻게든 밀짚으로 금실을 만들지 못하면 나는 끝장이다'라는 생각에 잠겨 허우적거린다. 소녀가 주어진 일을 해내서 아버지와 왕을 실망시키지 않으려고 했듯이 우리 역시 최대한 주변 사람들을 만족시키려고 노력한다. 그러다보니 "네, 할게요" "네, 제가 맡겠습니다" "그럼요, 할 수 있어요"라는 말을 입에 달고 산다. 다른 사람들이 바라고 원하는 것을 충족시키는 데만 몰두하지, 실제로 이것을 할 수 있는 시간과 에너지, 흥미가 있는지는 고려하지 않는다. 근심과 피로 그리고 종종 몰려오는 좌절감은, 능력과 완벽함이라는 가면 뒤에 숨긴 채 말이다.

'아무도 이 일을 대신해줄 순 없어, 그 누구도 날 도와줄 순 없어'
숨쉴 틈 없는 송곳 같은 일과 속에 탈진해버린 그녀

안 카트린은 45세의 싱글맘이다. 주중에는 새벽 5시에 일어나 집안을 정돈한 뒤 딸아이를 깨워 학교에 데려다주고 서둘러 직장에 간다. 점심시간에는 장을 보거나 관청에 가서 일을 처리하고 병원진료를 받으러 간다. 그리고 하루 여덟 시간에 걸친 근무를 마친 뒤에는 학교에서 돌아온 손녀를 돌봐주는 어머니에게 가서 아이를 데려온다. 집에 도착하면 하루 한끼는 아이에게 따뜻한 밥을 먹여야 하지 않을까 하는 생각에 요리를 한다. 식사 후에는 얼마간 딸과 놀아주다가 방에 데려가 재운다. 아이가 잠들면 세상 돌아가는 사정을 알기 위해 뉴스시간에 맞춰 텔레비전을 켠다. 가끔은 뉴스를 보면서 다림질을 할 때도 있다. 그러다 뉴스가 끝날 즈음이면 잠자리에 든다. 아무리 늦어도 밤 9시를 넘기진 않는다.

사실 더 늦게까지 깨어서 책도 읽고 재미난 영화도 보고 친구와 통화도 하고 싶지만 보통 이 시간쯤 되면 너무나 피곤해서 그저 눕고 싶어진다. 그녀는 오랫동안 이렇게 빡빡한 일과를 무리 없이 소화해왔고, 이 모든 일을 해내는 자신이 대견스럽기도 했다. 그런데 요즘 들어 온몸이 납덩이처럼 무겁게 느껴지기 시작했다. 아침에는 아예 이불 밖으로 나가는 것조차 싫을 정도이다. 이토록 몸이 피곤한데도 정작 누우면 잠이 오지 않는다. 밤새 뜬눈으로 뒤척이다보면 자신의 삶에 아무런 의미가 없다는 비관적인 생각마저 든다. 하지만 이런 문제에 대해 다른 사람에게 말할 수도 없고, 말하고 싶지도 않다. 어차피 말해봤자 아무도 나를 도와줄 수 없을 테니까.

오늘날 여자들이 수많은 임무와 책임, 이중삼중의 고충으로 가득한 삶을 어떻게 꾸려가는지 살펴보면 그저 놀라울 따름이다. 워킹맘을 예로 들어보자. 회사에서는 자신의 열정과 에너지, 능력을 전부 일에 쏟으면서, 집에서는 남편에게 충실한 반려자가 되려고 노력하고, 자녀 양육을 책임지며, 노령의 부모를 보살피는 동시에, 다른 가족과의 친목 도모를 위해 애쓴다. 또한 가족이 균형 잡힌

내 마음은 내 마음인데,
왜 내 마음대로 되지 않을까?
왜 툭하면 제멋대로 바닥 끝까지
가라앉고 쓰라리게 아픈 걸까?
일도 어렵고 사랑도 힘들지만,
언제나 가장 어렵고 힘든 대상은
바로 나 자신이다.

영양 섭취를 하도록 신경쓰면서 청소와 빨래 등 가사에도 힘을 쏟는다. 어디 그뿐인가. 이 모든 일을 해낸 다음에는 본인의 건강과 날씬한 몸매를 위해 운동한다.

우리는 정말 눈코 뜰 새 없이 바쁘다. 게다가 거의 모든 일을 훌륭하게 해낸다. 자신감을 갖고 스스로를 자랑스러워할 만하다. 그런데 과연 실제로도 그럴까? 매우 유감스럽지만 그렇지 않다. 겉보기에 성공가도를 달리며 승승장구하는 여자의 속내를 들여다보면, 다음과 같은 감정과 의문이 꼭꼭 감추어져 있다.

> 지속적으로 이런 생각이 든다면 자신의 마음을 해독해야 할 때,
> 스스로를 코너에 몰아넣는 답 없는 질문들

◆ 내가 이 모든 과제를 해낼 수 있을까? 못하면 어떡하지? 왜 다 할 수 있다고 말했을까……

◆ 사실 나는 사랑받을 수 없는 여자야. 그도 나를 잘 모르기 때문에 옆에 있어주는 것뿐이지. 나는 사랑받을 만큼 착하지도 않고 내 마음 깊은 곳엔 어둠이 있어. 이걸 들키면 그도 결국 날 떠나버리겠지?

◆ 나 같은 사람이 엄마라서 내 아이가 불행해지진 않을까? 내 주변 사람들의 상황이 점점 나빠지는 게 내가 그들을 제대로 뒷받침해주지 못해서는 아닐까? 내가 사랑하는 사람들이 나로 인해 자꾸만 힘들어지는 것은 아닐까?

◆ 오늘도 잠이 안 와. 머릿속에서 고민이 떠나지 않아. 어떡

하지? 내가 왜 그런 짓을 했지?

◆ 난 너무 못생겼어. 뚱뚱해. 나이들수록 외모는 더 망가져 가겠지? 난 점점 더 추하게 늙어가겠지?

◆ 저 사람은 저렇게 즐겁고 행복해 보이는데 난 왜 이럴까? 나는 저 사람보다 훨씬 더 열심히 일하는데 왜 뜻대로 안 풀리고 힘들기만 할까?

◆ 가슴에 뭔가가 얹힌 것 같아. 너무 화가 나고 고통스러운데 난 참고 또 참고 있어. 내가 언제까지 이렇게 참고 살 수 있을까?

◆ 나는 늘 손해만 보면서 살아. 사람들은 날 만만하게 생각하고 이용하려 들지. 왜 그때 싫다고 말하지 못했을까? 왜 그 사람을 참아줬을까?

◆ 지금 확실히 잘못되어가는 일도 없는데 자꾸만 불행하단 생각이 들어. 머리도 무겁고 몸은 피곤해. 왜 난 늘 몸도 마음도 무겁고 아플까?

◆ 사소한 일에도 자꾸만 불평을 늘어놓고 짜증만 내게 돼. 점점 예민하고 까다로운 사람이 되어서 주위 사람들도 날 멀리하는 것 같고…… 아이들이나 엄마한테 다른 사람이 볼까 무서울 정도로 미친 듯이 화를 내면서 그들을 괴롭히고 있어. 이렇게 폭발하고 나면 늘 후회하지만 아마 내일도 또 그러겠지?

◆ 나는 인정받을 수 있는 사람일까? 정말 모든 것을 제대로 하고 있는 걸까?

당신의 마음속에도 이런 의문과 감정들이 똬리를 틀고 있다면, 다시 동화 속으로 돌아가보자.

"불쌍한 방앗간 집 딸은 넋을 놓고 앉아서 어찌할 바를 몰랐습니다. 밀짚으로 금실을 잣는 방법 따위는 전혀 알지 못했거든요. 딸은 점점 더 무서워져서 결국 울음을 터뜨렸습니다."

주변의 요구사항이 많아지고 그로 인한 불안감이 커지면서 우리도 종종 방앗간 집 딸과 같은 처지에 놓인다. 주어진 일을 될 수 있는 한 완벽하게 해내고 모든 이를 만족시켜야 한다며, 스스로에게 가혹하고 무리한 요구를 하는 것이다. 이러한 압박은 우리를 무겁게 짓누른다. 문제는 이렇게 지속적으로 스트레스를 받을 경우 반드시 응분의 대가가 뒤따른다는 점이다. 이런 상태가 오래 이어지면 스트레스 호르몬인 코르티솔과 아드레날린이 상시 분비되어 여자의 몸은 지속적인 경보 발령상태에 놓인다. 이 상태에서는 여러 가지 질병이 초래될 수 있는데 그중 하나가 바로 우울증이다.

"여자는 일생에 최소한 한 번은 우울증에 걸린다."

진실인 것처럼 떠돌던 이 말이 최근에는 거의 들려오지 않는다. 논란의 소지가 있긴 하지만 여자의 우울에 대해 되짚어보게 하는 이런 가설이 그늘진 곳으로 밀려난 이유는, 최근 언론에서 '번아웃burn out'이라는 더욱 흥미진진한 주제를 발견했기 때문이다. 이미 오래전부터 유명인들은 자신의 역량이 한계에 다다랐다고 밝히기 시작했다. 그들에게 그것은 전혀 부끄러운 일이 아니다. 실제로 지난 몇 년 동안 수많은 유명인사들이 번아웃되어서 완전히 소진상태가 되었다고 공식적으로 고백했다. 분데스리가 축구클럽 FC 샬케 04의 랄프 랑니크Ralf Rangnick 감독은 심신이 지쳤다며 감독 자리에서 물러났고, 언론학자인 미리암 메켈Miriam Meckel은 번아웃으로 병원에 입원했으며, 가수 머라이어 케리Mariah Carey, 배우 러네이 젤위거Renée Zellweger 외에도 수많은 이들이 정신적인 스트레스가 한계에 이르렀다고 고백했다.

그런데 위에 언급한 사람들에게서 두 가지 공통점을 찾을 수 있다. 첫번째는 이들 모두가 우울증이 아닌 번아웃이라는 진단을 받았다는 것이고, 두번째는 에너지가 전부 소진되어서 휴식을 취해야 하는 상황에 이르기 전까지 왕성하게 활동하며 매우 큰 성공을 거뒀다는 점이다.

이제 대중은 번아웃이라 하면 연예인, CEO, 프로운동선수, 예술가 들이 앓는 병, 즉 '능력 있는 사람들'이 보이는 증상이라는 이미지를 떠올리게 되었다. 온 힘을 다해 최대치의 능력을 발휘하다가 기운을 소진하는 바람에 번아웃에 걸렸다고 생각하는 것이다. 심리치료사인 볼프강 슈미트바우어Wolfgang Schmidbauer는 번아웃을 일종의 '퍼플 하트Purple Heart 훈장'(미국에서 전쟁중 부상당한 군인에게 주는 훈장)과 같다고 설명한다. 독일 축구 국가대표팀의 정신건강을 담당하고 있는 스포츠 심리학자 한스디터 헤르만Hans-Dieter Hermann 역시 랑니크 감독의 급작스러운 은퇴는 축구감독으로서 받은 엄청난 압박감 때문임을 암시했다. 축구감독은 언제 어디서나 준비상태로 있어야 하며, 자신이 영향을 끼칠 수 없는 부분에 대해서도 막중한 책임을 져야 하기 때문이다.

마치 경기마다 천당과 지옥을 오가는 국가대표 축구감독처럼 우울의 덫에 빠진 여자들 역시 24시간 내내 '현장'에 있다. 이들도 많은 사람들을 책임지며, 종종 불가능한 일을 가능하게 하고, 영향을 끼칠 수 없는 일을 해결해보려 애쓴다. 어쩌면 이런 여성들의 삶은 축구감독처럼 화려하지 않을지도 모른다. 이들은 매일 벌어지는 '생활 리그'의 대가로 그 어떤 메달도 받지 못하며 자신이 경험한 일에 대한 책을 써서 부와 명예를 누릴 수도 없다. 이런 여성들은 유명인사가 아니기 때문에, 그리고 그들 자신뿐만 아니라 다른 이들도 대부분 그들이 해낸 일들을 당연시하기 때문에 설사 탈진하더라도 번아웃이라는 멋진 훈장을 받지 못한다. 대신에 이들이 겪는 문제는 약간은 덜 멋있게 들리는 우울증이라는 낙인을 받는다. 이렇듯 우리는 날마다 일과 가족 사이에서, 직장에서의 성공과 자녀 양육 사이에서 힘겹게 줄다리기를 하면서도 사람들의 동정 어린 관심도, 따뜻한 이해도 받지 못한 채 소외된다.

게다가 우리는 번아웃 환자들과는 다르게, 자신의 고충을 밖으로 드러낼 엄두조차 내지 못한다. 오히려 정반대다. 누구에게도 힘든 모습을 보여서는 안 된다고 여기며, 자신의 내밀한 근심과 문제로 다른 이들을 괴롭히고 싶어하지 않는다. 그러다가 어느 날 완전히 지쳐버리면 더이상 어찌할 바를 몰라 당황한다. 책임과 의무에 부대끼다가 자포자기할 위험에 처하는 것이다. 그러면서도 대부분은 모든 것이 스스로의 잘못이라고 자책한다. 자신이 충분히 노력하지 않았기 때문이고, 자신이 무엇인가 잘못을 저질렀기 때문이며, 이런 상태의 자신은 정상이 아니라고 단정짓고 만다. 그녀들에게는 스스로에 대한 이해심과 너그러움이 결여되어 있으며, 주위의 동정을 간절히 바라면서도 결국 아무것도 얻지 못하는 경우가 많다. 번아웃이 자신을 불태워 열심히 살아온 전문직 종사자나 예술가가 한 번쯤 겪는 일종의 귀족병으로 여겨지는 반면, 우울증은 어딘가 고장난 사람들이 제 마음조차 제대로 관리하지 못해 걸리는 질환이라는 오명을 뒤집어쓴다.

그러나 전문가들은 사실상 이 두 증상 사이에는 아무런 차이점이 없으며 번아웃은 근본적으로 우울증으로 이어지는 과정일 뿐이라고 거듭 강조한다. 그럼에도 우울증의 이미지는 여전히 번아웃보다 훨씬 더 어둡고 병적으로 느껴진다. 사회생활을 하면서 "전 지금 우울증에 걸렸습니다"라고 인정하는 것은 "저는 지금 번아웃 상태예요"라고 밝히는 것보다 어렵고 힘든 일이다.

번아웃이라는 이름 아래 사회를 뒤덮고 있는 광기가 좀더 개방적으로 다뤄지게 되었다는 사실은 환영할 만하다. 하지만 유감스럽게도 우울증과 번아웃이 사실상 동일하다는 점은 간과되고, 한쪽은 '자신의 모든 것을 바쳐 너무 고되게 일했기 때문에 잠시 휴식을 취해야 마땅한 실력자'로, 다른 한편은 '삶에 무기력하고 자기 관리 하나 제대로 못하는 뒤처진 사람'으로 나누는 일종의 서열이 생겨버렸다. 근본적으로 사회가 정신적인 아픔마저도 계급화한다는 것은 치명적이다. 그렇지 않아도 우울증을 겪고 있거나 우울증에 걸릴 위험에 놓인 여성들은 아프고 우울한 이유를 온전히 자신의 무능력 탓으로 돌리는 경향이 있기 때문이다. 이렇듯 사회가 번아웃에 주목하면서 평범한 여성들의 어둠은 더더욱 그 늘진 곳으로 밀려나고 있다.

기억하라, 당신은 절대 무능하지 않다
그리고 우울은 당신이 무능하기 때문에 받는 형벌이 아니다

동화 속에 나오는 방앗간 집 딸은 아버지 때문에 절망적인 상황에 빠져들지만 이에 저항하지 않는다. 오히려 아버지에게 순종하며 그가 벌여놓은 일에 가담한다. 아버지가 허풍쟁이라는 사실을 폭로하지 않고는 절체절명의 상황에서 벗어나기 힘든데도, 처음에는 보석을, 그다음에는 아이까지 희생하면서 그를 감싼다.

우리 역시 부당한 세상의 요구에 반기를 들지 못하는 경우가 많다. 오히려 누군가에게 도움을 줄 수 있다는 것은 기쁜 일이고, 나를 필요로 하는 사람이 있다는 것은 내 가치를 인정받는 일이라고 여긴다. 완전히 잘못된 생각은 아니다. 문제는 다른 사람의 요구에 자신을 끼워맞추면서 정작 본인이 중요하게 여기는 것을 포기하는 데서 발생한다. 때로는 자신의 상식과 믿음마저 부정해버리면서 말이다.

'어쩌면 밀짚으로 금실을 자을 수 있는 방법이 세상 어딘가에 있을지 몰라. 누군가는 금실을 자을 수 있으니까, 저들이 내게 이

런 요구를 하는 거겠지. 정말 나만 그런 일을 할 줄 모르는 거면 어떡하지?'

극단적인 상황에 놓였을 때 우리는 부당하고 힘든 상황을 명백히 밝히고 그 누구에게라도 S.O.S를 청할 수 있다는 생각은 하지 못한다. 가장 소스라치게 두려운 것은 나의 무능함이 세상에 까발려지는 일인 탓이다. 그러나 일에 과부하가 걸리거나 세상으로부터 무리한 요구를 받는 여성들은 대개 무능하지 않다. 오히려 성실하고 유능한 여성인 경우가 많다. 지금까지 충분히 잘해왔고 그만큼 강해 보이기 때문에 주위에서 더 많은 역할과 임무를 주는 것이다. 그럼에도 그녀는 점점 힘들어지는 상황을 애초부터 자신의 무능함을 속인 데 대한 대가로 받아들인다. 그래서 자신이 무능하다는 사실을 감추기 위해 무서울 정도로 발버둥질한다. 한없이 당당했던 그녀는 그렇게 본래의 자신과는 전혀 다른 모습으로 변해간다.

'모두를 위해 일하지만
아무도 나에게 관심을 갖지 않는다'
완벽한 여자가 되려다 외로운 괴물이 되어버린 그녀

엘렌은 비서직으로 시작한 직장생활에서 사장 보좌직까지 승진했

가장 소스라치게 두려운 것은,
나의 무능함이 세상에 까발려지는 일이다.
그녀는 점점 힘들어지는 상황을
애초부터 자신의 무능함을 속인 데 대한 대가로 받아들인다.
그래서 자신이 무능하다는 사실을 감추기 위해 무서울 정도로 발버둥질한다.
한없이 당당했던 그녀는 그렇게 본래의 자신과는 전혀 다른 모습으로 변해간다.

다. 성인이 된 두 딸이 아직 한집에 같이 살며, 집에서 가까운 곳에
는 부양해야 할 고령의 부모님이 계신다. 물론 남편도 함께 살지만
너무나 바빠서 제대로 얼굴을 마주할 시간도 없다. 그럼에도 엘렌
은 남편이 자신을 필요로 할 때면 항상 그의 곁에 있어준다.

　남편은 이런 엘렌을 두고 "강한 남자 뒤에는 강한 여자가 있다"는
말을 즐겨한다. 하지만 정작 엘렌이 누군가 자신의 이야기를 들어줬
으면 좋겠다고 느끼거나 남편의 어깨에 기대고 싶을 때, 그는 아무
런 관심도 없다. 바쁜 일과를 마치고 집에 왔으니 그저 편안하게 쉬
고 싶어할 뿐이다. 하지만 엘렌은 남편이 하루를 어떻게 보냈는지
궁금하고 남편에게 자신과 아이들, 친구들에게 일어난 일에 대한
이야기도 들려주고 싶다. 요즘의 걱정거리도 나누고 싶고 서로의 관
계에 대해서도 이야기하고 싶다. 하지만 남편은 이런 이야기에는 귀
기울이지 않는다. 자신에 대한 이야기를 하는 데도 도통 흥미가 없
다. 가령 엘렌이 "당신, 오늘 어땠어?" 하고 물어보면 마지못해 "좋
았어"라는 짧은 대답만 돌아올 뿐이다. 만족하지 못한 엘렌이 다시
한번 요즘 맡은 프로젝트가 어떻게 진행되고 있는지 물어봐도 "잘
돼가"라는 한마디만 귀찮은 듯 툭 던진다. 간혹 "당신은 요즘 어때?
괜찮아?"라고 일상적인 안부를 묻기라도 하면 "왜 자꾸 그런 걸 꼬
치꼬치 캐묻고 그래?"라고 반문한다.

　엘렌은 감정적으로 남편에게 다가가고 싶지만 체감거리를 줄이는
일이 생각처럼 쉽지만은 않다. 가끔은 소리라도 지르고 싶은 심정
이다. 할 수만 있다면 남편을 붙잡아 흔들며 더이상 나는 이렇게 살

수 없다고, 이제는 나한테도 신경써달라고 말하고 싶다. 하지만 실제로 그렇게 하지는 않는다. 어떤 상황에서든 자제력을 잃고 복받치는 감정을 내보이고 싶진 않기 때문이다. 그렇게 되면 결국 자신만 더 큰 상처를 받을 게 분명하다는 사실을 그녀는 알고 있다.

엘렌은 1년 전부터 심한 요통에 시달리고 있지만 지금까지 시도한 어떤 치료법으로도 고통을 줄일 수 없었다.

방앗간 집 딸이 왕의 명령을 거역했다면 어떻게 됐을까? 아마 목숨을 잃었을 것이다. 그러면 우리가 "밀짚으로 금실을 자으라고? 그런 일은 할 수도 없고 하기도 싫어!"라고 말한다면 무슨 일이 일어날까? 누군가의 요구를 들어주지 않는다고 목숨을 잃진 않겠지만, 그 못지않게 무서운 일이 벌어질 것이다. 그중 하나가 바로 '사랑받지 못하는 일'이다.

우리는 반항적이며 비판적인 태도를 취하면, 다른 사람으로부터 받던 호의와 인정, 사랑을 잃을 수 있다는 생각에 두려워한다. 미국의 심리학자 해리엇 러너^{Harriet Lerner}가 말하듯 '나 자신보다 관계가 더 중요'하다고 생각하는 사람은 특히 그렇다. 그러면서도 정작 자신은 거절당할 게 무서워서 다른 사람에게 부담이 될 법한 요구는 하지 않는다. 부당한 일을 겪어도 '아름다운 평화를 유지하기 위해서' 비판적인 의견을 속으로 삼킨다. 나중에 다시 생각해보면 썩 중요하지 않은 일일 거라 애써 자위하면서 말이다.

갈등상황이 발생해서 어른스럽지 못하다는 말을 듣는 것도 겁나는 일이다. 우리는 주변 사람들이 등돌리는 상황을 감당할 자신이 없다. 그렇다, 우리는 두렵다. 소중한 사람이 내게 실망하고 떠나는 일은 상상만으로도 끔찍하다.

이렇듯 여자에게는 배우자와 가족, 가까운 친구와의 관계에서 자신의 본모습(이를테면 속마음이나 성격)을 보이는 경우, 그들이 외면할지도 모른다는 두려움이 자리잡고 있다. 그래서 다른 사람이 실망하지 않도록, 그들이 화내지 않도록 항상 그들의 마음에 들기 위해 '노력'하는 것이다.

이러한 노력의 이면에는 '그가 없는 나는 누구인가?' '그가 없어도 내 삶에 의미가 있을까?'라는 질문이 숨어 있다. 우리는 이런 불안을 숨긴 채 모든 것을 완벽하게 해내고 가능한 한 '예'라고 대답하는 친절한 사람이 되기 위해 노력한다. 심지어 어떤 여성은 다른 사람에게 인정받기 위해서는 어떤 경우라도 그들을 자극하거나 거스르는 행동을 해서는 안 된다고 생각한다. 공격적 성향이나 분노, 실망과 같은 '위험한 감정'을 들키지 않기 위해 애쓴다. 아니, 이런 감정은 아예 처음부터 느끼지도 말아야 하는 감정으로 치부해버리고, 이런 감정이 들 때면 도리어 자기 자신을 다그친다. '화내면 안 돼. 그건 사람들을 불편하게 만드는 일이야.'

결국 우리는 '진짜 나'를 보여줘서 거부당하는 위험을 감수하느니 차라리 한 번 걸러진 '또다른 나'를 보여주는 편이 낫다고 여긴다. 하지만 이런 방법은 시간이 지나면 비싼 대가를 치르게 된다. 주변 사람들과의 관계를 지키기 위해 모든 수단을 동원해서 갈등을 막으려 하면 할수록, 본인의 감정과 생각, 자신이 원하는 것을 제대로 인식하지 못하게 되고 종국엔 어떤 방법으로도 표현할 수 없는 상태에 이르기 때문이다.

해리엇 러너의 말에 따르면, 우리가 '친절하면 친절할수록' 무의식중에 얹히는 분노와 공격적 성향은 마음속 빈 탱크에 차곡차곡 쌓여간다. 그러다 탱크가 가득차면 그동안 눌러왔던 분노를 빼내기 위해 다급하게 밸브를 찾는다. 주변의 소중한 사람들은 물론이거니와 자신을 보호해야만 하기 때문이다. 그런데 간혹 의외의 사건이 터지기라도 하면 이내 자기 잘못이라면서 스스로를 가장 먼저 비난하는 여성이 있다. 하지만 이 사태를 책임져야 하는 장본인은, 그녀에게 버림받았다는 느낌을 준 배우자, 필요할 때만 전화하는 친구, 여전히 딸의 삶에 간섭하려 드는 나이든 엄마와 같은 주변 사람들이다. 그런데도 우리는 분노를 일으킨 원인제공자들에게 어떠한 비난의 말도 하지 않는다. '돌출행동'으로 이들이 자기를 싫어하거나 화내서는 안 되기 때문에 오히려 자기 자신을 버리고 이들을 보호하는 것이다.

동화 속에 등장하는 방앗간 집 딸은 아버지와 왕이 원하는 대로 하지 않으면 목숨을 잃을까봐 두려워한다. 현실 속의 우리는 제멋대로 고집을 부리고 이기적으로 행동하면 남들의 사랑과 인정을 받지 못할까봐 두려워한다. 동화 속의 여자를 위협하는 것은 밀짚으로 금실을 만들어내지 못하면 죽이겠다는 왕의 협박이다. 하지만 현실의 여자를 위협하는 것은 다름 아닌 자기 자신이다.

스스로를 계속 억누르다가 삶의 활력을 잃거나 자기 자신을 완전히 잃어버리는 것이다.

그녀는 매일 밤 울지만……
아무도 그녀가 우는 모습을 보지 못했다

동화에서 위기상황에 빠진 방앗간 집 딸을 진심으로 도와주는 사람은 아무도 없다. 난쟁이 외에는 그녀가 우는 모습을 본 사람도 없다. 아버지와 왕은 어린 소녀가 얼마나 힘들어하는지 알지 못한다.

그렇다면 우리는 어떨까? 사실 오늘날의 여자들이 일상에서 겪는 상황도 동화와 별반 차이가 없다. 너무나 피곤하고 힘에 부쳐서 당장 기댈 수 있는 누군가의 어깨와 다정한 말, 심리적인 버팀목이 있으면 좋겠다고 생각하지만, 기대와는 달리 주변 사람들에게서는 어떤 도움도 받지 못한다. 설령 도움을 받는다 해도 내가 원하는 대로는 아니다. 그런데도 '왜 내가 원하는 것을 알아주지 않느냐'고 따지지 못한다. 오히려 이렇게 바닥을 쳐버린 자신에게 실망하지 않고 관계를 유지해주는 상대에게 고마움을 표해야 한다고 생각한다. 우리는 항상 다른 사람에게 한발 양보하고 자신의 감정을 억누른다. 문제는 이로 인해 자신의 실제상태가 어떤지, 자신이 무엇을 원하는지 점차 잊어버리게 된다는 것이다.

'다 잘되고 있잖아.
그런데 나는 왜 이렇게 허탈한 거지?'
쇼윈도에 갇혀 혼자가 되어버린 그녀

브리타와 게르트는 금슬 좋은 부부이다. 브리타는 게르트가 자신이 꿈꾸던 남자라고 말해왔으며 게르트 역시 브리타가 물으면 기꺼이 그녀가 꿈에 그리던 자신의 이상형이라고 답했다. 그럼에도 브리타는 자신이 사랑받지 못하고 있으며, 완전히 혼자라고 느낄 때가 많았다. 기분이 가라앉을 때 남편 곁에서 따뜻한 온기를 느끼며 대화를 나누고 싶어도 남편은 이런 마음을 몰라줬기 때문이다. '도대체 뭐가 문제냐, 다 잘 지내고 있지 않으냐'고 되물을 뿐이었다. 게르트는 아내가 너무 많은 것을 원하고 자기한테 매달린다고 질책한다. 그러면 브리타는 철렁해서 자기에게 정말 무슨 문제가 있는 것은 아닌가 다시 생각한다. 그녀 역시 자기가 왜 이토록 절박하게 친밀감을 원하는지 도무지 이해가 되지 않는다.

우리는 다른 사람과의 관계가 자신의 존재가치와 직접적인 관련이 있다고 여기기 때문에, 관계가 흔들리면 이를 유지하기 위해 어떠한 위험도 무릅쓴다. 상대를 최대한 배려하며 원만한 관계를 위해 노력했는데도, 애정 어린 도움을 받지 못하거나 내가 갈망하는 대로 대접받지 못하면 이 모든 것이 자신의 잘못이라고 단정짓는다. 가령 부부관계가 행복하지 않거나 배우자가 툭하면 화를 내고 집에 안 들어오거나 아이들이 힘들게 하면 자기 잘못이 분명하다고 확신한다. 자신을 무능하고 가치 없다고 평가하며 잘못한 일만 골똘히 생각하고 결국 이 세상에 자기 혼자라고 느끼고 만다.

왜 우리는 원하는 일이 실현되지 않으면 거의 자동적으로 스스로를 탓하는 걸까. 변화를 꾀하거나 불만족스러운 관계를 청산해버리지도 못하고 제자리만 맴도는 이유가 무엇일까. 위험한 상황에서 자신을 해방시킬 수 없었던 방앗간 집 딸처럼 우울하고 마음 아픈 우리는 아무리 노력해도 충족되지 않는 갈증에 시달린다. 상대에게 거부당하지 않을까 하는 두려움에 자기가 얼마나 스스로를 억누르고 있는지 깨닫지 못하기 때문이다. 그리고 결국에는 관계를 개선할 수 있는 그 어떤 행동도 취하지 못하게 된다.

조금만 쉬면 이 모든 게 나아질 듯했지만……
당신의 휴가는 계속 연기된다

방앗간 집 딸은 결국 왕과 결혼하지만 이것은 결코 해피엔딩이 아니다. 소녀는 할 수 있는 모든 일을 했지만 앞으로의 삶이 편안하고 안전하리라는 희망은 실현되지 못했다. 난쟁이의 위험성을 과소평가했던 것이다. 난쟁이는 소녀 앞에 다시 나타나 협박한다.

우리 역시 오랫동안 드리워진 그늘이 인생 전체를 놓고 봤을 때, 얼마나 위험한지를 전혀 인정하려 들지 않는다. 그래서 있는 힘을 다해서, 때로는 마지막 힘을 쥐어짜내서 아무렇지 않은 척 일상생활을 이어나간다. 잠을 조금밖에 못 자서, 일이 너무 많아서, 아니면 쉴 시간이 없어서 피곤하고 불행한 거라고 둘러대면서 말이다. 번쩍거리는 몸과 마음의 경고신호를 보고도 눈을 질끈 감은 채 불면증과 편두통, 허리통증, 외로움을 신경안정제나 수면제, 술, 폭식 혹은 일로 달래며 넘기려 한다. 그리고 다가오는 휴일이나 다음 번 휴가 때 잠도 푹 자고 제대로 쉴 수 있을 거라 기대한다(그러나 그 '다음번' 휴일이나 휴가는 각종 사정으로 인해 계속 연기된다). "조금만 쉬면 모든 게 정상으로 돌아올 텐데, 뭐"라고 되뇌며 몸이 보내는 이상신호들을 무시한다. 자신이 매우 불완전하고 불행하다고 느끼지만 나에게 정말 무슨 일이 일어나고 있는지에 대해서는 알고 싶어하지 않는다.

'시간이 해결해주리라 믿었지만 시간이 갈수록 엉망진창이 되고 있어'
직장 두 곳에 다니며 이혼남과 연애중인 그녀

42세인 임케는 이혼한 지 2년 만에 자신과 같은 처지의 이혼남과 사랑에 빠졌다. 그에게는 열다섯 살짜리 딸이 있었다. 임케는 그의 딸을 처음 만났을 때 그 아이가 자신을 질투한다는 것을 단박에 알아차렸지만 시간이 지나면 점점 나아질 거라고 믿었다. 자기가 항상 한발 양보해야 하는 상황이 썩 내키지는 않았지만, 그가 갈등상황이나 결정적인 상황에서 딸의 편에 서는 일도 어찌 보면 당연한 일이라고 이해해주었다. 아직 어린아이인데다 부모가 이혼하는 바람에 상처를 많이 받았을 테니 말이다.

임케는 자신이 배제당하고 외롭다고 느낄 때면 스스로에게 화를 내거나 직장에서 받는 스트레스 때문에 우울한 것이라고 투덜거렸다. 실제로 그녀는 이혼 후 경제적으로 쪼들려서 직장을 두 곳이나 다니고 있었다. 한 변호사 사무실의 비서과에서 하루 여덟 시간이나 일한 뒤 저녁에는 주점에서 일했다. 그녀는 '형편이 풀려서 일하는 시간을 조금 줄이거나 직장에서 더 많이 인정받으면 기분이 좋아지겠지'라고 믿었다. 그리고 수입은 꽤 괜찮은 편이지만 자신의 경제적 부담을 조금도 덜어주지는 않는 그에 대해서는 '딸의 양육비가 만만치 않을 테니 어쩔 수 없지'라며 이해하고 넘어갔다.

난쟁이가 와서 아이를 내놓으라고 요구했을 때 왕비가 된 방앗간 집 딸은 깜짝 놀라며 대신 전 재산을 내놓겠다고 했다. 하지만 난쟁이는 값비싼 보물보다 살아 있는 생명을 탐낸다.

동화 속의 왕비가 기꺼이 모든 걸 주겠노라 약속한 것처럼 우리도 우리가 가진 전부를 내놓는다. 다른 사람들이 자기에게 실제로 기대하거나 혹은 그럴 거라고 가정하는 바를 실현하기 위해서 가

열차게 노력한다. 때로는 지금껏 해왔던 것보다 두 배 이상 더 많은 힘을 기울이기도 한다. 그러면서도 정작 가장 큰 관심과 노력이 필요한, 자신이 처한 절박한 상황은 쳐다보려고도 하지 않는다.

사연 속의 임케는 상대의 딸에게서 마음을 얻는다면 어려움을 해결할 수 있으리라고 믿는다. 그래서 아이에게 점점 더 고가의 선물을 주고 그가 그녀보다 딸을 우선시해도 매번 아무 말 없이 넘긴다. 딸이 아빠와 같이 있고 싶어하거나 그가 갑자기 다른 일이 생기는 바람에 그녀와 함께 가려고 했던 콘서트, 주말여행 혹은 집에서 분위기 있게 저녁을 보내려던 계획들을 취소했을 때도 화가 치밀고 실망스럽지만 꾹 참는다. 그러다 그가 자신이 기분 나쁜 것을 알아채기라도 하면 "아무것도 아니에요. 편두통이 또 도졌나봐요"라며 안심시킨다. 실제로는 스트레스로 인한 편두통 때문에 구급차를 불러야 하는 지경까지 왔는데도 말이다.

심리치료사인 리타 슈라이버Rita Schreiber는 각계각층의 우울한 여자들을 인터뷰했다. 그녀들은 자신의 상태를 다음과 같이 묘사했다.

"상실감이 느껴져요."

"다른 사람들에게서 멀리 떨어져 있는 것 같아요."

"이젠 내가 누구인지도 모르겠어요."

"안갯속에 있는 것 같아요."

"어두컴컴한 구멍에 빠져서 세상으로부터 고립된 느낌이에요."

이런 감정들이 불러일으키는 불안과 두려움은 너무나 견디기 힘든 것이어서, 동화 속의 왕비가 전 재산을 내놓아서라도 난쟁이에 게서 벗어나려 애쓴 것처럼 급기야 이런 감정을 제거하기 위해 뭐든 시도하게 된다. 즉 만인에게 더 잘하고, 더 사랑스러워지고, 더 완벽해지고, 더 많이 일하기 위해 애쓰면서 다른 사람 앞에서는 본심을 숨기려 한다. 통증을 약으로 달래고, 헛헛함을 일로 채우면서 어떻게든 턱없이 높게 설정한 목표를 달성하기 위해 노력한다. 왕비처럼 자기가 가진 전부를 내놓는 셈이다.

의지와 야망만으로는 해결되지 않는 아픔들
'난쟁이'는 언제고 우리를 찾아올 기회를 노린다

난쟁이 룸펠슈틸츠헨은 실제 삶에서 과연 무엇을 의미할까? 이 것은 '훌륭한 여자'가 되기 위해 드높은 기준을 세우고 이를 어떻게든 충족시키려 하는 여성의 거대한 의지를 대변한다. 즉 난쟁이는 우리가 이를 악물고 참으면서 "예"라고 말할 때, 남을 먼저 챙기고 자신은 뒷전으로 미뤄둘 때, 두려움과 단점을 절대로 들키지 않으려 하고, 지친 마음이 몸에 보내는 이상신호를 무시할 때 언제나 그 옆에 존재한다.

이렇게 난쟁이를 곁에 둔 여성은 살면서 자신이 약해지는 것 같아 두려워질 때마다 항상 온 힘을 다해 더 강해지려고 애쓴다. 더 상냥해지고 더 부지런해지고 더 바삐 움직인다고 해도, 결국은 자기가 원하는 일을 이룰 수 없다는 사실만 재차 확인할 뿐인데도 말이다.

우리가 참고 또 참는 이유는 언젠가는 방앗간 집 딸처럼 이런 힘든 상황에서 벗어날 거라 믿기 때문이다. 하지만 항상 전력질주 하다보면 나중에는 긴 주말이나 휴가를 보내도 여전히 피로가 가시지 않는 지경이 된다. 결국 언젠가는 난쟁이가 문 앞에 버티고 서서 더이상 물러서지 않을 때가 오는 것이다. 원인 모를 경련이 일어나고 편두통에 시달리기도 하며 급기야 누적된 피로로 인해 몸을 가누지 못하고 픽픽 쓰러지기도 한다. 더이상 아무것도 하지 못하는 상태가 되어버리는 것이다. 그 어떤 것도 우리를 즐겁게 해주지 못하고 깊은 절망감만 엄습해온다.

방앗간 집 딸이 처음에는 목걸이를, 그다음에는 반지를 주고 결국에는 아이까지 희생시킬 뻔했던 것처럼 현실의 여성도 처음에는 힘을, 그다음에는 용기를, 결국에는 가장 소중한 재산인 자기 자신을 희생시킨다.

동화 속의 왕비는 결국 난쟁이를 제거하는 데 성공한다. 난쟁이가 준 기회를 이용해 그의 진짜 이름을 찾아내는 데 온갖 방법을 동원한 덕분이다.

우리 역시 이런 과제 앞에 서 있다. 무엇이 우리의 삶을 지배하는지, 그 이름을 찾아야 한다. 왜 마음이 흔들리는지, 두려움과 절망이 어디에서 오는지를 진실 앞에 서서 정확히 인식해야 한다. 다른 이들의 욕구와 바람을 충족시키기 위해 불가능한 과제들을 너무 많이 떠맡고, 본인의 진정한 감정은 숨긴 채 불행한 관계를 이어나가는 것이야말로 지금 위험한 상황에 놓이게 된 진짜 이유가 아닐까? 이 때문에 자기부정과 같은 크나큰 실망감을 느끼게 되고 결국 난쟁이가 찾아오는 것이다.

우리는 난쟁이의 진짜 이름을 알아내고 자신을 있는 그대로 받아들여야 한다. 그래야만 비로소 자신이 누구인지 본모습을 되찾을 수 있다.

우울한 여자는 처음에는 힘을, 그다음에는 용기를,
결국에는 가장 소중한 재산인 자기 자신을 희생시킨다.
무엇이 우리의 삶을 지배하는지, 그 이름을 찾아야 한다.
왜 마음이 흔들리는지,
두려움과 절망이 어디에서 오는지를
진실 앞에 서서 정확히 인식해야 한다.
그래야만 비로소 자신이 누구인지
본모습을 되찾을 수 있다.

2장

그 없이도
내가 살 수 있을까?

:

나를 잃지 않고
그를 사랑하는 법

:

자주, 당신은 속상하다.

그를 위해 많은 것을 포기하고 양보했는데, 그는 그런 노력을 알아주지 않는다. 연애를 시작한 이후 그의 스케줄에 맞춰 데이트를 하느라 친구들과도 소원해졌다. 그를 위한 도시락을 준비하다가 정작 내 끼니는 건너뛴 적도 여러 번이다. 내 삶과 생활이 모두 그를 중심으로 돌아가는데, 그는 여전히 자기 생활을 즐기고 있다. 친구들과 술을 마시는 중이라며 외로움에 허덕이는 당신의 전화를 건성건성 받은 적도 있고, 일이 바쁘다며 기대했던 데이트를 취소해버린 적도 있다. 왜 나만 이렇게 배려해야 하지, 라는 생각이 들 때도 있지만, 그런 이야기를 꺼냈다가는 싸움이 될까 싶어 참고 만다.

가족이라고 크게 다르지 않다. 나는 가족들의 고민을 들어주고 해결해주려 애쓰는데 정작 내 문제는 털어놓지도 못하고 속으로 삭일 때가 많다.

우리는 왜 이렇게 나보다 타인을 중심으로 사는 걸까? 우리에게 자기 자신보다 더 중요한 것, 그것은 바로 관계다. 다시 말하자면 여자는 '다른 사람을 돌보며, 그를 위해 정신적 지주가 되어주고, 문제가 있을 때 누군가의 말을 열심히 들어주는 사람'이다. 또한 나이든 가족을 돌보고 갈등을 중재하며 만사가 균형을 이루도록 신경쓴다. 이처럼 주변 사람의 일에 집중하고 다른 사람들을 심히 걱정하고 근심하는 상황은 많은 스트레스와 압박의 원인이 된다. 만약 이 같은 관계에서 우리가 기대하는 보호, 친밀감, 이해, 부드러움, 신뢰감을 얻지 못하면 관계 그 자체가 스트레스가 되는 불상사가 발생한다.

늘 평등하지 못한 인간관계를 맺는 여자가 있다. 그녀는 언제나 뭔가 어긋나 있고 균형을 이루지 못한다고 느낀다. 이 불균형은 그녀는 다른 사람에게 관심과 애정을 주고 그 관계를 유지하기 위해 공들이는데, 정작 자기 자신과 현재 전념하는 일들에 대해서는 거의 관심을 받지 못하기 때문에 생긴다. 우리는 다른 사람들이 내 이야기에 귀기울이지 않고 내 경험과 감정에 대해 그다지 관심을 갖지 않는다고 느낄 때가 많다. 그래서 누군가와 대화를 해도 말이 잘 통하지 않는다고 느끼거나 오래도록 이야기를 나누어도 그다지 만족하지 못한다.

자신의 근심과 생각을 솔직히 털어놓을 수 있는 사람이 적어도 한 명이라도 있는 여자는, 외롭고 고립되었다고 느끼는 여자보다 우울해질 위험성이 현저히 낮다. 이렇게 신뢰할 수 있는 대상이 배우자든 친구든 간에, 중요한 것은 여자가 극심한 스트레스를 받을 때 도움을 줄 사람이 있는가의 여부이다. 다른 사람과 서로 의지할 수 있는 관계를 맺고 있는 여성의 경우, 스트레스로 인해 극도로 우울해질 확률은 이런 관계가 전혀 없는 여성보다 3분의 2 정도 낮다는 연구 결과도 있다.

'제발 나의 이야기를 들어줘'
남편과 소통하는 길을 찾기 위해 책과 섹스에 몰두하는 그녀들

"그와 정말 대화다운 대화를 나누는 시간을 갖고 싶어요. 저에 대해서, 그리고 우리의 관계에 대해서 말이에요." 다그마가 말했다. "하지만 불가능해요. 최근에 다시 한번 대화를 시도하면서 내가 지금 행복하지 않으니 조금 더 관심을 가져주면 좋겠다고 말했을 때, 그가 이렇게 말하더군요. '또 그놈의 관계타령이야? 난 당신이 뭘 원하는지 정말 모르겠어. 난 항상 여기 있잖아. 그런데 왜 자꾸 내가 멀게 느껴진다는 거야?' 항상 곁에 있다는 그의 말이 맞긴 해요. 하지만 단지 몸만 있을 뿐이에요. 소파에 누워서 책을 읽다가 넋 놓고 먼산을 바라보거나 자전거를 타고 몇 시간이고 돌아다니곤 해요. 하지만 내가 어떻게 하루를 보냈는지, 요즘 어떻게 지내는지, 무슨 생각을 하는지 그는 전혀 물어보지 않아요. 상상조차 할 수 없는 일이죠. 내가 뭔가 잘못한 것이 있나, 종종 묻게 돼요. 혹시 내가 너무 이기적인 것은 아닌가에 대해서도요. 방법을 찾으려고 소통에 관한 자기계발서를 얼마나 많이 읽었는지 모르겠어요."

다그마가 책에서 길을 찾고자 했다면 헬가는 다른 방법을 택했다. 그녀는 남편 헬무트와 결혼한 후 연달아 두 명의 아이를 낳고 얼마 전에는 셋째를 출산했다. 헬가는 장애인을 위한 복지시설에서 일한다는 데 자부심을 갖고 있었지만 육아를 위해 선뜻 일을 그만두었다.

광고 전문가인 헬무트가 가족을 충분히 부양할 만큼 돈을 벌었기 때문에 헬가는 경제적으로 쪼들리지는 않았다. 하지만 남편은 집에 있는 경우가 드물었고 집에 있더라도 대부분 피곤해했다. 신경은 늘 날카롭게 곤두서 있었고 마음은 다른 곳에 가 있었다. 이유 모를 거리감을 느낀 헬가는 남편에게 다가가지 못하고 언젠가부터 자신의 생각과 요구에 대해 더이상 대화를 나눌 수가 없었다. 오로지 섹스할 때만은 남편 곁에 머물 수 있었지만, 이것이 애정과 대화를 대신할 수는 없는 노릇이었다. 헬가의 표현을 빌리자면, 그녀는 오랫동안 남편의 '무뚝뚝한 면을 풀어주려고' 노력했지만 남편은 헬가를 거부했다.

"당신이 원하는 게 뭔지 전혀 모르겠어. 우리 지금 잘 지내고 있잖아. 아니, 당신이 싫은 건 아니야. 그런데 이해를 못하겠어. 도대체 원하는 게 뭔데?"

헬가는 말한다.

"우리 부부의 지금 상태는 '관계'라고 부를 수도 없을 거예요. 남편은 남편 일을 하고 저는 제 할 일만 해요. 유대감이라고는 찾아볼 수 없죠. 휴가철에 바닷가에 앉아 석양을 보면서 감탄해도 남편은 이런 강렬한 감정을 저와 나눌 줄 몰라요. 그는 너무나 무미건조하고 낭만적이지 못해요. 긍정적인 감정조차도 표현하지 않고 표현하고 싶어하지도 않아요. 이런 관계는 너무나 외로워요."

심리학 연구자들은 거의 대부분의 여성이 우울해지기 전 어떤 식으로든지 유대감이 결여되거나 관계가 깨지는 경험을 했다는 사실을 밝혀냈다. 뒤틀린 애정관계와 부부문제, 배우자의 불신, 이별과정의 갈등이 고독감과 고립감을 초래하고 소속감의 박탈로 이어진 것이다. 여성은 관심과 이해를 원하는데 상대가 계속해서 실망스러운 행동을 할 때 이런 감정을 느끼기도 한다. 이와 관련된 심리학 연구에서는 여성이 불행하고 불만족스러운 '관계'에서 빠져나오면, 우울한 기분 역시 사라지는 경우가 많다는 흥미로운 사실도 엿볼 수 있다. 자신이 왜 우울해지는지 알고 싶다면 본인이 맺고 있는 관계를 들여다보아야 한다. 어쩌면 문제는 당신의 마음속이 아니라 당신과 얽혀 있는 사람들, 정확히 말하면 그 사람들과의 관계에서 느끼는 고충에 있을지도 모른다.

타인과의 관계에서
트러블 메이커가 되고 싶지 않아
자신의 마음과 전쟁을 벌이는 여자들

스위스의 심리학자인 가이 보덴만Guy Bodenmann은 '왜 여자가 남자보다 더 자주 우울해지는가?'라는 주제에 관심을 갖는 학자가 많지 않다고 지적한다. 여자를 실망에 빠뜨리는 기대들, 관계를 맺은 사람과 겪어야만 했던 부정적인 경험에 주목하는 사람이 거의 없다는 주장이다. 대부분은 여자가 독립적인 성향을 가졌더라면 다른 사람에게 그다지 큰 기대나 지나친 요구를 하지도 않고, 그토록 집착하지도 않았을 것이며, 그랬다면 상대에게 만족했을 거라는 의견을 내놓는다.

즉 우리가 다른 사람에게 지나치게 기대하기 때문에 불행을 초래한다는 견해인데, 이와 관련하여 철학자인 리하르트 다비트 프레히트Richard David Precht는 일반적으로 남자가 좀더 행복한 종족이라고 주장한다. 프레히트에 따르면 "여자는 행복이라고 표현하는 것과 관련해서 대부분의 남자보다 더 많은 것을 요구"하는 경향이 있다. 남자는 맥주를 마시면서 텔레비전으로 축구중계만 봐도 이미 자기가 행복하다고 느낀다는 것이다.

『슈피겔Spiegel』 역시 "여성은 여전히 남성으로부터 너무 많은 것을 기대한다"고 보도한 바 있다. 여성은 '아침에 침대로 차 한잔을 가져다주고, 오후에 사무실로 꽃다발을 배달시켜서 깜짝이벤트를 하고는, 저녁에는 열심히 섹스를 마친 뒤 한마디 불평도 없이 쓰레기를 버리러 나갔다가 지하주차장에서 상사와의 약속에 대해 돌아보는 성공적인 남자'를 원한다는 것이다.

이런 이야기를 듣다보면 실제로 우리가 너무나 많은 요구를 하는 게 아닌가 싶은 생각이 들기도 한다. 여자의 불행은 순전히 타인에게 의지하는 '의존성'과 남자에게 과도하게 매달리며 칭얼대는 어린아이 같은 나약함에서 비롯된다는 설도 공공연하게 돌아다닌다. 물론 여자의 자긍심이 좀더 강했더라면 이토록 심하게 다른 사람들의 관심과 확신을 필요로 하지는 않았을 것이다. 주변에서 칭찬하거나 인정하지 않아도 스스로 자신을 가치 있다고 여길 수 있었을 것이다. 실제로 우리는 자부심이 약하기 때문에 관심을 필요로 한다. 스스로에 대한 확신과 자신감이 부족하기 때문에 만약 다른 사람의 관심을 받지 못하거나 그 관심도가 너무 약하면 자기 회의에 빠지고 심한 경우에는 우울증으로까지 이어질 수 있다.

우울한 여자가 자신이 경험했던 인간관계를 어떻게 묘사하는지 들어보면, 그 내용은 '자율성 절대 부족'이라는 카테고리 아래 분류할 수 있을 정도로 상당히 위태롭다. 하지만 이런 식의 분류와 낙인은 그녀들에게 취할 수 있는 공정한 처사가 아니다. 여자가 무엇을 원하는지 진정으로 이해하고자 하는 사람이라면, 이렇게 겉으로 드러난 인상으로 여자의 마음을 재단해서는 안 될 일이다.

'나는 남편이 최우선인데
그에게 내 순서는 늘 마지막이에요'

남편에게 사랑받지 못한다고 느끼는 그녀들

잉에는 남편이 읽어주기를 바라는 마음으로 매일 편지를 쓴다. 편지 쓰는 것 외에 다른 방법으로는 남편과 소통할 수 없기 때문이다. 대화를 나누고 싶지만 남편은 늘 거부하거나 화를 낸다.

"저에게 편지 쓰기는 일종의 비상구예요." 잉에는 말한다. "내가 무언가를 바라거나 어떤 일에 화를 내면 남편과 전혀 대화를 나눌 수가 없어요. 제가 무언가에 대해 비판적인 생각을 꺼내기가 무섭게 대화는 악화되죠. 레코드판 바늘이 같은 자리에서 튀는 것처럼 항상 똑같은 식으로 이야기가 흘러가요. 남편은 매우 난폭한 행동을 하고 이혼할 거라며 저를 위협하다가 대화를 끝내곤 해요. 저는 절망에 휩싸여서 계속 다른 가능성을, 다른 소통방식을 찾으려 애쓰고 이야기를 들어줄 사람을 찾으려 헤매다녔어요. 하지만 아무런 성과도 얻지 못했죠. 우리의 대화는 항상 똑같이 흘러갈 뿐이죠. 남편은 제가 하는 말은 전혀 듣지 않고 빈정대거나 냉소적으로 대꾸하면서, 문제를 해결할 수 있는 여지를 눈곱만큼도 주지 않아요. 내가 무엇을 원하는지 아니면 원하지 않는지에 대해서는 누구나 말할 수 있는 거잖아요. 다른 사람이 하는 말을 그저 진지하게 들어주는 일이 그렇게 힘든가요? 상대의 입장을 받아들일 수 없다면 번갈아가면서 각자 희망사항을 말할 순 있는 거잖아요. 하지만 저는 이제 무력감만 느낄 뿐이에요. 결국 저는 아무것도 말할 수 없고 결정하지도 못해요. 제 감정과 욕구는 그에게, 아니 이젠 저에게도 전혀 중요하지 않게 되었거든요."

샤로테도 남편이 자신을 진지하게 대해주지 않는다고 생각한다. 어쩌면 남편의 인간관계에서 자신이 '가장 중요하지 않은 사람'일지 모른다는 느낌이 항상 그녀를 괴롭힌다. "남편에게는 저 외에 다른 모든 사람이 훨씬 더 중요해요. 남편은 그들을 위해서라면 무슨 일이든 하려 들죠. 하지만 저를 위해서는 그러지 않아요. 제 순서는 매번 끝이죠. 순서가 오기나 하면 좋겠지만, 평생 제 순서는 오지 않을 거예요. 내가 무엇을 원하는지, 어떻게 지내는지 남편이 단 한 번만이라도 물어봐준다면 좋을 텐데. 하지만 이런 일은 거의 없어요. 반면 저는 남편을 위한 일이라면 무엇이든 해요. 집을 예쁘게 단장하고, 그를 간섭하지 않고, 그가 무엇인가 원하면 당장 달려가죠."

우리는 소중한 사람이 우리를 별것 아닌 존재로 치부하고 냉정하게 거리를 두거나 적대적으로 대하면 불행하다고 느낀다. 존중받지 못한다는 느낌에 절망하고 좌절감에 휩싸인다. 그래서 나와 상대 사이에 존재하는 균열을 뛰어넘으려고 갖은 애를 쓴다. 하지만 이 일마저 실패로 돌아가면 깊은 실망감과 무기력감이 밀려온다. 그에게 감정적으로 가닿을 수 없으며, 확고한 친밀감 같은 것을 영영 얻을 수 없으리란 사실을 깨달으면 깊은 상실감에 빠지고 만다. 절대적으로 혼자가 된 기분이다.

우리가 종종 인간관계에 어떤 구멍이 있다고 생각하는 것이 결코 착각이 아니라는 사실은 이미 여러 연구를 통해서 입증되었다. 실제로 스트레스 상황에 놓였을 때, 남편에게서 어떤 종류의 적절한 도움도 받지 못하는 여자가 많다. 불행한 부부생활을 하는 여자는 남자에 비해 세 배나 더 우울감을 느끼며, 결국 불행한 결혼생활을 하는 여성의 절반이 우울증에 빠진다.

누군가와 관계를 맺었는데도 그것이 불안정하다고 느껴지면, 여자의 자긍심은 걷잡을 수 없이 위축된다. 자신의 감정을 무시당하고 자기표현도 제대로 할 수 없게 되면, 여자는 자신이 '잘못되었다'고 판단해버린다. 자신이 만약 정상이라면 다른 사람이 주의와 관심을 보이지 않을 이유가 없다고 생각하기 때문이다. '그들'의 잘못을 '자신'의 잘못으로 치환하는 셈이다. 관계에서 일어나는 일은 때로 매우 미묘해서 대부분은 관련된 사람들조차 상처를 주었는지 제대로 인식하지 못한다. 우리는 상처받았고 아파하고 있지만 그들은 알지 못한다. 관심받지 못하고 위로받지 못한 상처는 점점 곪아간다.

'그날 나는
나락으로 떨어지는 듯한 느낌을 받았다'
민감한, 너무나 고통스럽게도 민감한 그녀

브리기테는 오래전부터 정체를 알 수 없는 고통스러운 통증에 시달리고 있었다. 지금까지는 약을 먹으면 조금이나마 차도가 있었는데 언젠가부터 더이상 약이 듣지 않자 전문의를 찾아갔다. 진료를 받고 집으로 돌아온 저녁, 브리기테는 의사가 '류머티즘'이라고 내린 진단 때문에 몹시 혼란스러웠다. 그녀는 남편인 프레드에게 곧바로 자신의 병명을 전하고 싶었다. 브리기테의 이야기를 들은 남편은 놀라서 "그럼 어떻게 해야 하지?"라며 관심을 보였다. 그러다가 그녀의 설명이 어딘가 미심쩍다고 생각했는지 "그런데 다른 의사의 말도 들어보는 편이 좋지 않을까?"라고 덧붙였다. 브리기테가 이에 바로 대답하지 않자 남편은 얼른 화제를 옮겼다.

"그런데 말이야, 오늘 상사하고 면담했는데 내가 새로운 프로젝트를 맡게 될 것 같아. 며칠 안에 상사가 우리집으로 식사하러 온대. 당신, 무슨 요리로 대접할지 생각해볼래?"

프레드는 브리기테의 상황에 더이상 신경쓰지 않았다. 병에 관한 이야기는 이미 일단락되었다고 생각했기 때문이다. 일단 다른 의사의 소견도 들어본 뒤 이야기하는 게 낫다는 판단이었다. 그러나 브리기테는 그 순간 남편과 완전히 차단되었다고 느꼈다. 그와 연결되어 있던 어떤 선이 뚝, 하고 끊어지는 소리가 들리는 것만 같았다. 브리기테는 자신이 느끼는 감정을 제대로 표현할 수 없었고, 이렇게 느끼는 것이 온당한지 몰라서 혼란스러웠다. 어쩌면 자신이 틀렸을지도 모른다는 생각 때문이었다. 한편으로는 궁금했다. 그녀는 그의 관심을 온전히 얻고 싶었는데, 왜 그때 프레드는 뜬금없이 자기가 맡을 프로젝트와 상사에 대한 말을 꺼낸 걸까? 곰곰이 생각하던 브리기테는 자신이 너무 스트레스를 받아서 현재 상태를 제대로 설명하지 못한 것이라 판단했다. 그래서 자신이 걱정하는 바를 확실히 보여주고자 다시 한번 대화를 시도했다. 하지만 프레드는 이렇게 대꾸했다.

"당신, 쓸데없는 걱정이 너무 많은 거 아니야? 그다지 심각하지 않을 거라고."

브리기테는 드디어 확실한 문제를 발견했다. 그녀의 가장 큰 문제는 자기 자신이었다. 그에게 걱정을 드러내지 말고 혼자서 가만히 가라앉혔어야 했다. 건강에 대한 염려 때문에 잠시 자제력을 잃은 듯했다. 그때부터 브리기테는 자신의 감정은 덮어두고 프레드가 하는 말에만 귀기울였다. 그의 질문에 꼬박꼬박 대답하며 상사의 방문에 대한 대화를 이어갔다. 하지만 그럴수록 브리기테는 나락으로 떨어지는 듯한 느낌을 받았다. 버림받은 것 같았고 혼자서 모든 두려움을 감당해야 한다는 공포와 외로움을 감출 수 없었다.

혹시 당신도 이런 식의 대화를 나누어본 적이 있는가? 여자는

자신과 자신의 걱정, 혹은 관계에 대해서 말하고 싶어하지만 남자는 구체적인 해결책만 불쑥 던져놓고는 이걸로 이 주제는 처리되었다고 결론내버린다. 하지만 이런 식의 대화는 우리에게 불충분하다는 느낌을 준다. 게다가 이전에 있었던 비슷한 경험까지 더해지면 극도의 불안이 찾아온다. 급기야 우리는 그에게 내가 소중한 존재인지를 의심하기 시작한다. 어떻게 해야 할까? 상대에게 나를 무시하느냐고 따져야 할까? 하지만 우리의 선택은 전혀 다른 방식이다. 상대방이 듣고 싶어하지 않는 이야기를 중단하고, 그 대화로 인해 받은 실망감이나 분노도 목구멍 아래로 삼켜버린다. 갈등보다는 침묵을 택하는 것이다.

우리의 고민이 진지하게 받아들여진다는 느낌을 받기 위해서는 이 대화가 어떻게 진행되어야 할까? 브리기테 옆에 울리케라는 여자 친구를 둬보자. 그러면 답은 간단해진다. 울리케는 브리기테의 병에 대해 들었을 때 즉시 공감하면서 "정말 놀랐겠다, 지금 기분은 어때? 괜찮니?"라고 반응할 것이다. 진단받는 순간 느꼈던 무서움에 대해 말할 수 있는 기회를 얻은 브리기테는 병을 어떻게 치료할지 모르겠다고 걱정한다. 의사가 추천한 치료를 받아야 할지 확신이 서지 않는다고, 어쩌면 침술이나 다른 대안의술이 더 나을지도 모른다고 털어놓는다. 울리케는 브리기테를 진심으로 다독인다. "그래, 아직 시간은 있으니까. 같이 인터넷에서 정보를 좀 찾아보자."

이런 대화는 우리가 좋은 관계에서 얻고 싶어하는 두 가지 중요한 기준을 충족시킨다. 바로 공감과 격려이다. 일단 상대가 나를 이해해준다는 느낌을 받으면, 더욱 솔직하게 생각과 감정을 털어놓을 수 있다. 그리고 다시금 본인의 생각과 감정을 덧붙여 대화를 지속한다. 여자들에겐 이런 대화가 필요하다. 우리는 말하고 들어주면서 감정을 주고받는 관계 속에서 살고 싶어한다. 우리는 다른 사람을 격려하는 동시에 격려받고 싶어한다. "이것은 나에게 중요해" 그리고 "너에게 이런 얘기를 하는 것 자체가 나한테는 중요해"라고 말하고 싶어한다.

우리가 원하는 것은 조화로운 관계다. 다른 사람들과 연결되어 있다는 확신이 필요하다. 하지만 유감스럽게도 우울한 여자의 삶에는, 그녀가 간절히 원하는 바와 같이 공감하며 이야기를 들어주고 대답해줄 사람이 너무나 적다. 그래서 그녀는 자신의 감정상태를 깨닫고 생각을 정리하는 데 어려움을 느낀다. 자기가 원하는 것이 이루어지지 않으면 분노와 실망이 치솟지만 간신히 억누른다. 그리고 자신이 염원하던 것이 실은 그다지 중요하지 않다고 애써 마음을 추스르며, 불화를 일으키거나 갈등을 초래하지 않게끔 몸을 사린다. 좋은 게 좋은 거라고 모두의 평화를 위해서 입을 다무는 것이다.

앞서 소개한 브리기테처럼 여자들은 대개 자신이 말하고자 하는 것을 그만두고 상대가 말하고자 하는 것을 들어준다. 그후에 찾아오는 상심과 우울이 상대방의 태도나 대화의 흐름 때문이라는 생각을 의식적으로 차단한다. 그러지 않으면 자신이 다른 사람에게 실망했으며 관계가 악화될 수 있다는 사실을 인정해야 하기 때문이다. 우울한 여자에게 진실은 결코 밝혀져서는 안 되는 두려운 무엇이다.

이런 나를 사랑해줄 사람은 어디에도 없어
그러니 불화를 일으켜서는 안 돼!

관계 속에서 겪은 거리감을 너무 고통스럽게 받아들이지 않으려고 '온순한 순응'이라 이름 붙일 수 있는 태도를 취하는 여자들이 있다. 온순한 순응은 자신의 소망과 감정을 억제할 때만 가능하다. 상대가 원하는 것을 들어주지 않으면 덜 사랑받게 될 거라고 지레 겁먹기 때문에, 혹은 화를 돋우면 애정을 박탈당하는 벌을 받을지 모른다고 두려워하기 때문에, 여자들은 자신의 마음을 감옥에 밀어넣는 쪽을 택한다. 이들은 말하고 싶지만 침묵하며, 전혀 다른 액션을 취하고 싶지만 상대의 의견을 기꺼이 따르는 듯이 행동한다. 브리기테가 자신의 건강이 염려된다는 이야기를 더는 나누지 않고 남편의 관심사와 상사의 방문에 관한 주제로 계속해서 대화를 이어간 것처럼 말이다.

이런 '순종'은 상대를 잃을지 모른다는 공포가 본인의 욕구와 권리를 표현하고 싶은 바람보다 클 때 생긴다. 온순하게 순응하는 여자는 다른 사람이 자신에게 동의하지 않고 화를 내거나 분개해서 결국은 자기를 외면하게 되리라는 상상을 멈추기가 힘들다. 따라서 이런 여성은 최대한 상대방의 의사를 존중하는 태도를 보인다. 룸펠슈틸츠헨 동화 속에서 아버지와 왕에게 대들지 않는 방앗간 집 딸처럼 현실의 우리도 일단은 갈등을 피하고 싶어하는 경우가 많다. 불화를 일으키지 않으려 하고(그래서 자신이 화났다는 사실을 철저하게 숨긴다) 배우자 혹은 다른 중요한 사람들의 신경을 거슬리게 하거나 실망시키지 않으려고 안간힘을 쓴다. 갈등을 겪는 관계가 나 혼자 불행한 관계보다 더욱 나쁘다고 생각하기 때문이다. 우리에게 불화는 불행보다 더욱 참기 힘든 상황이다.

'마음 불편하게 해서 정말 미안해'
자기 잘못이 아닌데도 항상 먼저 사과하는 그녀들

바베테는 유능하고 똑똑한 고등학교 선생님이다. 다른 선생님과 학생들에게 실력을 인정받으며 인기까지 높다. 그런데 직장에서는 이토록 높은 성취도를 보이며 당차게 살아가는 그녀가 배우자인 페터에게만은 한없이 약해지곤 한다. 아침에 페터가 자신과 다툰 후 쌩하니 출근해버리면 바베테는 일에 전혀 집중할 수가 없다. 심지어 수업시간에도 혹시 문자메시지가 오지 않을까 싶어 연신 휴대폰을 만지작거린다. 하지만 페터가 메시지를 보내는 경우는 거의 없다.

"누구 때문에 싸움이 일어났는지에 상관없이 먼저 사과하는 사람은 항상 저예요." 바베테는 갈등상황을 참지 못하고 페터가 자신에게 다시 다가오기를 바란다. 그의 침묵이 두렵기 때문이다. 그래서 항상 자기가 먼저 전화를 걸어서 용서를 구한다.

한편 사라는 부부상담을 통해 남편의 외도를 이해하고 용서할 수 있도록 도움받길 기대하고 있었다. 상담을 시작할 때 사라는 남편의 외도가 어떤 면에서는 자기 때문이라는 사실을 안다고 말했다. 아들이 태어난 후로 아기에게만 온통 신경을 썼고 남편에게는 소홀했으니 바람을 피울 만도 했다는 이야기였다. 사라는 관계 파국의 모든 책임을 자신이 짊어지려 했다. 남편인 토마스 역시 사라와 같은 생각이었다. 토마스는 아이를 가진 것이 매우 기뻤지만 아이의 출생 후에는 상당히 외로웠다고 고백했다.

"둘이 더이상 아무 말도 하지 않게 되었는데도 전혀 이상한 줄을 몰랐어요. 같이 잠자리도 갖지 않았고요. 그때 전 스스로 일에 파묻혔지요."

토마스는 회사에 머무는 시간이 점점 길어졌고 아이가 이미 잠들고 부인이 완전히 지친 채 텔레비전 앞에서 곯아떨어질 시각이 돼서야 집에 돌아왔다. 이런 상황에서 한 매력적인 회사동료가 그를 유혹했을 때 토마스는 거부할 수 없었다고 말했다. 사라도 그의 말에 동의하는 태세였다. 그녀는 파국으로 치달은 부부관계를 재건하는 일이 자기에게 달려 있다고 믿었다. 더불어 자신이 아직도 괜찮은 여자라는 사실을 남편에게 증명하고 싶어했다.

　욕구와 희망사항을 보류하고 생각과 느낌, 분노를 삼키는 일은 우울한 여자들이 보이는 주요한 특징이다. 심리학자이자 우울증 연구가인 발레리 W. 비펜Valerie W. Whiffen에 의하면 우울한 여자는 다른 사람과의 관계에서 큰소리를 내는 법이 없다. 자기가 무언가를 원한다는 사실 자체를 결점으로 여기며, 상대와의 관계에 문제가 있다는 사실을 아예 부인할 때도 많다. 화가 났을 때는 침묵, 섹스 거부 혹은 함께 있는 장소 피하기와 같은 간접적인 방식으로만 표현한다. 목소리를 높이지 않고 두려움과 분노를 숨김으로써 적어도 겉껍데기만이라도 조화로운 삶을 유지하고 싶어하는 것이다. 이런 여자는 상대에게 순응함으로써 다른 사람이 자신을 외면하고 혼자 버려둘지도 모른다는 두려움에서 벗어나고자 한다.

　하지만 이런 '불완전한 조화로움'을 획득하기 위해 치러야 하는 대가는 아주 크다. 목소리를 낮추면 낮출수록 점점 우울해진다. 진심을 억제하기만 하고 자신의 상태가 어떤지, 무슨 생각이 드는지 응시하지 않으면, 언젠가는 자신에게 진짜 무슨 일이 일어나는지 본인도 알지 못하게 된다. 그저 '이런 나를 사랑해줄 사람은 그 어디에도 없을 거야'라는 식의 부정적인 확신만이 점점 더 강해진다. 이렇게 우리는 타인을 잃어버리지 않고자 하는 소망 때문에 자신을 잃어버리고 만다.

　심리분석가인 베레나 카스트Verena Kast에 따르면 우울한 여자들은 거의 대부분 직장과 가정에서, 혹은 친구와 지인 사이에서 인정받고 사랑받기 위해 다른 사람의 기대를 억지로 충족시켜야만 했던 경험을 갖고 있었다. 또 타인과 일정한 거리를 두지 못하고 그들이 나를 어떻게 생각하는지와 그들이 내게 무엇을 기대하는지에 너무 골몰하는 경우가 많았다. 하지만 모든 상황이 항상 원하는 대로 흘러가지는 않는 법. 이들은 인정받지 못하고 사랑받지 못했다. 이런 경험은 무의식적으로 공격적인 성향을 키운다. 최선을 다해 다른 사람에게 맞추고 그를 위해 할 수 있는 모든 정성을 쏟았지만 돌아오는 것은 없다. 그러나 공격적인 성향을 드러내면 현재 주어지는 작은 인정과 사랑조차 받지 못하게 될 거라는 두려움에 마음껏 분노를 발산하지도 못한다. 그들은 스스로에게 '네가 이런저런 것을 더 잘해내면 다른 사람들이 너를 더 많이 인정하고 사랑해줄 거야'라고 속삭인다. 그렇지만 운명의 수레바퀴는 마침내 돌아가기 시작하고, 세월이 흐를수록 더는 그 상태를 지속할 수 없게 된다.

세상 그 누구보다 나를 미워하는 것이
제일 쉬웠어요

우울한 여자들이 특히 힘들게 억누르는 감정은 분노이다. 이들은 결코 부정적인 감정을 드러내지 않는다. 자신이 맺고 있는 관계들이 더욱 나빠지거나 위태로워질 가능성을 염려하기 때문이다.

자신의 상태가 어떤지, 무슨 생각이 드는지 응시하지 않으면,
언젠가는 자신에게 진짜 무슨 일이 일어나는지 본인도 알지 못하게 된다.
그저 '이런 나를 사랑해줄 사람은 그 어디에도 없을 거야'라는 식의
부정적인 확신만이 점점 더 강해진다.
이렇게 우리는 타인을 잃어버리지 않고자 하는
소망 때문에 자신을 잃어버리고 만다.

"내가 실제로 어떤 느낌을 받는지에 대해서는 절대 말하지 않을 거예요. 그랬다간 갈등이 생길까봐 너무 두렵거든요."

우울에 빠진 한 여인은 이렇게 말했다.

"그가 거친 말투로 말하거나 저를 비판하면 아무 말도 하지 않는 것이 최상이라고 생각해요. 그래서 마치 그를 무시하는 양 침묵해버려요. 그런데 사실 마음속은 분노로 들끓고 있죠."

또다른 여성도 비슷한 이야기를 했다. 이들에게 분노의 감정은 기필코 억제돼야만 하는 것이다. 자신의 공격성을 솔직히 표현하면 그렇지 않아도 이미 깨지기 쉬운 불만족스러운 관계가 더욱 악화될 수도 있기 때문이다. 민낯의 감정이 초래할 결말에 대한 두려움이 과도하게 작용하는 것이다. 따라서 자신의 '악한' 마음을 밀어내고 겉으로는 매우 사랑스럽고 친절하며 순종적인 여자처럼 행동한다. 즉 우울한 여자는 '친절'해지려고 애쓴다.

하지만 이것으로 정말 분노가 사라질까? 물론 아니다. 분노한 여성은 이제 본격적으로 자신에게 화를 내기 시작한다. 심리학자들은 타인을 향해 분노와 공격성을 내보일 수 없는 경우를 '초자아 우울증' 혹은 '죄책감 우울증'이라고 말한다. 이 우울증에 빠진 여자가 용납할 수 없는 '나쁜' 감정은 본인 스스로에게 향한다. 자기 비하와 죄책감은 초자아 우울증에서 엿볼 수 있는 대표적인 특징이다. 우리를 화나게 한 상대방은 계속해서 '착한' 사람으로 남으며, 반대로 나쁜 감정을 느낀 우울한 나는 '나쁜' 사람이 된다. 자기 자신에게 죄를 덮어씌우고 스스로를 비난하는 일은, 사실 자기를 실망시키고 홀로 남겨졌다고 느끼게 한 상대방을 비난하는 은밀한 방법이다.

"남편이 잘못하거나 내가 극도로 반대하는 일을 했을 때, 내가 어떤 기분이 들고 무슨 생각을 하는지 표현하는 게 너무나 힘들어요. 그래서 화가 나도 그냥 참죠. 물론 이러면 좋지 않다는 건 알아요. 이렇게 하고 나면 매우 상심이 커요. 어쩐지 내가 무가치한 인간으로 느껴지거든요."

한 여자는 억제된 분노와 우울 사이의 연관성을 이와 같이 묘사했다.

"사람들은 자꾸만 한 번쯤은 툭 터놓고 이야기하라고 해요. 하지만 차라리 나 자신에게 분노를 돌리는 게 더 쉬워요. 익숙한 일이니까요."

이와 관련해 베레나 카스트는 다음과 같이 설명한다.

"그들은 누군가 자신에게 화를 내면 스스로가 파괴된다고 생각해서 두려워합니다. 체면을 잃지 않기 위해 침묵하는 거죠. 이것은 일종의 생존전략입니다. 침묵은 실로 매우 효과적일 수 있는 공격의 한 형태입니다. 이 침묵 속에는 '나를 봐. 이러고도 네가 저지른 이 모든 일이 날 위해서 한 짓이라고 말할 거야?'라는 비밀스러운 비난이 숨겨져 있죠."

감히 자신의 감정을 솔직히 표현하는 것은 생각도 못하는 여자는 간접적으로 적의를 드러낸다. 이들은 더이상 말하지 않고 뒤로 물러나 있으며 질문에는 단답형으로 짧게 끊어서 말한다. 하지만 이렇게 '조용히 화내는 것'이 오히려 모든 상황을 더욱 심각하게 만들 때가 많다. 분노와 서운함은 사라지지 않고 단지 상대방과의 거리만 더욱 벌어지기 때문이다. 이것은 조용히 화내는 여성이 가장 피하고 싶어하던 결말이기 때문에 더 치명적이다.

우리는 때로 문을 쾅 닫는다거나 울며불며 펄쩍펄쩍 뛰는 것으로 화났다는 표현을 대신하다가도 이내 "생리할 때라서 그래" "미안, 자제력을 잃었어"라며 종종 자신의 잘못인 양 설명하면서 용서를 구한다. 왜 "너한테 정말 화가 나. 너 때문에 화나 미치겠다고"라고 말하지 않는가? 자신이 화났다는 사실 자체를 부인하며 자신이 느낀 감정을 부끄러워하고 움츠러드는 이유가 무엇일까?

침묵으로 항의하는 여자도 있다. 이들은 아무 불평도 하지 않고 어떤 반대도 하지 않는다. 하지만 그녀의 내면에는 설명할 수 없는 감정들이 격렬하게 꿈틀거린다. 그래서 배우자가 말한 것을 못 들은 척하거나 질문에 대답하기를 거부한다. 하지만 이런 모든 전략을 동원해도 마음이 편해지지 않는다. 여자는 때때로 사물을 향해 분노를 터뜨리는 자신을 보거나("그가 집을 나가자마자 접시 한 장을 바닥에 내던졌어요. 화를 어디에 풀어야 할지 몰랐거든요.") 혹은 아이들을 향해 정당하지 못하게 행동하는 자신을 발견한다. 그래놓고는 이런 행동은 비난받아 마땅하다고 생각하며 대부분 즉시 사과한다. 그리고 이 일로 오랫동안 자신을 힐난한다.

끊임없는 자기비판적인 독백 역시 분노를 통제하기 위해 흔히 쓰이는 방법이다.

"이 멍청이 같은 년 같으니라고! 난 너무 뚱뚱해. 생긴 꼴 좀 보라지!"

우리는 이런 식으로 자신을 비난할 뿐 배우자(또는 동료 혹은 나이든 엄마)에게는 좀처럼 화를 내지 못한다. 모든 화살을 자신에게 돌려 일을 잘해내지도 못하고, 침착하게 행동하지도 못했으며, 너무 예민해서 무슨 일이 일어나면 지나치게 마음 깊이 새기는 바람에 마땅히 해야 할 바를 다하지 못했다고 자책한다.

하지만 이런 방법으로도 당연히 분노는 수그러들지 않는다. 대부분의 감정이 그러하듯 분노 역시 일종의 나침반과 같다. 화가 난다는 사실은 우리에게 무언가 잘못된 일이 일어났다는 뜻이다. 분노의 본래 기능은 관계를 바로잡거나 균열이 생긴 상대와의 연결을 복구하는 데 있다. 그렇기에 억제된 분노는 틀어진 상황을 계속 유지시키고 그로부터 탈출할 기회를 차단한다. 관계 속에 놓인 진짜 방해요소는 표출되지 않고 여러 가지 기대와 실망감은 표현되지 않는다. 여기에 더해 분노를 억제하는 행위는 내가 나 자신의 감정을 진지하게 받아들이지 않는다는 뜻이다. 내가 어떤 상황이나 상대의 태도를 판단한 그대로 감정을 표출할 권리를 나에게 주지 않는다는 뜻이기도 하다.

지금, 복잡하게 얽혀버린 관계와 감정의 실타래로 인해 우울하고 괴로운가? 만약 배우자(혹은 나를 '화나게 한 사람')가 당신으로부터 단 한 번도 반대의견을 들어보지 못했다면, 무엇 때문에 당신이 화를 내는지 혹은 무엇을 두려워하는지를 전혀 듣지 못했다면, 앞으로도 그 관계는 아무것도 변하지 않으리란 사실을 알아야 한다. 미국 테너시 대학의 연구원인 제임스 맥널티[James McNulty]가 실행한 연구에서도 이 같은 사실이 밝혀졌다. 맥널티는 공격적이며 폭력적인 성향의 사람에게 배우자가 지나칠 정도로 관대하며 순응적이고 모든 것을 용서하는 듯한 행동을 취했을 때의 결과를 조사해보았다. 상대방이 과시하는 권력에 저항하지 않고 상대방의 태도와 의견에 동조함으로써 그가 모든 것을 좌지우지하도록 놔두면, 관계를 지배하고자 하는 사람에게 커다란 이점을 가져다준다. 즉 이 사람은 변하려고 노력할 필요가 전혀 없게 되는 것이다. 게다가 놀랍게도 자주 양보하고 용서하는 경향이 있는 배우자와의 관계가 지속되면, 시간이 갈수록 그의 공격적인 성향이 더욱 증가한다는 사실이 밝혀졌다. 지배당하는 사람은 상대를 끝없이 이해하고 용서하고도 점점 더 불행해지는 셈이다. 맥널티의 말을 빌리자면 "항상 용서하는 사람은 당장의 갈등상황은 피할 수 있지만, 여기에는 훗날 치러야 할 더 큰 대가가 뒤따르기 마련이다".

세상에서 가장 어려운 말, '아니요'
'아니요'란 말을 잊으면 자기 자신을 잃는다

적절한 때에 다른 사람에게 '아니요'라고 선을 긋지 못하는 여성도 크나큰 대가를 치르기는 마찬가지이다. 이들은 누군가가 순전히 이기적인 이유로 원하는 바를 부탁하며 다가와도 화내지 못하고, 심지어 모욕적인 말과 함께 부당한 요구를 받아도 거절하지 못한다. 물론 이들 역시 이러한 행동에 불쾌해하며 머릿속에서는 분명하게 "아니요"라는 말을 떠올리긴 한다. 하지만 갈등이나 거부에 대한 두려움 때문에 "예"라고 말하면서 고개를 끄덕이고 만다.

이처럼 자신의 생각을 부인하는 행동 뒤에는 한 번의 요구를 거절했다가 중요한 사람을 영영 잃어버릴지도 모른다는 공포가 숨어 있다. 실제로 어떤 일에든 "예"라고 말하는 사람 중에는 "아니요"라는 말을 파괴적이며 위험하다고 느끼는 이들이 많다. 그들은 다른 사람의 애정을 잃지 않고 자신이 원하는 좋은 관계를 쌓는 데 필사적이기 때문에 "아니요"라고 거절하는 것을 어려워한다. 그래서 평화를 위해, 관계 파탄의 위험을 피하기 위해 거부감을 참고 "예"라고 말하는 것이다.

거절하지 못하는 여성은 대부분 내면에 근본적인 갈등을 품고 있다. 반면 바로 "아니요"라고 말하는 사람은 다른 사람에게 넘지 말아야 할 선을 제시하고 이를 통해 어느 정도의 권력을 행사한다. 즉 거절함으로써 그들을 제지하고 알아서 요구를 바꾸거나 아예 철회하도록 만드는 것이다. "아니요"라고 말할 수 있는 사람은 일이 어디로 어떻게 진행될지 스스로 정할 수 있다. 이들은 자신과 자신이 원하는 바를 중요시하기 때문에 남들에게 끌려다니지 않는다.

늘 "예"라고 말하는 사람은 자신보다 다른 사람을 더 중요하게 생각한다. 특히 여자들은 무슨 일이든 "예"라고 말하는 사람을 더 신뢰한다. 미국의 여성주의자인 글로리아 스타이넘^{Gloria Steinem}의 표현처럼 우리는 '감정이입의 병'을 앓고 있다고 볼 수 있다. 즉 다른 사람의 생각에 너무나 동감한 나머지 본인의 희망은 까맣게 잊는 것이다. 이때 "아니요"라고 말함으로써 주도권을 장악하는 것은 양심을 거스르는 일이 된다. 자신이 거부하면 다른 이들이 화나고 상처 입어서 결국에는 등을 돌릴 수 있다고 염려하기 때문이다. 이런 위험을 감행하고 싶지 않기에 우리는 "그런 건 원하지 않아"라고 분명히 밝히지 않는다. 자연히 스스로 행사할 수 있는 힘도 포기하게 된다. 본인의 관심사를 지키는 대신 '그래, 뭐 괜찮아. 이것 때문에 파티까지 벌일 필요는 없지' '사실 그 일은 나한테 그다지 중요한 건 아니었어' '한 시간 더 일한다고 큰일나는 것도 아닌데, 뭐'라며 자신을 위로한다. 결국 갈등상황이나 상대의 거부가 무서워서 다른 사람이 아닌 자신에게 끊임없이 "아니요"라고 말하는 셈이다.

만약 배우자와의 관계에서 갈등과 부조화의 위험을 피하고 평화를 유지하기 위해 앞으로도 자신의 감정을 억누르기만 한다면, 이는 상황을 개선하기 위한 노력이 아니라 단지 쉬워 보이는 길을 택한 꼼수에 지나지 않는다. 또한 이런 행동은 장기적으로 봤을 때 심각한 정신적 대가를 예고한다. 극단적인 방향으로 가면 생명까지 내놓아야 할 위험에 처할 수도 있다. 실제로 우울은 삶에서 모든 즐거움을 빼앗을 뿐 아니라 한 인간을 죽음으로 이

끌 수도 있다. 저널리스트인 헤리베르트 슈반^{Heribert Schwan}은 독일의 전 총리 헬무트 콜^{Helmut Kohl}의 부인에 관한 책에서 다음과 같이 썼다.

"의사들의 소견에 따르면 하넬로레 콜^{Hannelore Kohl}은 매우 심각한 우울증에 시달렸다. 그녀는 자신이 빛을 견딜 수 없다는 망상도 갖고 있었는데, 이 둘이 겹쳐 부정적인 시너지 효과를 냈다."

하지만 하넬로레 콜은 이런 사실을 명백히 인정하려 들지 않았고 따라서 우울증 치료도 받지 못했다. 독일 전 총리의 부인이라는 사회적인 지위 때문에 어떤 심리치료사나 의사에게도 마음을 열고 자신의 진정한 감정과 생각을 전달할 수 없었던 것이다. 이는 그녀가 혼자 엄청난 고통을 겪으면서도 남편을 먼저 배려했기 때문이었다. 하지만 하넬로레의 상황은 더는 견딜 수 없을 정도로 나빠졌다. 슈반에 의하면 "당시 그녀의 남편이 오래전부터 나이 차가 크게 나는 젊은 여성과 불륜관계를 맺어왔다는 소문이 들끓었다. 이 모든 것이 하넬로레를 완전히 무너뜨리고 말았다". 이런 절망적인 상황에서 하넬로레에게 구원의 손길을 내민 것은 다름 아닌 '자살'이었다.

"심리치료사들은 하넬로레가 자기 자신을 죽임으로써 본인과 자신의 주변에 대해 마지막까지 공격적인 행동을 가했다고 보았다. 이것은 뒤에 남겨진 사람에게 깊은 죄책감을 떠안기는 일종의 무의식적인 파괴행동이다."

자신의 몸과 마음이 보내는 분노의 신호를 일부러 못 들은 척하는 여자는 관계에 대해서도 진실한 태도를 취하지 않는다. 혹시 자신이 불행한 건 아닌지, 그렇다면 얼마나 불행한지, 상대방이 얼마나 실망스럽게 행동하는지, 이런 사람과 인생을 함께하는 일을 얼마나 힘들게 느껴왔는지, 언제부터 그렇게 느꼈는지 알고 싶어 하지 않는다. 본인 스스로 실망감으로 연결되는 길을 차단시키는 것이다. 이런 여성은 자신이 그토록 열망했던 관계를 맺고 있지 못하다는 사실을 부정하고 싶어한다. 이렇게 되면 더이상 관계가 아니라 자기 자신이 문제가 된다. 배우자의 태도가 아닌 자신의 무기력감 때문에 서로 가까이 다가갈 수 없게 되며 배우자와의 관계도, 또 삶과의 관계도 제대로 풀어나가지 못하게 되어 혼자서 오롯이 책임을 덮어써야만 한다.

무엇이 진짜 문제인지 깨닫지 못하고, 부정적인 감정을 제대로 표현하지 못하며, 할말이 있는데도 침묵하는 여성은 자기 자신을 잃어버린다. 실제로 우울한 여자들은 "제 자신을 잃어버렸어요. 제가 누군지 더이상 모르겠어요"라고 호소하는 경우가 많다. 그녀들이 알고 있는 유일한 사실 한 가지는, 자신의 현 상태가 어떤지에 대해서 지금 생각해선 안 된다는 점이다. 이렇게 그녀들의 감정과 인생은 끊임없이 유예된다. 하지만 지금 이대로의 모습으로 지내서는 안 된다. 이 위험한 상태가 지속된다면 진정한 자신과 다른 사람에게 보여주는 자신 사이의 균열은 점점 더 벌어질 뿐이다. 나도 내가 누구인지 모르는 상황에 처하는 것이다.

우리는 기본적으로 배우자나 주변 사람들로부터 친밀감과 애정, 공감을 바탕으로 한 온기를 얻고 싶어한다. 그리고 이런 감정을 얻어내려면 자신이 화난 것을 들켜서도 다른 이에게 화를 내서도 안 된다고 믿는다. 불화나 불만이 관계의 조화를 깨뜨린다고 여기기 때문이다. 그러다보니 배우자가 자신의 생각과 의견을 듣고 싶어하지 않을 거라 지레짐작하고 그에 순응한다. 하지만 결국 이것은 자신의 본모습이 아니며 현재 진행중인 관계가 자신이 공들여서 얻고 싶어했던 바로 그 관계가 아니라는 사실만 뼈아프게 깨닫는다. 이상과 현실 사이의 괴리는 우리를 무기력하고 절망적인 상태로 몰아간다. 이제 우리는 진실한 모습으로는 사랑받지 못할 거라고 믿는다. 그래서 관계가 깨지지 않도록 진짜 자아를 철저히 숨기고 영혼이 침묵하도록 주의를 기울인다.

그렇다면 왜 우리는 자신을 대변해줄 목소리를 내지 않는 걸까? 왜 여자는 대항해야 하는 상황에서 다른 이에게 순응해버리는 길을 택하는 걸까? 왜 여자는 다른 사람들에게 요구하지 않는 걸까?

그는 정말 강인한가?
나는 정말 나약한가?

"여자에게 가장 중요한 주제는 바로 남자와의 관계입니다. 저는 누차 이 사실을 확인하게 되죠. 반면 남성에게는 이성문

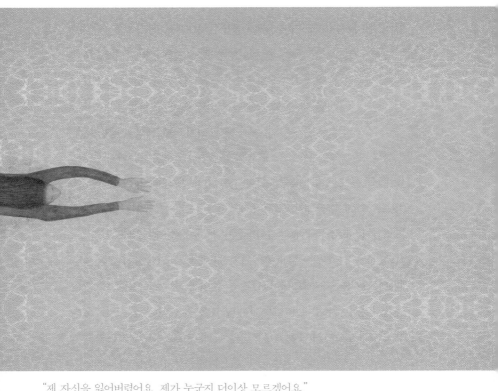

"제 자신을 잃어버렸어요. 제가 누군지 더이상 모르겠어요."

그녀들이 알고 있는 유일한 사실 한 가지는, 자신의 현 상태가 어떤지에 대해서 지금 생각해선 안된다는 점이다. 이렇게 그녀들의 감정과 인생은 끊임없이 유예된다. 하지만 지금 이대로의 모습으로 지내서는 안 된다. 이 위험한 상태가 지속된다면 진정한 자신과 다른 사람에게 보여주는 자신 사이의 균열은 점점 더 벌어질 뿐이다. 나도 내가 누구인지 모르는 상황에 처하는 것이다.

제가 훨씬 덜 중요합니다. 그들에겐 여자와의 관계 외에도 해결해야 할 다른 문제들이 너무나 많거든요. 여자와의 관계는 그 많은 문제들 가운데 단 하나에 지나지 않습니다. 게다가 여자는 일반적으로 자신보다는 남자에 대해 훨씬 더 많이 생각합니다. 어떻게 하면 진정한 배우자를 찾을 수 있을까? 이 사람이 정말 날 사랑하나? 이 사람은 과연 나에게 일편단심일까? 이런 생각을 하면서 오랜 시간을 보내는 건 오직 여자들만의 행동이죠…… 여자가 어떻게 자신의 모든 것을 남자에게 투영하는지 보면 그저 놀라울 뿐입니다. 이들은 사랑하는 남자를 위해서라면 무엇이든 포기할 마음의 준비가 되어 있죠. 남자의 욕구가 우선시되는 건 말할 필요도 없고요. 이렇게 여자가 남자에게, 그의 직업과 생활방식에, 그가 중요하게 생각하는 것에 자신을 맞추기 시작하면 본래의 강인했던 모습은 더이상 찾아볼 수 없게 됩니다. 연애하면서 내가 아닌 완전히 다른 사람으로 돌변하는 거죠."

"젊은 여성들 가운데는 적극적이고 개방적인 삶을 살고 싶어하는 사람이 많습니다. 하지만 이들 중에서도 배우자와의 깊고 친밀한 관계에 문제가 생겼을 때 본인이 정말 용감하게 대처할 수 있는지 확신하지 못하는 이들이 적지 않지요. 설사 잘 이겨낸다 해도 그다음에는 여성에게 수동적인 역할을 권장하는 전통과 오랫동안 전해내려온 성역할에 대한 사회적 본보기를 강요당합니다. 이렇게 되면 대부분의 여성이 전통적으로 선례가 없었던 무엇인가를 시도하려고 용기 내는 것을 포기하게 됩니다. 만약 남자가 힘들어하고 여성 본인이 배우자와의 관계를 위태롭게 하고 싶어하지 않는다면 더더욱 그렇죠."

위의 두 인용문에서 여자를 칭찬하고 독려하는 내용이라고는 눈곱만치도 찾아볼 수 없다. 오직 자아가 약한 여자를 비판하는 신랄한 독설만이 가득하다. 여자가 여전히 남자보다 자신을 낮추면서 상호 간의 관계만을 최우선으로 둔다는 비판이다. 더욱이 전통적인 고정관념에서 벗어나지 못한 채 남자의 직업을 본인의 직업보다 중요하게 여긴다는 지적도 있다. 여자에 대해 이토록 심하게 비판한 두 인용문의 저자는 심리분석가인 에바 예기Eva Jaeggi와 교육학 교수인 클라우스 후렐만Klaus Hurrelmann이다. 이 둘은 바샤 미카Bascha Mika라는 기자와의 대담에서 위와 같은 의견을 펼쳤는데 바샤 미카는 이를 『여자는 비겁하다Die Feigheit der Frauen』라는 책에서 소개했다. 미카는 책의 서문에서 좋은 교육을 받고 성공했음에도 결국에는 전통적인 성역할로 돌아가서 배우자와 가족을 위해 본인의 직업을 포기하는 여성들을 끊임없이 봐왔기 때문에, 이를 주제로 책을 쓰게 되었다고 밝혔다. 또한 2011년 6월, 『슈피겔』과의 인터뷰에서 바샤 미카는 다음과 같이 말했다.

"여자들은 인생에서 아주 잘못된 결정을 내리곤 합니다. 이들은 자신을 위해서가 아니라, 애정관계를 위해서 삶의 아주 중요한 부분을 결정합니다. 여대생들이 대학 시절에 고학점과 빛나는 스펙을 쌓아놓고도 남자들처럼 삶의 계획을 일관되게 밀어붙이지 못하는 이유도 그 때문이지요. 여자는 본인보다는 배우자가 더욱 발전하도록 뒷받침해주는 일에 자신의 삶을 바칩니다. 이러한 보수적인 성역할 모델은 더이상 지속되어서는 안 됩니다. 하지만 오늘날에도 여전히 여기에 자발적으로 복종하는 여성이 많습니다."

이런 내용의 글을 읽었을 때 우리가 얻을 수 있는 결론은 딱 한 가지이다. '애정관계에 희망을 걸고 자신보다 다른 사람을 더 배려하는 것은 잘못된 행동이다. 그러므로 여성적인 사고관념을 우선시하는 가치체계는 바람직하지 않다. 즉 여자 자체가 잘못되었다!' (맙소사!) 바샤 미카는 다른 사람과의 관계를 자신의 일보다 중요하게 여기는 여자는, 전통적인 역할에 종속되어 스스로의 꿈과 인생을 포기한 것이기 때문에 비겁하고 약하다고 주장한다. 또한 이런 여자는 주위에 어마어마한 사랑을 쏟아부으면서도 정작 자신의 이익을 챙기려 경쟁하는 일은 매우 드물다는 점을 지적한다.

여자를 종속적이고 약하다고 규정하는 시각과 대조적으로 남자는 독립적이고 자주적인 행동양식의 모범으로 제시된다. 이들은 관계를 맺을 때도 훨씬 더 자율적이며 관계의 질에 대해서는 그다지 생각하지 않는다. 그동안 일어났던 숱한 여성해방운동에도 불구하고 남녀관계는 전혀 나아진 것이 없는 듯 보인다. 여성은 여전히 자율적이지 못하고 의존적이다. 그리고 여전히 순응하며 자신을 낮춘다.

이러한 견해를 질타하는 목소리가 공적인 자리에서는 크고 멋지게 들리지만, 우리의 내면은 여전히 스스로가 약하고 의존적인 존재라는 목소리에 귀기울이고 있으며 또 진심으로 그렇게 믿고 있다. 물론 우리 또한 스스로가 자율적이고 독립적인 존재이며 이를 증명하기 위해서는 타인에게 감정적으로 의존하지 않아야 한다고 생각한다. 또한 다른 사람들이 원하는 대로 무조건 따르는 것은 비정상적인 행동이라고 여긴다. 타인에게 좌우되기 쉬운 경향이 자신의 약점이라는 사실도 자각하고 있다. 그래서 남성과 마찬가지로 자율적이고 독립적인 삶을 살아보기 위해 많은 노력을 기울인다.

하지만 끝까지 이런 태도를 유지하기란 결코 쉽지 않다. 가령 직장에서의 승진보다 애정관계를 더 중히 여기는 여자는 배우자를 따라 다른 도시로 거처를 옮기거나 다니던 직장을 포기하게 될 수도 있다. 더 단순한 예로는, 자기 자신을 위해 요가를 하러 가는 대신 배우자와 저녁시간을 보내기 위해 집에 머무는 식이다. 이때 마음 한편에서는 잘한 일이라고 치켜세우지만 다른 한편에서는 양심의 가책을 느끼기 마련이다. 자고로 '진취적이고 독립적인 여성'이라면 본인의 관심사를 뒤로 미루거나 감정적으로 무언가를 갈구해서는 안 되기 때문이다.

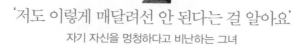

'저도 이렇게 매달려선 안 된다는 걸 알아요'
자기 자신을 멍청하다고 비난하는 그녀

부부 한 쌍이 상담소의 문을 두드렸다. 아내는 남편으로부터 사랑받지 못한다고 느꼈고, 남편은 무슨 일을 더 해야 할지 알지 못했다. 그런데 상담 첫 시간부터 아내는 부부 사이에 문제가 생긴 것이 자기 잘못이라고 시인했다. 생리주기에 따른 호르몬 변화 때문에 기분이 오락가락하는 게 문제라는 이야기였다. 가령 우울한 시기가 찾아오면 아내는 남편에게 지나치게 매달리며 불평도 많아지고 요구사항도 늘어난다고 했다. 그러면서 이런 행동을 '멍청한 짓'이라고 표현했다.

"저도 이렇게 매달려선 안 된다는 걸 알아요"라고 씁쓸하게 말하는 그녀는 외로워 보였다.

"이렇게 자꾸 남편의 곁에만 있고 싶어하면 안 되는 거잖아요. 이렇게 많은 것을 요구해서도 안 되고요." 아내는 확신하듯 말했다. 그녀는 친밀감을 느끼고 싶어하는 자신의 마음과 전쟁을 벌이고 있었다. 진취적인 여성이라면 이런 요구를 하지 않는다고 생각했기 때문에 자신이 근본적으로 잘못되었다고 믿게 된 것이다.

부부관계가 위기를 맞을 때, 우울한 아내는 그 책임을 전적으로 자기에게 돌린다. 그리고 자신과는 달리 언제나 냉정하고 침착하며 모든 일에 심사숙고하는 남편의 태도에 감탄한다. 그렇게 남편과 좀더 친밀해지고 싶다는 자신의 희망사항이 이루어지지 않는 상황을 당연시하게 된다. '강인한' 그와 '연약한' 나는 너무도 다른 존재니까 말이다.

현대사회는 자아실현과 자율성을 성인의 가장 중요한 목표로 추앙한다. 실제로 자율적인 사람은 정신적으로 안정적이며 건강하다. 다른 사람들과 분리된 독립적인 삶을 성취함으로써 더 성숙한 어른이 될 기회를 얻기 때문이다. 이렇듯 자율성이 긍정적인 평가를 받는 반면, 타인과 가까워지고 싶다는 친밀함에 대한 욕구는 대체로 건강하지 못한 의존성으로 평가절하된다.

우리는 이런 사실을 잘 알고 있다. 그래서 이런 사회에 자신을 맞추기 위해 '나는 독립적이어야 한다, 그에게 더 많은 것을 원해서는 안 된다'는 계명과 구호를 마음속에 새긴다. 섣불리 지나치게 친밀한 관계를 맺으려 들면 안 된다고 다짐한다. 애착을 보이지 않아야 성숙한 여성이라고 스스로를 다그친다. 우리는 자율적이고 독립적인 사람이 되기 위해 안간힘을 쏟아붓는다. 그리고 그 과정에서 자신이 진실로 원하는 바는 무시하거나 억제하려고 노력한다. 하지만 사랑하고 사랑받고 싶은 욕망이 왜 잘못이란 말인가. 무조건 욕구를 억누르는 것이 정말 능사인가. 법조계에 종사하는 40대 여성의 사례는 우리가 겪는 감정적 균열을 잘 드러낸다.

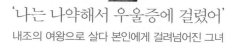

'나는 나약해서 우울증에 걸렸어'
내조의 여왕으로 살다 본인에게 걸려넘어진 그녀

그녀는 지난 10년 동안 남편을 힘껏 내조했다. 남편이 주말과 방학을 오롯이 박사논문을 쓰는 데에만 쏟아부어도 군말 없이 받아들였다. 남편이 직장에서 있었던 문제에 대해 이야기할 때도 귀기울여줬고 자신과 네 명의 아이들을 위해서 거의 시간을 내지 못하는 상황도 감수했다. 그가 다른 사람 앞에서 아내가 집안의 대장이며 자기는 없어도 되는 존재라고 얘기할 때는 자신의 가치를 인정받았다는 생각에 뿌듯하기까지 했다. 하지만 남편이 박사학위를 받고 안정적인 직업을 갖자, 그녀는 극도로 우울해졌다. 몇 년 동안 남편의 따뜻한 품과 애정을 간절하게 바라면서도 끊임없이 자신을 억눌러오다 모든 걸 이뤘다고 생각한 순간에 터져버린 것이다. 그녀는 영원히 혼자라고 느꼈다. 그러면서도 남편에게 애정을 갈구하는 자신을 질책했다. 그리고 자신이 나약하게도 우울증에 빠져버렸다며 병까지도 본인 탓으로 돌리게 되었다.

물론 남에게 지나칠 정도로 의존하는 태도는 건강한 자아의 발달을 저해하는 게 사실이다. 유년기에 겪은 부정적인 경험으로 말미암아 관계의 상실을 지나칠 정도로 두려워하면서 의존적인 성격이 형성된 사람도 분명 있다. 하지만 여전히 의문은 남는다.

여자가 친밀한 관계를 갈망하는 것이 전부 의존적인 성향 때문이라고 몰아가는 것이 과연 옳은 일일까? 여자가 소중한 사람과의 관계에서 불행하다고 느끼는 이유를 그저 자율성과 독립성 부족 때문이라고 진단하는 것이 과연 맞을까? 여자가 인간관계에 기대하는 것이 많기 때문에 실망도 클 수밖에 없다고 책임을 전가하는 것은 문제를 너무 쉽게 생각하는 처사가 아닐까?

3장

왜 나만 이렇게
사는 게 힘든 걸까?

:

유능한 척, 괜찮은 척……
'척'에 빠진 여자들의 심리학

:

간혹, 당신은 억울하다.

남들 못지않게 열심히 사는데, 좀처럼 인생은 나아지지 않는다. 남들은 별로 어렵지 않게 잘해내는 것만 같은데, 세상은 내게만 엄격한 듯 무엇 하나 쉽지 않다. 늘 칼퇴하는 동료는 이번 달에도 높은 성과를 올렸는데, 야근을 밥먹듯 하는 나는 간신히 평균을 유지했을 뿐이다. 남자를 액세서리처럼 취급하는 대학동기 곁에는 근사한 남자들이 넘쳐나는데, 한번 사랑에 빠지면 최선을 다하는 내 곁에는 남자 그림자도 얼씬대지 않는다. 좋은 친구, 좋은 애인, 좋은 아내, 좋은 엄마, 좋은 직원…… 누구에게나 좋은 사람이 되고 싶은 마음은 간절한데 능력이 받쳐주지 않는다. 속상하다.

'매일 아침 온몸을 두드려맞은 듯한
통증 속에 눈을 뜬다'
끝나지 않는 노동의 굴레에 갇힌 그녀

엘레나는 고속도로 휴게소의 계산대에서 매일 네 시간씩 일한다. 집에서 휴게소까지는 50킬로미터 정도 거리라서 하루에 왕복 100킬로미터를 차로 달려야 한다. 도로 사정에 따라 오십 분에서 때로는 거의 두 시간 정도까지 소요되는 거리이다. 출퇴근길이 고되긴 하지만 문제가 이것뿐이었다면 아마도 견딜 만했을 것이다. 하지만 엘레나는 다른 두세 군데 일터에서 청소부 일도 겸하고 있다. 여덟 살에서 열다섯 살까지 난 자녀들이 네 명이나 있어서 양육비가 턱없이 부족하기 때문이다. 지쳐서 집에 돌아오면 아이들은 저녁밥을 달라고 성화이다. 남편은 공장에서 야간근무를 하기 때문에 낮시간에는 이따금 저녁 준비를 해둘 때도 있다. 하지만 이런 일은 매우 드물다. 그도 한밤의 노동을 위해 낮에는 잠을 자야 하기 때문이다. 엘레나는 아이들에게 고민거리가 있으면 저녁에 짬을 내서 이야기를 들어주기도 한다. 그렇게 오랫동안 자신이 낮에 얼마나 힘들게 일하는지는 숨긴 채, 가정을 잘 지켜왔다. 하지만 요즘 들어 수면장애 때문에 너무나 괴롭다. 도통 편안하게 잠들지 못해서 아침에 침대에서 일어나려면 죽을 듯이 힘들다. 마치 온몸을 두드려맞은 듯안 아픈 곳이 없고 쇳덩이가 몸을 바닥으로 끌어내리는 것만 같다.

전문가들은 남녀를 막론하고 우울과 무력감을 느끼는 사람들이 증가하는 원인을 찾는 과정에서 점차 개인을 넘어선 보다 큰 범주에 주목하기 시작했다. 그들에 따르면 삶을 더욱 힘들고 어렵게 만드는 원인은 무엇보다 사회적인 변화이다. 대부분의 현대인들은 오늘날 시간적으로 큰 압박을 받으며 동시에 여러 가지 일을 해결하도록 강요받고, 쉴 때조차도 스트레스를 받기 때문에 삶을 더이상 통제할 수 없다는 느낌을 받는다.

프랑스의 사회학자 알랭 에랭베르Alain Ehrenberg는 『피곤한 자아The Weariness of the Self』에서 너무나 다양한 요구를 하는 현대적인 삶의 조건이 정신건강에 커다란 위협이 되고 있다고 주장한다. 사람들은 현대사회의 무리한 요구에 항복한 채 지나친 부담에 짓이겨져 있다는 것이다.

"어떤 영역(기업, 학교, 가족)을 둘러봐도 세계에는 새로운 규칙이 있다. 더이상은 마냥 순종하며 도덕적인 규칙과 규율만을 준수해서는 안 된다. 변화에 빠르고 융통성 있게 반응하는 일이 더 중요해졌다. 정신적·정서적으로 유연성을 발휘하고 실행력을 보여야 한다. 현대인은 이리저리 휘몰아치는 파도와도 같은, 이 불안하고 임시방편적이며 불변성을 잃어버린 세계에 적응해야 한다. 사회적·정치적 유희의 명료성은 이제 사라졌다. 이러한 제도상의 전환은 가장 단순하고 연약한 사람조차 스스로 선택하고 그에 대한 책임을 질 줄 알아야 한다는 메시지를 전달하고 있는 것이다."

무슨 일이든 스스로 책임지라는 주문은 우리 시대의 계명이다.

하지만 동시에 이 책임의 범주는 한계에 부딪칠 수밖에 없다. 만약 아이를 돌봐줄 곳이 충분치 않다면, 온종일 아이를 맡아줄 학교가 없다면, 마땅한 파트타임 일이 없다면 어떻게 직장과 가정을 똑같이 잘 건사할 수 있을까? 한 사람이 선택할 수 있는 가능성이 부담스러울 만큼 많아져서 개인은 오히려 거대한 혼란에 빠지게 되었다. 자신이 어떨 때 기뻐하는지, 삶에 어떠한 의미가 있는지 모른다면 어떻게 행복을 성취할 수 있을까? 에렝베르는 이런 지나친 요구가 자아를 피곤하게 하며 우리를 우울하게 하는 원인이라고 설명한다. 지그문트 프로이트 연구소의 심리분석가인 마리안네 로이칭거볼레버 Marianne Leuzinger-Bohleber 역시 비슷한 의견을 내놓았다.

"우울증은 기본적으로 삶의 의미와 즐거움에 관한 병이다. 오늘날 이 두 가지를 동시에 잡는 일은 예전에 비해 매우 어려워졌다. 실업률은 높고 정치와 복지는 무너지고 있으며 고전적인 해결방식들은 실패하고 사람들 사이의 유대는 단절되고 있다. 이 모든 것이 우울증을 일으킬 수 있는 요소이다. 우울한 사람들은 이 단절과 고립에 특히 더 민감한 반응을 보인다."

끝없이 지나친 요구를 받지만 삶의 의미와 기쁨이 결여된 사회적 상황은 남녀 모두에게 심적 부담을 준다. 그런데 여자가 유독 더 심하게 우울해하는 데는 무언가 다른 요소가 있지 않을까? 남녀 모두가 똑같이 힘들고 피곤하게 느끼는 사회적 조건하에서 여자에게 특히 더 가중되는 스트레스 요소가 있다.

설사 누군가의 도움을 받는다고 하더라도 해야 할 일로 가득한 일상은 여성의 삶을 통째로 집어삼킨다. 우리의 하루는 '다른 사람들의 필요'에 의해 정해진다. 본인이 진보적이고 깨어 있다고 자부하는 여성조차 과거와 다를 바 없이 쳇바퀴 돌듯 일에 시달린다. 육아, 다림질, 세탁, 청소, 나이들고 병든 가족구성원을 부양하는 일이 계속 이어진다. 우리의 어깨를 짓누르는 이런 일들은 결코 끝나지 않으며, 그 가치를 제대로 인정받지도 못한다. 여자는 과연 타인의 기대에 부응해 모든 과제를 훌륭하게 실현할 수 있을지 결코 알지 못한다. 그 어디에도 이러한 기대와 임무가 적정한지 가늠할 수 있는 명확한 범주가 존재하지 않기 때문이다. 따라서 대부분은 너무나 높게 책정된 기대치를 그저 자신의 역할과 임무로 받아들인다. 하지만 달성하기 불가능한 수준이라 여자로 하여금 자신이 부족하다는 느낌을 받게 한다.

현대사회는 여자에게 냉혹한 메시지를 보낸다. 훌륭하고 멋있는 여자는 직업, 결혼생활, 가족관계 등에서 모든 것을 거머쥘 수 있다고 믿게 한다. 하지만 그 지점에 도달하기 위해 어떤 대가를 치러야 하는지, 또 홀로 이 모든 부담을 짊어지고 인생을 살아간다는 것이 얼마나 참혹한지에 대해서는 입을 다문다. 이렇게 여자는 모든 부분에서 성공적인 삶을 이룰 수 있다고 믿고, 원하는 것을 얻지 못하면 자책한다.

아무리 더 많이 노력하더라도 이런 삶에 도달할 수 없다는 사실은 분명하다. 여자가 받는 스트레스는 남자들의 스트레스와는 전혀 다르다. 물론 남자들의 스트레스가 과소평가되어서는 안 되지

현대사회는 여자에게 냉혹한 메시지를 보낸다. 훌륭하고 멋있는 여자는 직업, 결혼생활, 가족관계 등에서 모든 것을 거머쥘 수 있다고 믿게 한다. 하지만 그 지점에 도달하기 위해 어떤 대가를 치러야 하는지, 또 홀로 이 모든 부담을 짊어지고 인생을 살아간다는 것이 얼마나 참혹한지에 대해서는 입을 다문다.

만, 건강상의 문제를 일으키고 우울증을 유발하는 '여자에게만 해당하는 일련의 스트레스 요인'은 실제로 존재한다.

설득하는 남자, 수긍하는 여자
그의 전략은 그녀의 전략과 어떻게 다를까?

시간의 압박을 더 많이 받는 쪽도 역시 남자보다는 여자이다. 확실히 우리는 남자에 비해 직장일, 가사, 육아, 나이든 가족구성원 부양에 더 많은 시간을 할애한다. 가사 분담이 이뤄지고 있기는 하나, 요리와 청소, 세탁과 같은 일은 여전히 여자의 영역으로 간주되며 육아에 관해서도 주요한 책임은 역시 여자가 맡는 경향이 있다.

미취학 아동을 자녀로 둔 부모 208명을 대상으로 가사와 육아에 대해 설문한 자료가 있다. 이에 따르면 대부분의 남자들은 자신이 공정하게 가사를 분담하는 남편이라고 생각하고 있었다. 여섯 살 미만의 자녀를 둔 아빠들 중 거의 40퍼센트는 아내와 공평하게 반반씩 가사를 분담하고 있다고 이야기했다. 그렇다면 과연 아내도 그렇게 생각했을까? 결론부터 말하자면 아니었다. 설문에 응한 여성 중 겨우 26퍼센트 정도만이 배우자와 동등하게 가사를 분담한다고 밝혔다.

다른 연구에서도 역시 남녀 사이에 의견이 분분했다. 적어도 첫 아이가 태어날 때까지는 가사 분담에서도 파트너 관계가 유지되었다. 하지만 아이가 태어나자 파트너는 전형적인 부부의 모습으로 바뀌었다. 남편과 동등한 권리를 지녔던 자유로운 여성은 회사일과 집안일로 이중의 스트레스에 시달리는 워킹맘이나 불만 가득한 전업주부, 혹은 가족을 위해 직장을 포기한 엄마가 되어 있었다.

이런 불균형이 발생하는 것도 결국은 여자의 잘못이라고 비방하는 사람도 꽤 있다(여자 스스로 비방하는 경우도 많다). 이들은 배우자가 가사와 육아를 돕도록 좀더 채근하면 될 일을 여자들이 지레 자신의 몫으로 받아들이고 힘들어한다고 말한다. 남편에게 구체적인 임무를 나누어주면 되지 않느냐는 뜻이다. 이에 대해 여자는 "저더러 남편을 가르치란 말이에요?"라고 대꾸하거나 남편이 아무리 가사를 도와준다고 해도 결과가 만족스럽지 못하다고 불평한다. 그러면서 "도대체 나 대신 요리 좀 하라는 말을 얼마나 더 자주 해야 돼요?" "아이들을 재우려면 집에 좀 일찍 오라고 몇 번이나 더 말해야 되죠?" "긴 하루가 지나고 당신과 편안하게 대화좀 나누고 싶다고 얼마나 더 말해야 되느냐고요?"와 같이 전형적인 분노에 찬 소리만 쏟아붓는다. 만약 여기에 대해 아무런 답도, 반응도 얻지 못하면 여자는 스스로 아무것도 바꿀 수 없다는 체념에 빠진다.

몇 년 전 네덜란드의 연구자들은 여자가 부부관계나 여타 인간관계에서 좀더 공평해지기를 원하지만, 이를 위한 노력 모두를 헛수고로 여기고 있다는 사실을 밝혀냈다. 우리가 관심과 희망, 욕구를 관철하려고 노력해도 잘되지 않는 이유는 무엇 때문일까? 변화를 이루기 위해 시도하는 여자의 전략 때문이라는 견해가 있다. 우리는 직접적인 갈등을 꺼리고 불화를 일으키지 않으려 조심하기 때문에 대개 간접적인 전략으로 대응한다. 대놓고 비판하지 않고 조심스레 암시를 주다보면 장기적으로는 어떤 변화가 일어나리라 믿는 것이다. 상대의 변화를 이끌어내기 위해 사용하는 또다른 전략은 그저 기다리는 것인데 이 방법 역시 거의 성공을 거두지 못한다.

그런데 남자들도 같은 상황에서 '기다림의 전략'을 사용하지만 놀랍게도 여자들보다 확실히 효과가 좋다. 그의 전략은 그녀의 전략과 어떻게 다른 것일까? 남자는 소극적인 자세를 취하며 아무런 행동도 말도 하지 않은 채 모든 것이 지금까지 그랬던 것처럼 유지되도록 놔둔다. 한 네덜란드 남자는 이렇게 말했다.

"아무것도 하지 않아요. 그냥 조용히 앉아서 아무런 반응도 보이지 않죠. 그러면 보통은 아내가 뭐가 문제인지 먼저 알아내더라고요."

또다른 남자도 이렇게 말했다.

"어머니가 화를 내면 옆에서 아무 말도 하지 않았어요. 그저 내 할 일만 했죠. 아내한테도 마찬가지입니다. 그냥 어떤 반응도 보이지 않아요. 아내가 뭐라고 하든 듣고 싶지 않고, 또 실제로 듣지도 않습니다."

남자가 변화를 이끌어내는 또 한 가지 전략은 변론이다. 이 또한 마찬가지로 꽤 성공적인 방법처럼 보인다. 이는 배우자에게 현재의 모든 상황이 지금 이대로 괜찮다는 확신을 주는 방법이다. 이들은 훌륭한 논증을 펼쳐가면서 여자가 원하는 것은 비이성적이며, 현 상황은 전적으로 나쁠 게 없고 오히려 득이 될 뿐이니 불만족스러워할 이유가 전혀 없다고 일장연설을 한다. 하지만 이 과정에서 남자가 여자의 불만을 전혀 공감해주지 않고 무시하기 때문에 여자는 혼란을 느낀다.

"그는 제가 모든 것을 잘못 생각한다고 봐요. 그가 이런저런 일을 상기시키면 '그래, 그의 말이 맞아'라고 생각할 때도 있어요. 하지만 고개를 끄덕이면서도 그것이 내 감정과는 상당히 거리가 멀고, 그가 내 감정 따위에는 전혀 신경쓰지 않은 채 사실과는 다른 내용을 말하고 있다는 것을 깨닫게 되죠. 그걸 다 알면서도 결국은 모든 것이 내 잘못이라고 생각하는 게 문제예요."

겹겹이 쌓인 부담감에서 오는 스트레스와 만성적인 시간 부족, 지속적으로 받는 과도한 압박감이 이어진다고 해서 반드시 우울해지는 것은 아니다. 만약 배우자나 소중하게 여기는 사람이 우리가 이뤄낸 일을 인정하고 정당한 요구를 받아주며, 관계에서 존중받는다는 느낌을 주고 가치를 높이 평가해준다면 우리는 여러 가지 의무들을 완수해나가는 데 필요한 힘을 낼 수 있다. 이와는 반대로 마치 벽에 대고 말하는 기분이나 인정받지 못한다는 느낌과 함께 다른 사람들이 자신이 해나가는 일을 당연시한다고 생각하기 시작하면, 힘을 충전할 기회가 사라진다. 설상가상으로 자신은 외롭고 고립되었으며, 믿고 의지할 수 있는 사람이라고는 이 세상에 아무도 없다는 생각마저 들면 과로와 스트레스는 곧바로 심각한 우울로 이어질 수 있다. 언젠가 주변의 일을 더이상 통제할 수 없게 될 것이고, 주변 사람들이 모두 이 상황을 수수방관한다는 느낌이 더해지면서 무력감이 밀려온다.

결혼한 남자는 행복해지고
결혼한 여자는 우울해진다

기혼 남성은 미혼 남성에 비해 스트레스 수치가 매우 낮다는 연구 결과가 있다. 이와는 정반대로 기혼 여성은 미혼 여성에 비해 더 자주 우울해한다는 결과가 나왔다. 실제로 기혼 여성 중에는 부부 사이의 위기와 관계에 대한 불만을 토로하는 사람이 많다. 배우자와의 갈등과 불신 혹은 배우자의 냉담함에 여자가 더 큰 스트레스를 받기 때문이다. 그리고 지속되는 갈등으로 인해 더 많이 고통받는 것도 여자이다.

수많은 연구에서 증명되었듯이 관계에서 오는 스트레스와 신체적 고통 사이에는 상관관계가 존재한다. 예를 들어 행복한 결혼생활을 하는 여자는 불행한 여자에 비해 생리전증후군을 극히 드물게 겪거나, 설혹 겪는다 하더라도 그 정도가 미약하다. 불행한 결혼생활은 여자의 정신건강에 매우 심각한 위험요소가 될 수 있다. 부부관계가 원만하지 못한 여자는 남자보다 우울증에 빠질 위험성이 훨씬 더 크다. 결혼은 남자에게는 확실한 보호막과 완충장치가 되지만 여자에게는 그렇지 않은 것 같다.

현재의 배우자가 자신을 이해한다고 느끼며 신뢰와 관심을 받고 있다고 말한 쪽도 남자가 압도적으로 많았다. 세상에 믿는 사람이라고는 유일하게 아내밖에 없다고 언급한 남편도 다수였다. 다양한 국가에서 장기간에 걸쳐 실행한 연구 결과들을 봐도 남자가 여자를 얼마나 필요로 하는지 확인할 수 있다. 연구를 살펴보면 기혼 남성에 비해 홀아비가 된 남성이 사망할 위험성이 훨씬 높았다. 반면에 과부가 된 여성은 그렇지 않았다. 이 주제에 대해 연구해온 헹크 슈트Henk Schutt와 마가레트 슈트뢰베Margaret Stroebe, 볼프강 슈트뢰베Wolfgang Stroebe 같은 학자들은 "홀아비가 과부보다 실제로 더 큰 위험에 처해 있다"고 단언한다.

기혼 남성의 경우 대부분 아내로부터 정서적인 지지와 보살핌을 받는다. 그러다가 어느 날 아내가 삶에서 사라지면 감정적으로 빈틈이 생긴다. 그러나 같은 연구에서 아내가 남편을 가장 큰 신뢰의 대상으로 꼽는 경우는 매우 드물었다. 수많은 아내들이 남편에게서 기댈 수 있는 어깨를 얻지 못했고, 남편이 자신의 이야기를 귀기울여 들어준 적도 없으며, 자신을 제대로 이해하지 못한다고 생각했다. 이것이 남편과의 이혼이나 사별이 여자의 건강을 심각하게 해치는 결정적인 스트레스 요소로 작용하지 않는 이유다.

슈퍼맘이 되고 싶지만······ 나는 무능하다
나쁜 엄마 콤플렉스

어린아이를 돌보는 일 하나만으로도 우리가 우울해질 수 있다는 사실을 보여주는 사례들이 있다. 이는 대부분 깊은 실망감 때문일 수 있다. 대부분의 젊은 부부는 모든 일을 동등하게 분담할 것이라는 분명한 약속과 확신을 품은 채 가정을 이룬다. 하지만 현실은 다르다. 아이가 태어나자마자 곧바로 전통적인 역할관계가 설정된다. 여자는 집에 머물고 남자는 가정경제를 책임진다. 젊은 엄마는 삶과 직업에서 세웠던 계획들을 잠시 접어두도록 강요받으며, 아이를 키우면서 자신의 삶에서 매우 중요한 것들을 잃어버리거나 혼자 남겨졌다고 느낀다.

그리고 모든 일이 자기 손에 달려 있다고 확신하기 때문에, 모든 것을 완벽하게 해내고 싶어한다. 물론 엄마는(당연하지만 아빠 역시) 아이의 성장에 큰 책임이 있다. 하지만 아이는 고정된 사물이 아니라 개별적인 생명체이기 때문에 엄마의 의지만으로는 해결되지 않는 상황들이 자주 발생한다. 그런데도 오늘날의 엄마들은 자신과 아이 모두 완벽하길 원하고 실수를 저지르면 안 된다고 믿는다. 슈퍼키즈를 위한 슈퍼맘이 되길 바라고 모든 것을 훌륭하게 해나가고 있다는 사실을 스스로와 세상에 과시하고 싶어한다.

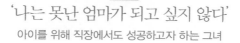

'나는 못난 엄마가 되고 싶지 않다'
아이를 위해 직장에서도 성공하고자 하는 그녀

아직 어린 자녀 두 명과 이미 성인이 된 자녀 두 명을 둔 한 엄마가 오랜 공백기 뒤에 다시 일을 시작했다. 일 자체는 재미있었지만 그녀는 이내 자신이 사회생활을 하는 법을 잊어버렸다는 사실을 깨달았다. 다른 사람과 경쟁할 준비가 되어 있지 않았던 것이다. 그러다 보니 늘 동료들보다 뒤처진다는 느낌을 받았다. 그래도 다른 사람을 밀쳐내면서까지 경쟁할 생각은 없었다. 결혼하기 전부터도 그런 성격은 아니었다. 그런데 문득 이렇게 경쟁의식이 없고 만사에 적극적이지 못한 자기가 과연 아이들에게 본보기가 될 수 있을까, 라는 의문이 들었다. 조금 더 세게 밀치고 앞으로 나가야 하는 건가? 더 강한 모습을 보여야 하나? 뒤로 물러서지 말고 반대하는 사람에게 맞서 내 의견을 더 강하게 주장해야 하나? 이 과정에서 그녀는 언제나 자기보다는 아이들을 생각했다. 이제 자녀들 중 일부가 자신이 사회생활을 시작했을 무렵의 나이가 됐기 때문이다. 내가 아이들에게 말했던 것과는 달리 모범을 보이지 못하면 내 아이들도 사회에서 밀려나는 것은 아닐까? 아이들에게 본보기가 될 만한 투지를 내가 보여줄 수 있을까? 몇 년 전에 세상을 떠난 남편이라면 이런 일을 할 수 있을 텐데…… 그녀는 혼자서는 이런 과제를 모두 감당할 수 없다는 생각이 들었지만 반드시 해내야만 한다고 믿었다.

엄마들은 아기가 태어난 직후부터 매우 높은 기대 속에 살아간다. 사실 오랜 옛날에는 이런 기대가 크지 않았다. 프랑스의 철학자인 엘리자베스 바댕테르Elisabeth Badinter는 "요즈음에는 여자가 두 명의 아이를 키우려면 50년 전 여섯 명의 아이를 키우던 엄마보다 더 많은 시간과 힘을 들여야 한다"고 말했다.

"아이를 출산하자마자 바로 엄청난 희생이 시작되니까요. 오늘날 좋은 엄마는 아이가 원한다면 언제라도 젖을 줄 준비를 갖춰야 합니다. 다시 말해 엄마는 하루종일 아이를 위해 존재하며 아이는 부부 침실에서도 엄마와 아빠 사이에 자리를 차지하지요."

엄마는 아이를 키우면서도 실수 없이, 힘닿는 데까지 아이를 지원해주고자 한다. 아이를 바깥에서 혼자 놀게 풀어놓는 일도 거의 없고 다른 형제나 이웃의 친구와 함께 또래들만의 시간을 보내게 하는 경우도 매우 드물다. 요즘은 아이의 학업성취를 관리하고 학교생활을 적극적으로 지원하며 동시에 놀이상대가 되어줄 수 있는 만능엄마를 기대한다. 만약 이렇게 하지 않는다면 아이가 어떻게 그 많은 스케줄(축구교실, 음악교습, 과외, 발레 등)을 다 소화할 수 있을까?

엄마가 되는 일은 놀라울 만큼 다양한 지식과 전문성을 요구하지만 직업으로서는 거의 인정받지 못한다. 우리 사회는 엄마가 아이를 위해 하는 일들을 당연한 의무로 치부하기 때문이다. 그런데 대부분의 여성은 직장에 다니면서 '엄마라는 직업'을 추가적으로 수행하고 있다. 이는 여성을 더욱 몰아세우면서 동시에 양심의 가

책을 느끼게 한다. 일하는 동안 항상 초조해하고 늘 시간에 쫓기며, 이러다 육아도 사회생활도 제대로 해내지 못하면 어떡하느냐는 걱정에 휩싸여 있다. 이들은 자기 스스로 설정한 이상적인 엄마의 모습에서 멀찍이 떨어져 있다. 그렇기 때문에 아무리 애를 써도 본인이 정한 높은 목표치에 도달할 수 없다는 사실을 계속해서 받아들여야 한다. 장기적으로 봤을 때 이런 죄책감은 나쁜 결과를 불러올 수밖에 없다. 지속적으로 자신이 잘못됐으며 능력이 충분치 못하다고 느끼는 사람은 언젠가 자신의 가치에 대한 감각을 잃기 마련이다.

엄마가 되는 일은 여자에게 성취감과 기쁨을 안겨줘야 마땅하다. 하지만 현실은 어떨까? 대부분의 경우 엄마들은 정신이 무너지기 직전까지 아슬아슬하게 줄타기를 하며 자신이 너무나 무능하다고 생각한다. 다른 엄마들은 훨씬 더 잘하고 있으며 훌륭한 엄마답게 인생의 과제를 해결해내는데 자신은 그렇지 못하다고 좌절한다. 일반적으로 우울한 여자는 자신이 미흡하다는 생각과 불행하다고 느끼는 감정에 대해 다른 이들에게 일절 고백하지 않는다. 남들 앞에서 절망감을 숨기고 침묵한 채 자신의 짐을 짊어지고 가는 것이다.

다른 사람들과 무거운 짐을 나눌 수 없는
가난한 엄마들의 슬픔

배우자나 부모, 시부모로부터 육아나 경제적인 면에서 지원을 받거나, 베이비시터를 고용할 능력을 갖춘 '특권'을 가진 여성이라면 이상적인 엄마에 가까워질 수도 있을 것이다. 하지만 모든 여성이 엄마로서 짊어진 짐을 다른 사람과 나눌 수 있는 것은 아니다. 그중에서도 '좋은 엄마의 환상'으로부터 완전히 비켜나 있는 사람은 혼자 아이를 키우는 여성이다. 이들은 대개 육아와 직장일을 혼자서 힘들게 병행할 뿐 아니라, 경제적인 어려움에 시달릴 때가 많다. 사회의 구석자리에 밀려나 있다고 느끼며 실제로 일할 수 있는 기회도 제한되어 있다. 아이의 아빠와 양육문제로 다툼을 벌이는 경우도 드물지 않다.

가난은 여성을 우울에 빠뜨리는 커다란 위험요소이다. 2009년, 독일에서는 1260만 명이 빈곤의 위협에 처해 있다고 발표했다. 빈곤층에는 실업자 다음으로 혼자 아이를 키우는 사람들이 많았고, 그중 대부분이 여성이었다. 그런데 싱글맘을 힘들게 하는 일은 경제적인 궁핍만이 아니다. 불안정한 관계 속에서 살아가는 여성은 자존감 상실에 시달리며 어떤 일이 일어나도 영향력을 행사하지 못하리라는 마음의 병을 안고 있다. 여기에 덧붙여서 불안정한 주거문제와 일자리, 혼자 아이들을 돌보는 일 등과 같은 만성적인 짐이 이들을 힘들게 한다. 유감스럽게도 사회는 이런 여성에게 친절하지 않다.

뒤셀도르프의 한 모임에서 500명이 넘는 싱글맘과 그 자녀를 대상으로 설문조사를 실시한 적이 있다. 이들은 온전한 가족관계 안에서 지내는 기혼 여성들에 비해 수입이 확연히 적었으며 우울증도 더 자주 앓았다. 특히 다른 가족구성원이나 베이비시터의 도움 없이 아이를 혼자 키우는 싱글맘의 스트레스 수치는 위험 수준에 달하고 있었다.

타인의 우울은 무죄, 나의 우울은 유죄
나를 먼저 챙기면 죄책감을 느끼는 여자들

우리는 흔히 부부관계와 가족 안에서의 평화를 유지하는 일이 우리의 소관이라고 생각한다. 게다가 우리에게는 남자에 비해 주변 상황에 훨씬 더 민감하게 반응하는 촉각이 있다. 늘 촉각을 곤두세우고 있기에 가족 중의 누군가에게 문제가 생겼을 때 누구보다 빨리 알아차린다. 비단 문제를 눈치채는 데서 그치는 것이 아니라, 어떤 해결책이 있는지에 대해서까지 고민한다.

여자는 본래 남자에 비해 다른 사람들을 더 잘 돌보고 정신적인 도움을 주는 존재다. 남편, 아이, 다른 가족구성원 혹은 친구들은 이런 여자를 절대적으로 좋은 충고자이자 친구, 신뢰할 수 있는 사람, 도움의 원천으로 여긴다. 예컨대 엄마들은 이미 성인이 된 자녀에게도 상담소 역할을 수행한다. 그런데 많은 전문가들은 이런 경향들을 우울증 위험인자로 평가하며, 바로 이런 성향이 높은 우울증 발병률의 주범이라고 강조한다. 물론 다른 사람의 일에 신경쓰는 것이나 다른 사람에게 도움을 주는 일 자체가 우울을 불러오지는 않는다. 문제는 우리가 일상에서 자주 겪는 불균형에서 벌어진다. 즉 항상 주는 사람은 여자이고 받는 사람은 타인인 것이다. 정작 우리가 근심과 짐을 덜기 위해 기댈 수 있는 넓은 어깨나 열린 귀를 찾을 때 이를 얻기란 매우 힘든 일이다.

심리학자인 다비드 알메이다^{David Almeida}는 스트레스에 관한 연구에서 다음과 같은 사실을 발견했다.

"남자와 여자가 직장에서 받는 스트레스 수치는 비교적 비슷하다. 그런데 남자가 친구나 친척 문제로 스트레스를 받는 경우는 여자에 비해 매우 적다."

아이들의 숙제를 봐주는 일, 가까운 친척을 도와주거나 부부문제로 힘들어하는 친구를 위로하는 일은 대체로 우리 여자들의 몫이다. 우리는 자신만의 스트레스 위에 추가로 다른 사람의 고통까지 짊어진다. 그의 상황에 공감하며 그와 같은 아픔을 느끼는 것이다. 그러나 알메이다의 말처럼 "남자는 이런 일을 하지 않는다". 여기 소개하는 49세 중년 여성에 관한 이야기는 우리가 다른 사람이 원하는 것을 먼저 챙기고 자기의 욕망은 미뤄두는 상황을 세세하게 보여준다.

'남편은 바쁘니까 내가 더 노력해야지'
86세 노모를 부양하며 직장생활을 하는 그녀

"저는 86세인 엄마와 함께 살고 있어요. 엄마를 더 잘 돌보기 위해 일하는 시간을 줄여서 지금은 예전에 비해 3분의 2 정도만 일하고 있습니다. 요즘 들어 근무시간을 더 줄이거나 일을 아예 그만둬야 하는 건 아닌지 심각하게 고민중이에요. 열한 살, 열다섯 살, 열여덟 살 되는 딸 세 명이 제가 집에 계속 있었으면 하고 바라거든요. 아이들은 학교문제나 첫사랑의 괴로움 혹은 친구들 사이에서 일어난 문제를 저에게 제일 먼저 상담해요. 아이들은 엄마에게서 위로와 충고를 받고 싶어하기 마련이니까요. 그러면 저는 정말 기쁜 마음으로 아이들을 도와줘요. 하지만 솔직히 일하는 것도 무척 좋아요. 삶의 균형을 맞추기 위해서는 여자에게도 일이 필요하다고 느끼거든요. 하지만 일 때문에 항상 시간이 부족해요. 딸들과 엄마를 제대로 돌보지 않는 것 같아서 종종 양심의 가책도 느끼고요. 남편이요? 남편 얘기는 꺼낼 필요도 없어요. 그 사람은 무슨 일을 하는지 알 수도 없게 늘 바쁘니까요."

　　다른 사람을 돌보는 일은 이렇게 만족감을 가져다줄 때가 많다. 여자는 타인에게 무엇인가를 줌으로써 인정과 관심을 받고 그 과정에서 자아를 확인하기 때문이다. 하지만 주고받는 일이 항상 평형을 이루지는 않는다. 그리고 이런 관계가 지속되면 거대한 스트레스와 건강을 해치는 위험요인으로 변한다. 자기가 도와주고 생각해준 사람이 실망스러운 행동을 하거나 가족들이 그녀가 도움을 제공하는 것을 당연시하게 되면, 시간이 지날수록 정신적 불균형이 찾아온다. 이런 상태로는 도움과 가치를 인정받길 바라는 여성의 소망은 영영 채워지지 않는다.

'이건 희생이 아니라 당연한 노력 아닌가요?'
가족들의 미용사, 요리사, 청소부로 살아가는 그녀

"저는 토요일마다 엄마를 위해 미용사가 되어드려요." 54세의 그녀가 말했다. "그 일이 재미있긴 해요. 하지만 매번 시련으로 다가오죠. 엄마가 전혀 고마워할 줄 모르거든요. 엄마는 항상 뭔가 불평거리를 찾아요. 물이 너무 뜨겁다거나 제 손이 너무 차갑다거나 말이죠. 제가 당신 머리카락을 너무 세게 잡아당겼다고, 컬을 너무 느슨하게 말았다고, 제가 빗으로 당신을 쩔렀다고 뭐라 한 적도 있어요. 어떤 날은 저보고 너무 말이 많다고 했다가 또 다른 날엔 말이 없다고 불평하고요. 그러면 전 대부분은 아무 대꾸도 하지 않아요. 대꾸하면 점점 더 심해질 뿐이거든요. 그래서 그 일을 끝낸 후에는 완전히 녹초가 돼요. 매번 신경도 예민하게 날이 서고요."

그녀는 어머니의 미용사일 뿐만 아니라, 어머니를 위해 요리와 청소까지 해주고 있었다. 이렇게 힘든 일을 지속하면서도 왜 꼭 그렇게 해야만 하는지는 의심하지 않았다.

"그거야 뭐, 당연한 일 아닌가요?"

이렇듯 우리는 인간관계에서 다른 사람보다 더 자주, 그리고 더 많이 자신을 헌신한다. 하지만 다른 사람들이 여자의 일을 돕는 정도는 아주 미약하다. 그러다 어느 날 이 균형이 깨지면 여자의 몸과 마음에 부정적인 영향이 번지기 시작한다. 위기에 처한 가족구성원이나 친구의 곁에서 도움을 주던 여자는 다른 사람이 살면서 겪는 위험한 사건들(질병, 실업, 배우자 사망)에 적극적으로 개입했지만, 한편으로는 이렇게 강하게 타인의 일에 동정심을 느끼는 자신의 성향 때문에 건강이 나빠진 것 같다고 말했다. 잠을 이루지 못하고 고민에 잠겨 늘 피곤에 절어 있거나 허탈한 무력감을 느끼기도 했다.

타인에 대한 과도한 걱정은 우리를 힘에 부치게 한다. 다른 사람을 돌보는 일과 자기희생을 혼동했을 때는 특히나 그렇다. 그런데 때로는 위험을 뻔히 인지하면서도 봉사자의 역할에서 좀처럼 벗어나지 못하는 여자들을 자주 볼 수 있다. 한 여성은 그 원인이 무엇인지 명쾌히 표현했다.

"나 자신보다는 항상 다른 사람을 돌보게 돼요. 그러다가 한 번쯤은 나를 위해서 무엇인가 해보려 하면 괜히 죄책감이 들어요."

나보다 더 아픈 사람이 있으니까……
나의 상처를 미뤄두다

한 통계에 따르면 간병인의 80퍼센트는 여성이다. 교육학자인 비앙카 뢰베캄프 *Bianca Röwekamp* 도 "대부분의 간병일은 아내 혹은 자매들이 맡는다"고 발표했다.

간병이 필요한 가족구성원을 돌본다는 것은 어떤 의미일까? 간병을 하다보면 본인을 위해서는 도저히 시간을 낼 수 없을뿐더러 때로는 본인의 인생과 건강을 희생하도록 강요받기도 한다. 그럼에도 그저 묵묵히 받아들일 수밖에 없다. 아픈 사람을 돌보는 딸이나 며느리는 일주일에 하루 이상 혹은 여덟 시간 이상을 써야 한다. 본인 스케줄을 뒤로 미뤄야 하는 경우도 다반사이다. 정규직을 포기하고 취미생활에 점점 소홀해지며 자신을 위한 삶은 사라져간다. 뢰베캄프는 이렇게 말한다.

"남자는 모든 것을 누릴 수 있습니다. 직업, 아이, 여자, 취미생활 모두 다요. 그러면서 어머니를 돌보는 일은 아내나 누이에게 맡기지요. 이런 상황이 닥쳤을 때 여자는 신중히 검토해서 결정해야 합니다. 모두를 만족시킬 수 있는 힘이 과연 자기에게 있는지, 그것을 감당해낼 수 있는지 꼼꼼히 살펴야 합니다."

간병인의 3분의 2가 극심한 우울증을 앓는다고 추정된다. 그 가운데서도 여자 간병인은 훨씬 더 위험한 상황에 처해 있다. 실제로 남자 간병인과 비교했을 때, 여자 간병인은 더 많은 걱정에 시달리며 우울증 발병률 역시 더 높다는 보고가 있다. 이들은 자신의 욕망을 억누르고 사회생활을 포기하며 간병을 이어가면서 엄청난 부담감에 짓눌린다. 특히 집에서 간병하는 경우 다음의 예에 묘사된 딸의 이야기처럼 그 부담이 한계상황에 이르는 경우가 빈번하다.

'그날 엄마를 때렸어요······'
분노를 숨긴 슬픈 효녀인 그녀

"엄마는 한 번 쓰러지고 난 뒤에 치매에 걸려서 지금 절실히 도움이 필요해요. 혼자서 식사를 할 수도 없고 소변조차 못 가리고 모든 걸 매우 무서워하죠. 5년 전에 이런 엄마를 저희 집으로 모시고 왔어요. 제겐 열네 살짜리 딸이 하나 있는데 아이가 착해서 저를 많이 도와줘요. 하지만 딸한테 모든 일을 시킬 수는 없다고 생각해요. 최근에는 몇 번이고 엄마를 다시 요양원으로 옮겨야 하지 않나 고민했어요. 내가 짊어진 책임이 너무 크고 힘이 한계에 다다르는 것을 느낄 때가 많거든요. 지난번에는 엄마가 저에게 너무 공격적으로 덤벼들어서 엄마 얼굴을 때리는 지경까지 갔어요······ 더이상 이렇게는 안 돼요. 나 자신을 잃고 삶이 망가지고 부부 사이도 위태로워졌어요. 그런데 남편은 손가락 하나 까닥하지 않아요. '날 보고 어쩌라고. 당신 엄마잖아'라는 듯한 태도죠. 그래놓고 우리가 같이 보낼 수 있는 시간이 없어졌다고 불평해요."

배는 처지고 대머리인 남자는 '자신감'을
누가 봐도 예쁘장한 여자는 '좌절감'을

여배우 마리아 푸르트벵글러Maria Furtwängler는 한 인터뷰에서 "여자들에게는 자기 자신에 대해 회의를 품는다는 공통점이 있다"고 말했다.

"저는 남자들이 부러워요. 자기를 미워하지 않아도 되는 남자들이요. 배는 처지고 대머리인 한 남자가 거울 앞에 서서 생각하죠. '뭐 이대로도 그냥 봐줄 만한데?' 그런데 꽤 예뻐 보이는 여자는 앞의 남자와는 다르게 생각할 때가 많아요. 거울에 비친 자신을 보면서 가슴은 너무 작고 엉덩이는 너무 크다고 불평하죠. 자신에 대해 이만하면 괜찮다고 생각할 수 있는 능력을 가진 남자들이 부러워요…… 우리 여자들은 너무 많은 것에 불평을 늘어놓고 그것으로 자신을 봉쇄해버릴 때가 많아요."

심지어 마리아 푸르트벵글러처럼 매력적인 여성조차 자기 회의를 느끼고 남성이 스스로에 대해 불평하지 않아도 된다는 사실을 부러워하다니! 이를 보면 대부분의 여성이 자신의 외모에 만족하지 못하고, 섹시함과 날씬함을 예찬하는 사회 분위기에 스트레스를 받는다는 사실이 결코 놀라운 일이 아닌 것 같다. 실제로 여성은 있는 그대로의 자기 모습을 인정하기 힘들어한다. 대부분의 여성이 본인의 몸을 편안한 마음으로 바라보지 못하기 때문이다. 더 날씬하고 예쁘고 매력적인 여자가 되어야만 한다는 강박 속에 끊임없이 외모를 개선하기 위해 노력한다. 독일 인구 가운데 8퍼센트가 지난 2년 동안 한 번 이상 다이어트를 해본 경험이 있다고 대답했는데, 이중 절대 다수는 물론 여성이었다.

자신의 몸에 만족하지 못하는 성향은 청소년들에게도 예외는 아니었다. 11~13세의 소녀들 중 거의 절반이 다이어트를 해본 경험이 있으며 더 날씬해지기를 원했다. 여자아이들 사이에서는 극단적인 다이어트와 단식, 구토가 만연해 있었다. 최근의 한 통계는 유럽과 미국에 사는 12~15세 사이의 소녀들 가운데 최소한 3분의 2 이상이 자신이 충분히 예쁘지 않다고 생각한다는 사실을 보여준다. 6~16세 사이의 소녀 중 40퍼센트는 지방흡입을 해보고 싶다고 말했다. 또한 14~17세 사이의 소녀 가운데 2명 중 1명은 자신이 너무 뚱뚱하다고 생각했으며 이 연령대의 소녀 중 3분의 1은 섭식장애증상마저 보였다. 그리고 4명 중 1명의 소녀는 성형수술에 대해 구체적으로 생각해본 적이 있다고 말했다.

사회에서 요구하는 이상적인 미의 기준에 다가가려는 이 전쟁 아닌 전쟁은 여성에게 심각한 스트레스를 가져온다. 하지만 우리는 이런 중압감을 기꺼이 감수한다. 완벽한 외모가 행복을 불러온다고 믿기 때문이다. 대부분의 여성은 지금의 몸이 아닌 '제대로 된' 몸만 갖춘다면 자신에 대해 긍정적인 이미지를 가질 수 있을 거라고 생각한다. 실제로 어떤 여성들은 신체 개조를 통해 자신의 심리적·정신적 위기와 자기 회의, 불안감을 제어하는 방법을 모색한다. 몸과 외모에 집중함으로써 우울한 기분을 쫓아내려 하는 것이다. 그러나 이런 방법은 우리를 더 우울하게 하는 악순환의

"여성은 타인을 향해 살아가며, 그들의 눈에 사랑스럽고 매력적이며 능력 있는 대상으로 존재하
길 원한다. 따라서 자신이 이에 적당한 몸을 갖추었는지 항상 의심한다. 자신이 속박당해 있는 현
실의 몸과 그럼에도 불구하고 지치지 않고 도달하려 애쓰는 이상적인 몸 사이에서 엄청난 격차를
느낀다."

시작일 뿐이다. 누구나 미모와 날씬한 몸매, 젊음을 갖고 싶어하지만 이를 이뤄줄 수단과 방법을 모두가 손에 넣을 수 있는 것은 아니다. 아무리 더 많은 경제적, 감정적인 투자를 해봐도 원하는 것을 전부 얻을 수는 없다. 그뿐 아니라 삶을 살아가는 데 반드시 필요한 자긍심은 몸무게 몇 킬로를 더는 것으로, 혹은 비싼 미용치료나 성형수술을 통해 얻을 수 있는 게 아니다.

대중매체를 들여다보면 외모와 신체에 대한 여성의 불만이 어디에서 오는지 알 수 있다. 대중매체에 나오는 지나치게 깡마르고 어린 여성의 모습이 이상적인 미의 기준이 되고 있다. 그 오랜 여성운동과 여성해방의 역사에도 불구하고 여성은 여전히 상품화되고 있다. 하지만 이러한 사회 분위기는 절반의 진실일 뿐이다. 여성을 상품화하는 것은 다름 아닌 여성 자신이다. 프랑스의 철학자인 피에르 부르디외Pierre Bourdieu가 썼듯이 "여성은 타인을 향해 살아가며, 그들의 눈에 사랑스럽고 매력적이며 능력 있는 대상으로 존재하길 원한다. 따라서 자신이 이에 적당한 몸을 갖추었는지 항상 의심한다". 이어 부르디외는 여성이 끊임없이 "자신이 속박당해 있는 현실의 몸과 그럼에도 불구하고 지치지 않고 도달하려 애쓰는 이상적인 몸 사이에서 엄청난 격차를 느낀다"고 강조했다.

레이철 M. 칼로게로Rachel M. Calogero를 중심으로 이루어진 미국의 한 여성단체는 여성이 이런 격차를 없애기 위해 치명적인 탈출구를 택할 때가 많다고 밝혔다. 그것은 바로 자신을 대상화시키는 일이다. 여성학자들은 그 과정을 '자기 대상화'라고 부른다. 이 이론에 따르면 여성은 자신을 남성이 원하는 대상과 동일시하며 급기야 남성의 시선으로 자신과 세상을 바라보고 평가한다. 우리는 내면에 자리한 '남자 관찰자'의 눈으로 스스로를 비판하고 면박을 준다. 여자로서의 매력은 관심과 인정, 동의를 살 수 있는 일종의 화폐와 같은 역할을 한다. 이러한 자기 대상화 이론은 많은 여성이 사회에 만연한, 그러나 결코 온당하지는 않은 미의 기준에 기꺼이 복종하는 까닭이 무엇인지 설명해준다.

유능한 척, 괜찮은 척, 안 아픈 척……
나는 누구인가? 내 안엔 몇 명의 내가 있는가?

우리가 받는 스트레스는 그 종류가 매우 다양하다. 또 여자는 종종 남자와는 완전히 다른 상황에서 전혀 다른 종류의 스트레스를 받는다. 성별의 차이와 역할로 말미암아 남자는 겪지 않아도 되는 스트레스 상황에 빠져들기도 한다. 물론 남자도 스트레스를 받긴 하지만 여자의 삶에만 나타나는 전형적인 스트레스 원인이 있다. 이를테면 직장일과 가사라는 이중의 고충, 다른 사람들의 기대에 대한 근심, 경제적 어려움, 폭력 경험, 본인의 외모에 대한 불만 등이다. 이 모든 것은 남성들은 거의 겪지 않는 스트레스 유형에 속한다. 심리치료사인 엘런 맥그래스 Ellen McGrath는 이런 전형적인 스트레스 요인은 건강을 위협할 정도로 치명적이며, 여자에게서만 관찰되는 특이한 우울증을 불러올 가능성이 있다고 본다.

1. 희생자 우울증 : 폭력 경험, 성폭행, 빈곤에 따른 결과로 생긴다. 희생자 우울증은 학습된 무력감이나 현실적인 무력감, 능력 부족으로 인해 위와 같은 폭력을 당하고도 적절히 반응하지 못하면 그 증상이 더욱 심각해진다.

2. 관계 우울증 : 친밀한 관계를 정하고 이 관계를 완벽하게 형성하고자 하는 여성의 희망이 현실의 벽에 부딪힐 때 생긴다. 맥그래스에 따르면 공을 많이 들이는데도 불구하고 친밀한 관계가 실현될 수 없는 영원한 꿈이라는 것을 깨달을 때 여자는 우울해진다.

3. 피로 우울증 : 다른 사람의 상황을 염려하는 마음과 직장에서의 성과와 인정에 대한 소망이 충돌할 때 발생하는 우울증이다. 맥그래스는 모두를 만족시키고자 하는 희망과 본인의 진정한 자아 역시 충족시키려는 욕구가 피로 우울증으로 연결된다고 말한다.

4. 보디이미지 우울증 : 대부분 여자들은 자신의 몸이 미와 날씬함, 섹스어필, 젊음에 대한 세상의 기준을 충족시키지 못한다는 사실을 깨달았을 때 우울해한다. 여자는 어릴 때부터 자신의 몸과 얼굴에 대한 평가가 타인, 특히 남자를 위해 정해진 가치에 따라 결정된다고 인식한다.

여자의 삶에만 존재하는 스트레스 요소들은 우리의 마음을 무너뜨린다. 하지만 여자가 갑자기 우울에 빠지는 것은 아니다. 우울한 여자들은 대부분 상당히 오랜 기간 숨겨진, 혹은 전문가들이 말하는 대로 '교묘히 가면을 쓴' 우울증을 품고 있다. 이들은 가면을 쓰고 자신과 남에게 자신의 상태가 어떤지를 철저히 숨긴다.

지금 스스로에게 "나는 누구인가? 그리고 사회생활을 하면서 몇 명의 나로 살아가는가?"라는 질문을 던져보라. 스트레스로 말미암아 우울에 잠긴 여성은 "나는 하나가 아니다, 두 명 혹은 그 이상이다"라고 주저 없이 대답할 것이다. 한낮에는 미소를 지으며 뛰어난 실력을 펼치고 열심히 사회생활을 하는 '나'가 활동하지만, 내면에는 고통과 스트레스에 억눌린 무기력한 자신이 있다. 속마음은 끔찍할 정도로 괴로운데 다른 사람의 눈에는 지극히 정상적으로 보인다. 그녀는 이런 삶을 어느 선까지는 계속해나갈 수도 있을 것이다. 하지만 우울을 가린 가면은 점점 더 무거워진다. 그러다 어느 날 갑자기 견딜 수 없을 정도로 무거워진 가면이 여성을 짓누른다.

일례로 여자로 산다는 것은, 공공연하게 가해지는 성적 폭력을 쿨하게 넘기는 일이기도 하다. 여자는 남자에 비해 더 자주 외설적인 농담을 듣는다. 얼굴이나 몸에 대한 인격침해적이고 모욕적이며 성희롱에 가까운 농담도 감당해야 한다. 약 800명 정도의 여직원을 둔 한 미국 회사에서 여직원들을 대상으로 실시한 설문조사는 직장에 대한 불만과 심신의 고통, 그리고 남자동료의 행동 사이

지금 스스로에게 "나는 누구인가? 그리고 사회생활을 하면서
나는 몇 명의 나로 살아가는가?"라는 질문을 던져보라.
스트레스로 말미암아 우울에 잠긴 여성은
"나는 하나가 아니다. 두 명 혹은 그 이상이다"라고 주저 없이 대답할 것이다.
한낮에는 미소를 지으며 뛰어난 실력을 펼치고 열심히 사회생활을 하는 '나'가 활동하지만,
내면에는 고통과 스트레스에 억눌린 무기력한 자신이 있다.

에 명확한 연관성이 있다는 사실을 밝혀냈다. 이들은 여러 사람이 있는 곳에서 여성을 비하하는 농담을 듣고도 웃어넘겨야 했고, 남자동료들이 외모에 대해 무신경하게 내뱉는 말을 참는 동안 자존감에 상처를 입었다. 이렇게 동료의 공격을 상냥한 태도로 대해야만 했던 여성은 두통, 허리통증, 우울증을 호소했다.

주변에 진정한 나를 보여주지 않으려고 가면을 쓰고 있는 여성은 삶에 놓인 스트레스 요소를 상대로 오랫동안 힘겨루기를 한다. 하지만 이런 싸움은 스트레스 수치만 더 높일 뿐이다. 이 스트레스는 언젠가 결국 실체를 드러낸다. 그녀는 수면장애와 식욕부진, 극심한 피로에 시달리고, 사람들에게서 멀어지며 취미생활을 그만두게 된다. 오랜 기간 만성적으로 이어져온 신체의 통증 뒤에도 우울이 숨어 있는 경우가 많다. 예를 들어 지속적으로 이어지는 특정 부위의 통증은 가면 우울증의 전형적인 증상일 수 있다. 허리통증과 뻣뻣해진 손, 어깨, 팔의 통증, 편두통, 심한 관절염 등은 때로 신경의 문제에서 비롯된 것일 수 있다. 하지만 우울증일 가능성은 전혀 고려되지 않은 채, 섬유근육통 혹은 만성적 통증과 같은 진단을 받는다. 의사가 조금만 더 신중하게 진찰했다면 아픈 여성이 왜 그렇게 고통에 시달리는지를 행간에서 읽어낼 수도 있었을 텐데 말이다.

4장

도대체
어디서부터
잘못된 걸까?

:

헝클어진 내 마음의 지도
해부하기

최근에, 당신은 뭔가 이상하다고 느꼈다.

주변 사람들과 대화하다보면, '우울하다'라는 단어를 유독 여자들이 많이 쓰고 있었다. 남자들은 '괴롭다' '힘들다'라고 토로할지언정 '우울하다'는 표현은 거의 사용하지 않았다. 이전까지는 그다지 신경쓰지 않았던 이 작은 차이에 주목하게 된 계기는 며칠 전 회식자리였다. 의기투합해서 추진했던 팀 프로젝트가 경쟁사의 방해로 무산된 뒤 허탈함을 달래고자 마련한 술자리. 여자들은 하나같이 "이런 일이 일어날 거라고는 상상도 못했어. 너무 우울해"라며 속상해하는 반면, 남자들은 "우리가 경쟁사를 너무 만만하게 생각했어. 이렇게 뒤통수를 칠 줄이야. 괴롭군"이라며 한숨을 쉬었다.

왜 우리는 남자들에 비해 더 많이 더 자주 우울한 걸까? 그런데 사실 우울증은 이미 오래전에 국민병이 되었다. 남녀노소를 불문하고 점점 더 많은 사람이 우울증이라는 정신장애에 걸려든다. 원칙대로라면 사실상 아무도 이 병을 피해 갈 수 없다. 우울증에는 나이(어린아이들도 우울증에 걸릴 수 있다)도 사회계층의 차별도 없다. 안전한 환경과 복지 속에 살고 있다 하더라도 우울증에 걸리지 않는다고 장담할 순 없다. 세계보건기구^{WHO}에 따르면 2020년에는 우울증이 혈액순환계 질병 다음으로 사람들이 가장 걸리기 쉬운 질병이 될 전망이다. 우울증은 삶의 질을 극심하게 저하시킨다. 실제로 의사인 헤르만 슈피슬^{Hermann Spieß}은 "모든 전염병과 근골격계 질병, 혈액순환계 질병을 통틀어도 우울증 때문에 야기되는 병의 규모와 견줄 수는 없다"는 말로 그 위험성을 경고했다. 그는 "산업국가에서 우울증 외에 다른 질병이 이처럼 수많은 건강한 생명을 앗아가는 경우는 없다"며 이것이 사실임을 입증했다.

만약 우울증이 이대로 계속 증가하는 추세라면 우리 삶의 질은 심각할 정도로 위험해진다. 보험회사와 건강단체들이 내놓은 수많은 통계에 따르면 여성 우울증 환자의 수는 남성의 두 배에 이른다. 이 단체들이 밝힌 더욱 깜짝 놀랄 만한 통계도 있다.

◆ 여자는 남자보다 두 배 더 우울해한다.

현재 독일에는 500만 명이 넘는 여성 우울증 환자가 있다. 이에 비해 우울증을 앓는 남성은 280만 명밖에 되지 않는다. 연방심리치료사의회가 시행한 2010년 공공보험의 건강보고서

평가를 보면 우울증에 걸린 사람의 연령대는 다양하지만 성비율은 여성이 압도적으로 많으며 특히 30대와 50대 사이의 여성이 대다수를 차지했다.

◆ 중년 여성의 25퍼센트는 우울증 환자이다.

2007년 발표된 영국 국가보건의료체계의 연구 결과에 따르면, 45~54세의 여성 중 4분의 1이 우울증에 시달리고 있었다. 연구자는 여성이 직장과 가정의 일을 동시에 해나가는 것을 점점 더 힘겨워하기 때문이라고 원인을 분석했다. 이 연령대에 속한 여성은 다른 사람뿐 아니라 자기 자신이 스스로에게 너무 많은 것을 기대하기 때문에 이전 세대의 여성보다 더 불행하다고 느끼고 있었다.

◆ 여자들은 시간이 갈수록 점점 더 우울해진다.

미국에서 발표된 한 보고서는 여성이 느끼는 행복의 모순을 다루었다. 연구자들은 여섯 편의 대규모 국제연구보고서를 검토했고, 그 결과 다음과 같은 결론에 이르렀다. 현대 여성의 삶은 객관적으로 봤을 때 최근 30~40년 동안 분명히 개선되었다. 그렇지만 여성이 느끼는 주관적인 행복지수는 남성과 비교했을 때 평등하지 못했다. 여성은 지난 40년 동안 점점 더 불행해지고 있다고 느꼈다.

◆ 소녀들은 소년들보다 우울하다.

15세 소녀들을 대상으로 진행한 스코틀랜드의 한 연구에서도 충격적인 결과가 나왔다. 1987년에는 이 연령에 해당하는 소녀들 중 우울증 혹은 공포증을 앓는 비율이 '겨우' 19퍼센트에 지나지 않았는데, 2006년에는 그 비율이 44퍼센트로 급증했다. 참고로 15세 소년들 가운데 우울증을 앓는 비율은 21퍼센트에 머물렀다.

◆ 여자들은 약으로 견디고 있다.

정신과 의사에게 치료받은 전체 우울증 환자 중 약 3분의 2는 여성이다. 항우울제를 복용하는 양도 여성이 훨씬 더 많았다. 실제로 남성은 대부분 6일치 약을 처방받는 반면에 여성은 평균적으로 남성보다 훨씬 더 긴 10~15일 동안 항우울제 처방을 받았다.

이런 통계를 바탕으로 여자는 본질적으로 정신장애에 걸리기 쉽고, 남자가 여자보다 멘탈이 강하다고 결론지을 수 있을까? 아니다. 이런 피상적이고 폭력적인 결론은 여자의 복잡한 마음을 이해하는 데 오히려 방해가 될 뿐이다.

사실 정신장애에 걸리는 비율은 남녀 모두 거의 비슷하다. 우울증이 아닌 정신분열증이나 정신이상을 앓고 있는 남자의 수는 여자와 거의 비슷하다. 그리고 우울증 가운데 가장 심각한 상태인

양극성기분장애를 겪는 비율 역시 남녀가 비슷하다. 양극성기분장애란 우울한 시기뿐만 아니라 조증 시기도 동시에 경험하는 상태를 말한다. 전형적인 조증증세가 나타나면, 우울할 때와는 반대로 지나치게 의욕이 넘치고 기분이 들뜨며 수면 욕구가 사라지고 돈을 한없이 지출하려는 강박증세가 나타난다. 양극성우울증이나 정신분열증 등의 정신이상은 남자와 여자에게서 거의 같은 빈도로 나타난다.

그런데 왜 유독 우울증은 여자가 남자보다 많이 걸리는 걸까? 더욱이 여자가 우울증에 빠지기 쉽다는 사실은 오늘날 이들이 사회에서 보여주는 모습과 전혀 일치하지 않는다. 현대 여성은 수완이 좋고 강인하며 부당한 것에 대해서는 단호하게 저항하고, 현명하게 문제를 해결하며 남을 배려하는 사람이라는 이미지가 있기 때문이다. 다른 사람들이 필요로 할 때 그들 곁에 있어주는 사람이 바로 여자이며, 배우자와 아이들, 친구, 동료, 나이드신 부모님이 걱정이 있거나 도움이 필요할 때 이들을 돌보는 사람 역시 여자이다. 그런데 도대체 왜 이토록 능력 있고 강한 현대 여성들이 정신적으로 무너지는 것일까?

그의 우울 vs. 그녀의 우울
남자는 '몸'이 아파야만 병원에 가고, 여자는 '마음'이 아파도 간다

과연 여자는 남자보다 실제로 더 우울한 걸까? 일부 전문가들은

이 가설을 끊임없이 의심한다. 의사들의 진단이 잘못되었다고 믿기 때문이다. 예를 들면 '우울증에 관한 전문지식네트워크Kompetenz-netz Depression'라는 웹사이트에서는 다음과 같은 글을 읽을 수 있다.

"의사들은 남성 환자가 감정이나 기분 조절이 어렵다고 토로할 경우, 대체로 신체조직적인 원인이 무엇인지를 추측한다. 반면 여성 환자들이 사람들이 두렵다고 고백하거나 감정이 오락가락한다고 설명하면 쉽게 우울증이라는 진단을 내린다. 혹시 여성의 우울증 비율이 이토록 높은 데는 의사들의 진단방식이 영향을 미친 게 아닐까?"

실제로 미국의 학자들은 2만 3천 명의 환자를 대상으로 실시한 연구를 통해 의사가 남성 환자의 경우에는 우울증세를 보여도 이를 간과하거나 다른 진단을 내린 반면에, 여성에게는 평균 이상으로 많이 우울증 진단을 내린다는 결론을 얻었다. 솔직히 의사가 남성 환자에게서 우울증의 특징을 제때 발견하기란 쉽지 않다. 남자들은 '자신의 감정을 있는 그대로 드러내는 것은 남자답지 못하다'는 고정관념 때문에 섣불리 약점을 들키기 싫어하고 우울증세를 부정하려는 경향이 있기 때문이다. 게다가 남자는 마음이 힘들고 괴로울 때가 아니라, 위통이나 심장장애 혹은 이와 비슷한 '구체적인' 신체증상이 나타났을 때에야 비로소 의사를 찾아간다. 심지어 어떤 이들은 이런 위험증상이 나타나도 술을 마시면서 괴로움을 잊거나 공격적인 행동으로 정신적 압박감을 해소하기도 한다.

반면 여자는 자신의 감정에 더 많이 신경쓰고 '부정적인' 감정을 외면하지 않는 편이다. 또한 이런 감정을 고백하는 것을 그다지 낯설어하지도 않는다. 물론 주변 사람에게는 그런 감정을 들키지 않으려 애쓰지만 의사 앞에서는 두려움과 좌절 혹은 다른 정신적 문제를 밝히는 일을 부끄러워하지 않는다. 게다가 남자에 비해 심리치료를 받을 마음의 준비도 잘되어 있다. 전문가들에 의하면 여자는 남자보다 훨씬 더 감정이 풍부하기 때문에 자기표현에 능숙하다. 그런데 여기서 주목할 점은 의사가 우울증을 아예 '여성의 병'으로 여겨서 남성에게는 우울증세가 보여도 흘려넘긴다는 사실이다.

의사들 사이에 퍼져 있는 남녀에 대한 오랜 고정관념도 우울증 진단에 영향을 끼치는 듯하다. 남자는 정신적으로 안정되어 있고 육체적으로도 잘 견딜 수 있는 반면에, 여자는 약하고 걱정 많고 예민하며 질병에 노출되기 쉽다는 인식이 의사들에게도 자리잡고 있는 것이다. 심리학자 가이 보덴만은 "결국 여자는 남자보다 더 빨리 우울증 진단을 받거나 치료사에게 보내진다"고 결론짓는다.

여자의 몸엔 우울에 취약한 주기가 있다
내 몸의 이상신호 해독하기

한편, 남성과 여성의 생리적인 호르몬 차이가 남성보다 여성에

게 정신적인 문제를 더 쉽게 유발한다는 의견도 오래전부터 있어
왔다. 한 예로 1848년에 토머스 커츠 모리슨Thomas Coutts Morison은 "남
성보다 여성에게 정신이상이 나타나기 쉽다는 의견이 지배적이다.
여성의 몸에는 생리, 임신, 분만, 수유와 같은 특별한 사건들이 일
어나기 때문이다"라고 썼다. 하지만 이제는 우울의 원인을 단순
히 여성의 생물학적 요인에만 국한하지 않는 추세이다. 그런데 놀
랍게도 2008년 미국 국립정신건강협회National Institute of Mental Health의
보고서에는 이 고전적인 가설이 또다시 고개를 내민다. 여기에는
"사춘기 때 몸에서 일어나는 호르몬 변화가 소녀에게 우울증을 일
으킨다"라고 쓰여 있다. 그뿐 아니라 인터넷상의 우울증에 관한
전문네트워크들도 여자가 남자보다 더 자주 우울해하는 이유를
신체적인 특징 탓으로 돌리는 경우가 많다. 물론 여자는 생리 전이
나 출산 후와 같이 호르몬 변화가 큰 시기에 우울증에 걸릴 확률
이 높다. 보통 생리 전에는 기분이 우울해지는 등 생리전증후군이
나타나며 이때 기분이 오락가락하는 경우가 많다. 하지만 이러한
증세가 나타나는 데는 유전적인 요소뿐만 아니라 환경의 영향도
크다. 또한 산후회복기에 호르몬 변화로 말미암아 우울해지는 여
성도 많지만 이는 대부분 '베이비 블루스Baby Blues'라고 불리는 짧은
현상이다. 우울증세가 더 오랜 기간 지속된다면 이는 심각한 산후
우울증이라고 말할 수 있다.

우울증과 관련된 또다른 인터넷 사이트인 www. depressionen
-depression.net에서도 "최근 우울에 관한 연구에서는 우리 뇌 속

의 신경전달물질이 스트레스 혹은 성호르몬에 따라 다른 반응을 보인다고 가정한다. 여자는 실제로 우울증에 비교적 취약하며 이는 여자가 우울증에 더 걸리기 쉽다는 것을 의미한다. 또한 유전적 요인에 따라 여자는 스트레스에 '우울증'이라는 독특한 방식으로 대응하는데, 이는 여성 우울증 환자의 비중이 높은 또다른 원인이 될 수도 있다"는 비슷한 설명을 볼 수 있다. 우울증 연구가이자 심리학자인 울리히 헤겔Ulrich Hegerl도 여성의 신체에 일어나는 '호르몬의 혼란'은 특정 시기에 나타나는 우울증에 결정적인 영향을 미친다고 말한다.

이런 의견들에 따르면 역시 여성의 우울증에 가장 큰 책임이 있는 것은 바로 '성호르몬'이다. 많은 전문가들의 소견에 따르면 성호르몬은 특히 사춘기와 출산 후, 생리가 시작되기 전, 혹은 갱년기에 여성의 정신건강에 지대한 영향을 미친다.

당신의 열여섯 살은 어땠는가?
열여섯, 그녀들의 마음에 어떤 '사건'이 일어나는 시기

사춘기는 여성의 건강에 아주 중요한 전환점이다. 사실 청소년기 이전에는 남자아이들이 심리적으로 더 많은 문제를 안고 있는 경우가 많다. 행동장애, 언어발달 미숙, 자폐증, 아스퍼거증후군Asperger disorder, 과잉행동증후군, 야뇨증, 분변실금 등은 남자아이에게서 더 많이 관찰할 수 있는 장애들이다. 우울증 또한 사춘기 이

전에는 여아보다는 남아에게서 더 자주 보인다. 그러나 사춘기 이후로 이 비율은 완전히 뒤집힌다. 이때부터는 우울증을 겪는 여자 청소년의 수가 남자 청소년보다 눈에 띄게 많아진다. 이와 관련해 수많은 연구가 이루어졌는데 그중 멜버른 대학교의 심리학자인 니콜라스 앨런Nicholas Allen은 이렇게 말한다.

"아동의 경우 의학적으로 정의할 수 있는 우울증이 나타나는 일은 매우 드물다. 하지만 청소년기에 이르러, 특히 12~14세 사이의 연령대에서 우울증을 앓는 청소년의 수는 급격히 늘어난다. 연구 당시 18~19세 사이의 청소년 중 약 20퍼센트가 최소 한 번 이상 우울증을 경험한 적이 있다고 말했다."

다른 연구자들이 내린 결론도 앨런이 증명한 사실과 별반 다르지 않다.

"몇 년 안 되는 짧은 기간에 그토록 많은 청소년들을 우울증으로 내모는 어떤 '사건'이 일어난다"고 앨런은 단정한다. 그에 따르면 이미 "16세 전후의 연령대에서 우울증을 겪는 여자의 수가 남자에 비해 두 배 정도로 많아진다".

도대체 이 시기에 무슨 일이 일어나는 걸까? 대부분의 연구자들은 사춘기 소녀들에게 우울증이 급증하는 이유는 오로지 이 시기 여성의 몸에서 일어나는 호르몬 작용 때문이라고 말한다. 반면 니콜라스 앨런은 세간의 의견에 휩쓸리지 않고 가정환경에서 본질적인 원인을 찾는다.

"가족공동체에 갈등이 있으면 그 정도가 심할수록 따뜻한 안정감을 느끼고 긍정적으로 행동하는 일이 점점 더 줄어든다. 이런 현상이 지속되면 의학적으로 우울증 진단을 받을 가능성이 높아진다."

여자들이 우울해하는 이유는, 넓은 의미에서 봤을 때 관계에서 비롯된 문제와 연관이 있다는 주장이다. 청소년기에도 여자는 긍정적이고 친밀한 관계에 남자보다 훨씬 더 의존적인 성향을 보였다. 또한 가까운 관계에 있는 사람과의 사이에서 갈등이 생기면 매우 민감하게 반응했다.

청소년기에 오는 신체적인 변화가 우울증에 영향을 끼친다고 주장하는 이들도 있다. 청소년기에 접어든 여자아이들은 자신의 외모를 잡지에 나오는 모델사진과 비교하기 시작하는데 이로 말미암아 자신의 몸에 만족하지 못해서 식이장애가 일어난다. 이에 더해 가족과 사회로부터 가해지는, 소위 '여성스러움'에 대한 강요 역시 사춘기의 소녀가 그 무렵의 소년들보다 더 자주 우울해하는 원인이 된다.

내 몸 안에 다른 생명이 자라나는데, 정작 나는 왜 죽을 것 같지?
젊은 엄마들의 베이비 블루스

아이를 낳고 난 후에 이른바 '베이비 블루스'에 빠지는 여자들도 많다. 통계에 따르면 무려 50~80퍼센트 정도에 이르는 산모가 산후우울증에 빠진다고 한다. 베이비 블루스는 출산 후 며칠가량이 지났을 때 가장 심해져 타인에게는 물론이거니와 아기에 대해서조차 기쁨을 느낄 수 없는 상태가 된다. 다행히 보통 사람들의 경우 대략 2주 정도가 지나면 우울한 잿빛 베일이 걷힌다. 그러나 정도가 심해서 몇 주 혹은 몇 달에 걸쳐서 계속되는 깊은 산후우울증에 빠지는 젊은 엄마들도 있다. 이런 여성은 출산 전에 이미 한 번쯤 우울증에 걸린 적이 있었던 경우가 많다.

의사들은 베이비 블루스의 원인을 급격한 호르몬 변화에서 찾는다. 출산 후에 호르몬 수치가 급변하는 것은 분명 기분 저하의 원인이 되기 때문이다. 출산 후 몇 시간이 지나면 에스트로겐, 프로게스테론과 같이 임신상태를 유지하는 데 가장 중요한 호르몬의 농도가 저하되고 갑상선호르몬 수치 역시 떨어진다. 어쩔 수 없이 여자의 몸은 급작스러운 변화를 견뎌야 하는 상황에 놓이는데, 이런 과정에는 그만한 결과가 따른다.

호르몬 상태와 우울증 사이에 어떤 연관성이 있다는 가설은 아직 명백하게 입증되지 않았다. 다만 호르몬이 신경계에서 신경전달물질을 이용하는 데 영향을 끼친다는 사실이 밝혀졌을 뿐이다. 신경전달물질이란 뇌와 신경계 속에 들어 있는 화학물질로 우리의 기분에 영향을 미친다. 그런데 성호르몬인 에스트로겐과 프로게스테론 및 갑상선호르몬은 신경전달물질인 세로토닌, 도파민, 노르아드레날린의 활동에 영향을 끼쳐서 우울증이 발병하는 데 중요한 역할을 한다.

그런 이유로 출산 후 잠시 발생했다가 자연스럽게 사라지는 베이비 블루스는 실제로 호르몬 변화가 근본적인 원인일 수도 있다. 하지만 이것만으로는 왜 모든 여성이 아닌 몇몇 엄마들만이 심각한 우울증에 걸리는지 설명할 수 없다. 게다가 이 가설이 위험한 것은 우울증을 단지 여성의 신체적인 문제로 몰아가려는 부당한 근거로 사용될 수 있다는 점이다.

우울증이 단순히 여성의 몸에서 일어나는 호르몬의 작용일 뿐이라는 주장을 펼치는 사람들은, 현재 임신한 여성과 미래에 엄마가 될 젊은 여성이 처한 사회적 환경을 등한시한다. 가령 엄마가 될 사람이 기쁜 마음으로 아이를 대할 수 있는지, 이전에 낙태한 경험이 있는지, 아이의 아빠로부터 상처를 받진 않았는지 혹은 임신했다는 말에 아빠가 될 사람이 거부 반응을 보여서 아이에 대한 책임을 전적으로 혼자 짊어지진 않았는지 등의 문제는 여성의 우울증에 결정적인 영향을 끼치는 요소들이다. 실제로 어떤 학자들은 예비엄마인 여성에게는 함께 사는 배우자와의 관계가 매우 중요하다는 사실을 과학적으로 입증해냈다. 이 연구 결과를 들여다보면, 산후우울증에 걸린 여성은 대부분 임신 소식에 냉정하고 무관심한 태도를 보인 남성과 관계를 맺고 있었다.

심리분석가 마리안네 로이칭거볼레버는 호르몬의 변화가 베이비 블루스에 영향을 끼친다는 사실을 완전히 배제하지는 않는다. 하지만 그보다 "젊은 엄마의 홀로서기, 가족관계의 결핍, 빈약한 사회구조 등의 환경요소가 산후우울증에 더 큰 영향을 끼친다"고 말한다.

결국 베이비 블루스 역시 심한 스트레스와 고통스러운 인간관계를 겪었을 때의 산물인 것이다.

여자는 한 달 중 일주일은 우울하다
여자의 마음도 피 흘리는 시기, 생리전증후군

매달 4명 중 3명의 여성이 생리전증후군을 겪는 것으로 추정된다. 이들은 극심한 두통과 복통에 시달리며 신경이 날카로워지고 쉽게 감정이 북받쳐서 갑자기 눈물이 쏟아진다고 호소한다. 그러면 대부분의 주위 사람들, 특히 남자친구나 배우자는 이런 여성을 지나치게 예민하다거나 일시적으로 불안한 것이라고 치부해버린다. 이런 식의 무심한 반응은 우리로 하여금 생리가 시작하기 며칠 전부터 나약하게 굴거나 속수무책으로 행동했던 자신을 부끄럽게 여기도록 몰아간다. 다행히 생리가 시작되면 증상은 금방 사라진다. 바로 이 점 때문에 대부분의 여성이 참을 수 없이 괴로웠던 감정상태를 호르몬 때문이었다고 무마해버리는지 모른다.

물론 베이비 블루스와 마찬가지로 생리전증후군에도 호르몬은 명백하게 작용한다. 하지만 사회적 환경에 따라서, 특히 가까운 사람들과의 관계가 어떤지에 의해서 증상과 그 심각성이 좌우되는 것도 분명하다. 생리가 시작되기 며칠 전부터 우리는 민감하고 예민해진다. 신경이 곤두서기 때문에 기존의 관계에서 겪는 불편과 근심을 더욱 절망스럽게 받아들인다. 평상시라면 자신이 느끼는 불편한 심기를 통제하는 일이 훨씬 수월해서, 부정적인 감정에 눈을 돌리지 않고 금방 다른 일에 관심을 쏟을 수 있었을 것이다. 하지만 생리 전에 바뀌는 호르몬의 작용으로 마음과 정신이 심약해진 상태에서는, 주변에서 일어난 오해나 불행을 버틸 만한 힘을 내기가 어렵다. 하지만 주변 사람과 긍정적인 관계를 맺는 여성은 자신의 육체적·정신적 변화를 좀더 자연스럽게 받아들이고, 생리가 시작되기 며칠 전에 나타나는 부정적인 증상들이 그다지 오래 이어지지도 않았다. 실제로 기혼 여성 150명을 대상으로 진행된 한 연구를 보면 부부 사이가 '행복하다'고 말한 여성들에게서는 확실히 생리전증후군이 드물거나 약하게 나타났다.

여자는 태어나서 두 번 죽는다
생명이 다할 때, 그리고 여자로서 사망선고를 받았을 때

갱년기에 접어든 여성은 자주 우울해한다는 보고가 많다. 전문가들은 물론 이 경우에도 호르몬 변화와 여성의 우울증을 연관지어 생각해볼 수 있다고 말한다. 하지만 갱년기 여성 모두가 우울증에 걸리는 것은 아니라는 사실은 어떻게 설명할 수 있을까? 실제로 갱년기 여성 중 3분의 1은 뚜렷한 목적의식을 갖고 몸의 변화에 맞서기 때문에 신체적 혹은 정신적으로 별다른 슬럼프를 겪지 않는다. 이들은 운동을 하고 식이요법을 하며 흡연은 하지 않는

등, 철저하게 몸을 관리한다.

　한편, 50세가 넘은 여성 중 다른 3분의 1은 아예 갱년기를 겪지 않고 지나간다. 이들은 특별히 건강에 신경쓰지 않고 생활하며 몸에 노화가 일어나도 이에 대해 깊이 생각하지 않는다. 오히려 몸이 여성으로서의 적극적인 활동을 끝내는 폐경을 해방이라고 여긴다. 이제는 가족에 대한 근심에서 벗어나 다시 한번 자신을 위해 제대로 살아갈 기회라고 긍정적으로 생각하는 여성도 종종 있다.

　그런데 나머지 3분의 1은 실제로 갱년기장애에 시달린다. 이들은 몸에서 일어나는 작은 변화와 불편해지는 심기까지 일일이 신경쓰고 약이나 호르몬제를 자주 복용한다. 특히 수년 동안 가족과 아이들을 통해서만 자신의 존재를 정의했던 여성 가운데 깊은 수렁에 빠지는 사람이 많다. 이들은 아이들이 다 자라서 집을 떠나고 나면 인생의 의미를 잃어버려 빈둥지증후군을 앓는다. 성장한 자녀들이 집을 떠나는 시기와 여성의 갱년기가 시작되는 시기는 겹치기 마련이다. 또한 이 시기에는 나이든 부모님이 경제적 지원 혹은 간병을 청하기도 하고, 본인이나 배우자의 건강에 이상이 생기기도 한다. 극복해야 할 일들이 누적되고 오랫동안 일하던 직장에서 퇴직하면서 경제적 문제가 생기는 등 여러 가지 스트레스 상황이 발생한다. 이런 배경이 있기 때문에 폐경기 여성의 우울증을 살펴볼 때는 사회적 조건을 반드시 고려해야 한다. 일반적으로 교육 수준과 사회경제적 지위 외에도 갱년기 여성에게 영향을 미치는 요소들은 다음과 같다.

◆ 자기만의 직업을 가졌는가?

직업이 있는 여성은 갱년기장애가 거의 없거나, 혹은 있더라
도 무난하게 넘길 확률이 높다. 직업은 갱년기 여성에게 일종
의 보호막 역할을 한다. 여성의 전통적인 역할에서 벗어나면
배우자와 자녀가 주는 관심에 약간은 덜 의존하게 된다.

◆ 여성이 속한 사회가 나이든 여성을 존중하는가?

여성이 갱년기를 어떻게 보내는지는 사회가 나이든 여성을
어떻게 대우하느냐에 따라서도 달라진다. 베를린에 소재한 샤
트리^{Chiatrie} 병원의 심리치료과 교수인 이자벨라 호이저^{Isabella}
^{Heuser}는 오래전부터 40~60세 사이의 중년 여성이 우울증에
걸릴 수 있는 심각한 위험에 노출되어 있다는 사실에 주목해
왔다. 그 원인 중의 하나는 바로 사회가 이들을 무시하기 때문
이다.

"여자들은 항상 같은 지점에서 불만을 터뜨립니다. 남자들
은 나이가 들수록 그 경력을 존중받는데 여자들은 세월이 흐
를수록 점점 더 인정받지 못하고 평가절하되죠. 지금까지 얼마
나 성공적인 삶을 살았는지는 전혀 상관이 없습니다. 가정이나
직장 혹은 두 곳 모두에서 이런 일이 벌어지기 때문에 여자들
이 심리적으로 상당히 압박을 받고 우울해지는 거죠."

이자벨라 호이저는 호르몬 변화가 우울증에 어느 정도 영향
을 끼친다는 사실을 인정하지만 '우울증은 여성이 일생 동안

노출되는 다양한 중압감에서 나온 하나의 산물'이라는 사실
또한 확신한다.

이제 '호르몬과 여성의 우울증' 사이의 복잡한 관계를 정리해보
자. 우선 사춘기와 임신, 생리가 시작되기 며칠 전, 그리고 갱년기
때 일어나는 호르몬의 변화가 우울증 발병에 결정적인 영향을 미
친다는 확실한 증거가 없다는 사실을 명심하라. 물론 여성에게서
나타나는 호르몬 수치의 기복이 어떤 이상증세를 유발할 가능성
은 있다. 하지만 이런 상태는 대부분 짧은 기간 안에 발생하며 여
기에 다른 요소들이 부가되어야만 비로소 우울증이라고 확실히
진단할 수 있는 단계로 발전한다. 그러므로 진찰과정에서 여성이
살아온 환경과 관계 경험, 그리고 일상생활에서 오는 스트레스를
간과해서는 안 된다. 여성이 호르몬 변화 때문에 저절로 생물학적
으로 약한 존재가 되는 일은 없다. 만약 그런 일이 생기더라도 여
성의 몸은 우울증에 걸린 원인 가운데 하나에 지나지 않는다. 퍼
즐로 치면 조각 하나에 불과한 것이다.

그 여자의 유전자엔 '우울'이 새겨져 있다
우울의 지문 들여다보기

최근 우울을 부르는 생물학적인 요소로 여성호르몬 외에도 '우
울 유전자'가 있다는 가설이 제기되고 있다. 이 유전자는 특히 과

중한 부담을 받는 상황이 생겼을 때, 우리를 우울의 늪으로 끌어들인다. 실제로 부모나 형제 중 한 사람이 이미 우울증을 앓은 적이 있다면, 다른 가족구성원도 우울증에 걸릴 가능성이 높다. 하지만 호르몬과 관련해 앞서 설명했던 내용은 유전자에 관해서도 적용된다. 다시 말해 유전적 요인으로는 우울증의 극히 일부분만을 설명할 수 있다는 것이다. 보다 구체적으로 말하자면 우울증 발병 원인 중 유전에 의한 부분은 기껏해야 3분의 1 정도에 지나지 않는다. 나머지 3분의 2는 전혀 다른 요인에 의해 좌우된다.

그렇다면 다른 요인들에는 어떤 것이 있을까? 유전적으로 우울해질 위험성이 높은 여성이 실제로 우울증에 걸릴지 여부는 그녀가 살면서 어떤 경험을 하는지에 달려 있다. 대부분의 우울증 환자들은 객관적으로 보기에도 극심한 스트레스를 받은 경험이 있다. 그렇다면 유전적 위험성을 지닌 여성이 실제로 우울증에 걸리는 이유는, 스트레스에 민감하게 반응하고 이런 상태가 지속되었기 때문이라고 말할 수 있다.

결국 우울 유전자는 스트레스 상황과 맞닥뜨렸을 때 움직인다. 그렇다면 과연 어떤 상황에서 이 유전자가 '활동을 개시하는지'에 대해서 짚고 넘어가야 한다. 심리분석가 마리안네 로이칭거볼레버는 다음과 같이 말한다.

"물론 유전적인 요소를 부인할 수는 없습니다. 문제는 이 유전자가 과연 언제 활동을 개시하느냐의 문제겠죠. 생물학적인 변화가 우울증을 일으킨다고 해야 할까요? 아니면 반대로 우울증이 생물학적인 변화를 일으킨다고 해야 옳을까요? 만성적인 우울증이 신경생물학적 과정에 끼어들진 않을까요? 어찌됐든 우울증을 일으킬 소지가 있다는 사실 하나만 가지고서는 우울증의 발병을 설명할 수 없습니다. 이때 빠져서는 안 되는 게 '환경요소'인 거죠. 이 환경요소는 매우 중요한 역할을 합니다. 따라서 이를 고려하지 않은 채 유전적 원인만으로 설명하기엔 우울증은 매우 복잡하고 복합적인 증상이죠."

이 설명대로 환경요소, 특히 다른 사람과의 관계 양상이나 질은 유전적인 핸디캡이 우울증으로 발전하는 데 지대한 영향을 끼친다. 의사이자 심리치료사인 요아힘 바우어Joachim Bauer는 "협박이나 무리한 요구만큼이나 위협적인 것이 바로 중요한 관계의 상실"이라고 설명하며 이것이 몸속의 스트레스 반응을 일으키는 수많은 유전자를 활동하게 한다고 언급한다. 바우어의 설명과 마찬가지로 많은 연구보고서에서도 "삶에서 처음으로 우울한 시기가 나타나는 것은 대부분 버거운 요구를 받았거나 상실을 경험했을 때"라고 설명한다. 바우어의 의견에 따르면 스트레스 경험은 특정 유전자가 본격적으로 활동을 개시하게 하는데, 이로 인해 우울증의 발병률이 높아지고 우울증이 재발하거나 만성화될 위험성도 커진다.

"한번 우울증 증세가 나타나면 그후에는 그다지 심하지 않은 압박감을 느꼈을 때에도 다시 우울증이 나타날 수 있습니다. 심지어는 어떤 구체적인 원인이 없어도 우울증이 발병하게 되죠. 이것은 유전자가 일단 활동을 개시하면 생물학적 '지문'을 남길 수 있다는 사실을 의미합니다."

그런가 하면 우울의 원인에 대해 말할 때에 생물학적 혹은 유전적 요인 말고도 자주 언급되는 주장이 또 한 가지 있다. 바로 남성에 비해 월등히 높은 여성의 우울증은 여성 특유의 성질 때문이라는 이론이다. 이제부터는 여성 특유의 성질과 습관이 어떻게 우울증으로 이어질 수 있는지를 해독해볼 것이다.

대체 왜, 그녀는 끝없이 왜냐고 물을까?
끝없는 'Why'의 끝에 서 있는 것은 결국 'I'

좋지 않은 일이 벌어졌을 때, 누구나 자동적으로 '왜?'냐고 묻고 싶어진다. 왜 내가 이런 병에 걸렸을까? 왜 그 사람이 나를 떠났지? 왜 열심히 일한 내가 직장을 잃었을까? 왜 이런 엄청난 사고가 벌어진 거지? 이런 질문에 대한 답은 본인의 사고방식에 따라 달라진다. 다시 말해 어떤 마음으로 세상을 바라보는지에 따라 차이가 나는 것이다. 이때 이미 일어난 일을 어떻게 해석하고 생각하느냐가 정신적 저항력(심리학에서는 '회복탄력성'이라고 부른다)의 발달에 매우 중요한 역할을 한다. 대부분의 사람들은 예기치 못했던 충격적인 일이 일어나면 정신적으로 위축된다. 그래서 원인을 찾고 사건을 납득하기 위해 서둘러(종종 너무 빨리) 자신과 세상을 분석하곤 한다.

그런데 우울한 여자는 다른 사람에 비해 이런 정신적 위축이 더욱 심해서 종종 혼란을 일으킨다. 인지행동치료의 창시자인 아론 벡Aaron Beck이 명명한 것처럼 '우울증의 인지적 3화음' 속에 붙들리게 되는 것이다. 즉, 문제를 '개인화'하고 '일반화'해서 결국에는 '파멸'하고 만다. 다시 말하면 이런 세 가지 사고방식을 따르는 사람은 자신 때문에 이 모든 문제가 생겼으며, 이 문제가 오래 지속되거나 혹은 영원히 변하지 않을 것이고, 자기 삶의 다른 영역 또한 이것에 막대한 영향을 받으리라 믿는다. 그래서 자기가 처한 위기를 개인적 실패로 평가하며, 자신의 능력 부족으로 이런 일이 생겼으니 미래에도 역시 운이 따르지 않을 거라고 단정지어버린다. 예컨대 직장에서 하나의 프로젝트를 그르친 사람이 다음과 같이 말한다고 치자.

"내가 어리석었어. 내 인생에서 무엇인가를 이룰 수 있다고 생각하다니, 정말 바보 같아. 역시 난 가만있는 게 나아. 어떤 일도 다시는 해낼 수 없을 거야."

그렇다면 내면에 귀기울이고 우울에 붙들리지 않는 사람의 경우엔 어떨까? 그는 오히려 긍정적인 방향으로 상황을 해석한다. 즉 직장에서 하나의 프로젝트가 실패했을 경우, 다음과 같은 방식으로 생각한다.

"아이디어는 좋았어. 그런데 주변에 비슷한 가게가 문을 열었다니 운이 없었군. 이 아이디어를 좀더 보충해서 다른 기회에 시도해봐야겠어."

'왜 내가 이런 병에 걸렸을까?'
'왜 그 사람이 나를 떠났지?'
'왜 열심히 일한 내가 직장을 잃었을까?'
'왜 이런 엄청난 사고가 벌어진 거지?'……
끝없는 'Why'의 끝에 서 있는 것은 결국 'I'.
여자는 부정적인 사건에 대해 너무 골똘히 생각하고 너무 빨리 스스로 책임을 지려 한다.

보통 사람들은 이처럼 문제상황에서도 자기 자신을 보호하고 지지하는 방법을 알고 있기 때문에 우울증에 걸릴 위험성이 낮다.

그런데 남자보다 여자가 '인지적 3화음'에 더 쉽게 빠진다는 주장이 있다. 학자들의 설명에 따르면 여자는 다른 사람들과 그들의 인정에 강하게 의존해 자부심을 느끼며, 자기 자신을 평가절하하고, 다른 사람과의 미래를 불신하는 경향이 있기 때문에 더 쉽게 부정적인 인지적 3화음에 빠져든다는 것이다. 즉 여자는 의존적인 성향을 지녔고, 개인의 내면이 아닌 인간관계를 통해 자존감을 가지며, 확실한 연결고리와 사회적 지지에 대한 요구가 매우 크다. 그래서 인간관계에서 심적으로 부담스러운 일이 발생할 경우, 극도로 우울해지는 것이다. 이는 여자가 이런 부정적인 사건에 대해 너무 골똘히 생각하고 너무 빨리 스스로 책임을 지기 때문이다. 반대로 남자는 훨씬 더 자립적이어서 다른 사람과는 상관없이 결정하고 행동하는 특성을 지닌 경우가 많았다.

이렇듯 우울증 연구에서는 여자가 남자보다 더 빨리, 순순히 스스로 전적인 책임을 지며 바로 이런 사고방식 때문에 인지적 3화음에 빠질 위험성이 크다고 본다. 가이 보덴만은 남녀 커플 70쌍을 대상으로 성별에 따라 사고방식이 다르다는 가정을 증명할 수 있는 실험을 실시했다.

그는 70쌍의 남녀에게 이 실험을 '커플 아이큐검사'라고 말해두었다. 하지만 실제로는 남녀가 각각 스트레스를 어떻게 다루는지를 측정하는 검사였다. 커플들은 따로 떨어져서 이른바 아이큐검사에 임했는데 인터폰을 통해서 문제에 대해 의견을 교환할 수 있었다. 다만 메시지를 주고받기 위해서는 하나의 코드를 입력해야 했다. 커플 중 한 명이 세 번 연속해서 인터폰을 잘못 작동시키면 메시지의 연결이 끊기는 구조였다. 사실 이런 오작동은 연구자들이 미리 설정해놓은 것이었다. 실험 진행자는 오류 행위를 조작한 뒤 남자와 여자에게 번갈아가면서 검사가 중단된 책임을 떠넘겼다. 메시지 전달에 실패했을 때 남녀는 각각 어떻게 반응했을까? 또 이들의 심리상태는 어떻게 변화했을까?

검사 전에 남자와 여자의 기분을 진단했을 때는 별 차이가 없었다. 하지만 검사가 진행될수록 여자는 눈에 띄게 우울해져갔으며, 연결이 끊긴 뒤에는 훨씬 더 강한 우울에 짓눌렸다. 보덴만과 그가 이끈 팀은 이런 결과가 남자와 여자가 지닌 인지행동양식의 차이에서 기인한다고 설명한다. 한 예로 실험에서 남자는 자신을 낙관적으로 묘사하며 자책하는 것을 최대한 피하려 했던 반면에, 여자는 검사받는 동안 파트너를 비방하지 않으려 애썼다. 그런데 파트너를 위해 이런 태도를 취하는 일은 여자를 매우 심한 스트레스 상황에 빠뜨리고 있었다.

여자는 검사의 실패 원인이 무엇인지 묻는 질문에 자신이 "서툴러서", 그리고 "기계를 다룰 줄 몰라서"라고 대답했다. 반면에 남자는 "일진이 사나워서", 혹은 "충분히 노력하지 않아서"라고 하거나 여자가 서투르거나 기계를 다루는 데 무지하기 때문이라며 상대방에게 책임을 전가했다.

이 실험은 여자가 스트레스 상황에서 자기 자신에게 더 불리하게 행동한다는 사실을 보여준다. 심지어 자신의 잘못이 아님에도 불구하고 책임을 떠맡거나 자책한다. 그러나 이 관찰 결과를 부인할 수는 없어도 전부 진실이라고는 할 수 없다. 연구자들이 고려하지 않은 요소가 있기 때문이다. 그것은 바로 여자들이 왜 이런 태도를 보이느냐 하는 점이다. 만약 이들이 여자의 결여된 자긍심과 부족한 자율권을 염두에 두었더라면, 그런 스트레스 상황에서도 굳이 상대방에게 자신을 맞추기 위해 안간힘을 쓰는 이유가 있다는 사실을 깨달았을 것이다.

우리는 남자와는 전혀 다른 방식으로 스트레스에 대처한다. 즉 '도망가거나 싸우는' 게 아니라 긍정적인 관계를 유지하기 위해 더욱 애쓰는 방법을 택한다. 사실 여자는 본디 의존적이고 순종적이며 지나치게 많은 것을 기대하는 존재다. 근본적으로 남자의 '자율적 자아'는 여자의 '다른 사람과의 관계 속에 있는 자아'를 능가할 수 없다. 따라서 여자가 온 힘을 다해 더 많은 자율성을 얻으려 노력하지 않고 신뢰할 수 있는 관계에 대한 자신의 욕구를 높이 평가하지 않으려 하는 것은 매우 치명적인 일이다.

여기에서 한 가지 더 짚고 넘어갈 부분은 우리가 단순히 관계에 집착하기 때문에 우울해지는 것이 아니라는 점이다. 실제로 여자가 소중히 여기는 관계에서 겪는 일들은 그녀의 사고방식에 큰 영향을 미치며 그것은 어찌 보면 당연한 일이다. 그런데도 이런 관계에서 누군가에게 친밀감과 신뢰감을 절실히 원한다는 이유로 여자는 의존적이며 비자율적인 존재로 치부되고 만다.

나는 정말 잘하고 싶지만
나도 나를 믿지 못하겠다

자기 자신의 능력과 감정에 대한 믿음이 부족한 것 역시 여자를 우울하게 하는 중요한 요인이다. 이는 이른바 여자의 또다른 전형적인 내면 풍경이라 말할 수 있다. 자기 확신을 지닌 사람은 자신이 정한 목표를 본인의 힘으로 달성하고 스스로의 행동으로 상황에 영향을 끼칠 수 있다고 믿는다. 자기 확신은 주어진 과제와 요구를 얼마나 큰 동기의식과 확신을 갖고 대하느냐에 따라 달라진다. 자기 확신이 강한 사람은 도전이나 어려운 과제를 맞닥뜨렸을 때 '해낼 수 있다'는 사고방식으로 접근한다. 그래서 절망감이나 무력감에 빠지지 않고 외부세계의 일에 영향을 끼칠 뿐만 아니라, 내부세계인 감정까지도 통제할 수 있다고 확신한다.

이러한 자기 확신은 두 가지 면에서 매우 중요하다. 자신의 삶과 환경을 스스로 통제할 수 있다고 믿는 사람은, 근본적으로 자신을 무력하고 타자의 영향을 받기 쉬운 사람으로 느끼는 이들보다 더 당당하게 일상생활을 꾸려간다. 그리고 힘든 상황이 오더라도 잘 헤쳐나갈 수 있다고 믿는 사람은, 스스로의 능력을 믿지 못하는 사람보다 한계를 더 쉽게 극복해낸다.

사실 여자가 자기 자신을 믿지 못하는 현상은 꽤 자주 발생한다. 이렇듯 남자보다는 여자가 자주 무력감과 절망감에 휩싸이기 때문에 전문가들은 이를 두고 '무기력 우울증'이라고도 표현한다. 이러한 무력감은 반드시 이루고자 노력했던 중요한 목표를 달성하지 못했거나 곧 무슨 나쁜 일이 닥칠 것만 같은데, 자신에게 예상되는 부정적인 결과에 영향을 끼칠 수 있는 능력이 없다고 믿을 때 생긴다. 특히 여자는 중요한 일을 통제하지 못하고 소중한 관계를 적극적으로 지키지 못할 때 자신을 속수무책이며 무능하다고 느낀다. 이렇게 되면 더이상 본인의 능력과 수완을 믿지 못하고 자신이 무가치하다고 느끼고 만다. 실패한 일에 대해 골똘히 생각하다가 근심에 빠져서 더이상 출구를 보지 못하는 경우도 흔하다. 우리는 바로 이 상태를 '우울증'이라 말한다.

　'다 부질없어' '난 아무것도 할 수 없어. 기댈 곳도 없고' 하는 식의 감정은 우울한 사람 모두에게서 관찰할 수 있는 전형적인 감정 상태이다. 사회심리학자인 마틴 셀리그먼Martin Seligman은 이를 두고 '학습된 무기력'이라 명명했다. 학습된 무기력은 자신이 적극적인 반응을 보여도 다른 사람이 크게 개의치 않는 경험을 했을 때, 다시 말해 자신이 반응하는 일이 무의미하다는 확신이 생겼을 때 내면화된다. 부정적인 경험을 계속하다보니 어떻게든 상황이나 사람을 움직여보는 일은 아예 불가능하다고 생각하게 된 것이다. 지속적으로 이런 무력감을 겪게 되면 누구나 우울증에 가까이 갈 수밖에 없다.

실제로 여자가 남자에 비해 더 자주 무기력해지고, 맞닥뜨린 상황이나 타인에 대해 영향을 끼칠 수 없다고 믿는지 정확하게 증명할 길은 없다. 설령 증명할 수 있다 해도 여기서 보이는 성별의 차이점을 여자의 성향 탓으로 돌려서는 안 된다. 셀리그먼이 보여주었듯이 무기력은 학습되는 것이고 여자가 남자에 비해 이러한 경험이 많다는 것은 확실하다. 다만 수전 A. 허스트^{Susan A. Hurst} 등의 연구자가 우울해하는 여성들과의 대화에서 밝혀낸 자료에 의하면, 이들은 모두 주변 사람들이 자신을 함부로 대했고 끝내는 버림받았다고 느꼈다. 자신과 자신의 문제에 관심을 가져주는 사람이 아무도 없다는 느낌을 받는 것이다. 이 경우 여자는 자신의 삶을 더이상 통제할 수 없다고 믿는다. 또한 지금까지의 경험으로 미루어보건대 자신의 상황을 개선하기 위해 노력한다 해도 결국 아무것도 변화시키지 못할 거라고 두려워한다. 이 정도 수준까지 오면 완전히 의지를 잃게 된다. 여기서 여자에게 '관계'라는 것이 얼마나 중요하며, 관계의 방식과 질이 여자의 정신건강에 어떤 영향을 끼치는지가 여실히 드러난다.

너무 골똘하게 생각하는 그녀는
가끔 깜빡 잊고 자기 안의 상처까지 후벼판다

'여자의 우울'을 연구하는 사람들은 한결같이 여자가 자존감에 상처를 주면서까지 부정적인 사건이나 감정에 몰두한다고 언급한다. 즉, 여자는 너무 골똘히 생각하는 경향이 있다는 뜻이다. 생각을 너무 많이 하는 것은 우울로 향하는 지름길이다.

미국의 심리학자인 수전 놀런혹스마Susan Nolen-Hoeksema는 골똘히 생각하는 것과 우울 사이의 연관성에 대해서 20년 이상 연구해왔다. 그리고 모든 연구에서 여자가 남자보다 훨씬 더 많이 생각한다는 결론에 이르렀다. 실제로 우리는 자기 자신과 삶에 대해 지나치게 깊이 생각한다. 특히 어떤 일에 실패하거나 실수하면 '대체 왜 내가 이 일을 제대로 해내지 못했을까?' '나는 왜 내 삶이 더 나아지게 하지 못하는 걸까?' '왜 나만 이런 실수를 하지?' '어떻게 다른 사람들은 나보다 나은 삶을 살까?'라는 생각의 미로에서 허우적거린다.

자기 자신뿐만 아니라 타인의 문제에 대해서도 여자는 남자보다 훨씬 더 많이 염려한다. 가령 자녀가 학교에서 따돌림을 당하게 되면 혹시 자신이 아이와 충분히 많은 시간을 보내지 않아서 이런 일이 생긴 게 아닐까 하고 자책한다. 나이드신 부모님의 건강을 걱정하는 동시에 혹시 부모님이 독립적으로 살지 못하고 의탁해오면 어떻게 해야 하나 골똘히 생각하기도 하고, 불행한 부부관계에 놓인 친구를 걱정하기도 한다. 이 모든 일은 끝도 없이 기분을 가라앉게 한다. 어떤 일에 너무 골몰하는 버릇이 있는 사람들이 전반적으로 의기소침하고 상황에 따라 우울증까지 앓는 것도 이 때문이다. 무엇보다 그들은 스트레스 상황에서 내내 한 발짝도 벗어나지 못하고 위험수위에 이르게 된다.

너무 골똘히 생각하는 일이 과연 어떻게 스트레스로 이어질 수 있는지에 관해 사례를 하나 들어보려 한다. 한 엄마가 자신의 아이가 공을 쫓아가다가 차도까지 나가 발이 걸려 넘어지는 모습을 본다. 동시에 달려오는 자동차 한 대를 곁눈질로 발견한다. 엄마는 소스라치게 놀라고 그녀의 뇌는 '위험하다'는 신호를 받는다. 그러고는 코르티솔과 아드레날린과 같은 스트레스 호르몬을 분비한다. 엄마는 재빨리 반응해서 아이를 찻길에서 끌어낸다. 다행히 간발의 차로 사고는 피할 수 있었다. 이제 위험은 없어졌고 상황은 통제되었다. 그제야 엄마는 한시름 놓는다. 이것이 일반적인 엄마의 모습이다.

그런데 어떤 엄마는 만약 조금만 늦었더라면 아이가 어떻게 되었을까를 상상하면서 그 불안감에서 헤어나지 못한다. 그녀는 끊임없이 자책하면서 다음과 같은 생각에 매달린다. '내가 좀더 조심해야 했어. 아이에게 무슨 일이라도 생겼더라면 어쩔 뻔했어! 나는 좋은 엄마가 아니야.' 이런 생각을 멈추지 못하면 계속 스트레스 반응이 일어나 마침내 스트레스 호르몬이 위험 수치에 다다른다. 이 상태가 지속되면 기분이 매우 울적해져서 우울증이 나타날 가능성이 높아진다.

연구자들은 우울한 사람은 초기 스트레스 반응에서 쉽게 빠져나오지 못한다고 밝혔다. 즉 처음에는 수긍이 갈 만한 이유로 스트레스를 받지만, 이를 적절히 처리하지 못해 강도가 점점 심해지는 것이다. 연구에 따르면 우울한 사람들은 혈액 속에 스트레스 호르몬인 코르티솔의 수치가 매우 높게 나타났다. 건강한 사람의 경우 코르티솔 수치가 스트레스 상황을 넘긴 후에는 다시 정상 범위로 되돌아오는 반면에 우울증에 걸린 사람의 뇌에서는 경보신호가 계속해서 울린다.

그런데 이에 대한 해결책을 연구한 일부 논문을 보면 이런 현상은 적당한 훈련을 통해 없앨 수 있지만, 여자의 경우에는 어려울 수 있다는 뉘앙스를 풍긴다. 여자에게는 이런 일을 잘해낼 능력이 결여되어 있다면서 말이다. 이런 주장이 매우 부당하다는 것은 두말할 나위가 없다. 우리가 정말 무슨 일이든 그렇게 골똘히 생각하는지 캐다보면 그럴 수밖에 없다는 결론을 내리게 될 테니까.

기본적으로 여자는 남자보다 걱정해야 할 일이 많다. 게다가 여자는 본질적으로 누군가에게 자신의 도움과 관심, 원조가 필요하다는 사실을 알아차리면 이를 무시하지 못한다. 그래서 아이가 학교에서 문제를 일으키거나 부모를 부양해야 할 때, 친구가 위기에 빠졌다거나 이웃이 도움을 필요로 할 때, 또 지인이 직장 때문에 힘들어하는 경우에 모른 척하고 지나가지 못한다. 우리의 사회적 촉수는 남자보다 더 길어서 다른 사람들의 고통이나 힘든 점을 민감하게 인식한다. 특히 주변 사람들의 걱정거리는 어느새 본인의 걱정이 되곤 한다. 그래서 우리는 이를 해결하기 위해 '관계 작업'에 착수한다. '나는 너희가 서로 평화롭게 어울려 잘 지냈으면 좋겠어!'라는 행동지침에 따르는 것이다. 이렇듯 여자는 배우자나 가족, 지인의 '안녕'이 자기 손에 달려 있다고 느낀다.

분명 여자는 자기 확신이 비교적 적은 편이고 이로 인해 스트레스 상황에서 무력하다고 느낄 때가 많다. 이런 사실을 고려한다면 여성이 스트레스에 적절하게 대처하지 못하는 것이 결코 무능하기 때문은 아니라는 점이 확실해진다. 수전 놀런혹스마는 이렇게 말했다.

"여자는 남자에 비해 만성적인 스트레스 지수가 높고 스트레스를 받았을 때 너무 골똘히 생각하는 경향이 있다. 또한 자신의 삶을 통제하기 어렵다고 느끼며 쉽게 상처받는데, 이러한 변수들은 서로 톱니바퀴처럼 맞물려 있다."

그녀는 왜 나쁜 남자에게 끌리는가
유년의 상처가 그녀의 연애를 망치고 있다

여자의 우울을 응시할 때 절대 빼놓아서는 안 되는 요소가 바로 '성장환경'이다. 전문가들도 이 점에 있어서는 이견이 없을 정도이다. 즉 유년기에 겪은 부정적인 경험이 우울을 유발하는 요인이 될 수 있으며, 이 점은 남녀 모두에게 똑같이 적용된다.

어렸을 때 사랑받았는지 혹은 소외당했는지, 장려와 지원을 받았는지 혹은 학대와 폭력을 경험했는지 등은 이후의 인생에 절대적인 영향을 미친다. 주변 환경을 받아들이는 방식과 자의식 형성에 영향을 줄뿐더러 우울과 상관없는 삶을 살게 될지 아닐지 좌우하는 데도 결정적인 역할을 한다. 따라서 아이가 생후 몇 년 안에 경험하는 일은 이후의 삶에서 특정한 정신적 문제를 일으킬 수 있다. 유년 시절에 심한 억압을 받았던 사람은 심리적 혹은 정신의학적인 질병을 앓을 가능성이 그렇지 않은 사람보다 5~20배 높다는 통계도 있다.

전문가들은 특히 어렸을 때 버림받았다고 느끼면 훗날 건강상의 문제가 발생하거나 심리적인 문제로 고통받을 수 있다는 데 의견을 같이한다. 아이는 가장 가깝게 지내는 사람이 자신을 무시하거나 거부했을 때 감정적으로 큰 충격을 받는다. 부모가 과잉보호하면서 갈망을 제한하거나 학대할 때도 마찬가지로 자존감에 상처를 입는다. 아이를 적절하게 원조하지 않거나 아이가 할 수 있는 경험을 차단하는 일 역시 아이의 마음에 상흔을 남긴다.

유년기의 부정적인 경험이 우울증 발현에 미치는 영향을 연구한 결과들을 보면 대부분의 전문가가 유년기의 스트레스가 심각한 위험요소라는 사실에 동의했다. 어린 시절 스트레스에 자주 노출되었던 사람은 성인이 되어서도 마찬가지로 높은 스트레스 호르몬 수치를 보이며 평균 이상으로 우울증에 자주 시달리고 있었다. 신경심리학자들은 이른 시기에 겪은 부정적인 경험은 뇌 속에 일종의 '생물학적 상처'인 '지문'을 남긴다고 주장한다. 이러한 경험을 한 아이는 어른이 되어서도 다른 스트레스에 민감하게 반응하게 된다는 것이다. 실제로 유년 시절에 정서적으로 냉대를 받은 사람은 평생 동안 스트레스 상황에 적절하게 대처하고 다른 사람과 안정적이며 확실한 관계를 맺는 데 어려움을 겪을 가능성이 매우 높다. 어린 시절에 경험해야만 했던 모든 불확실하고 고통스러웠던 경험이 평생 영향을 미칠 수 있는 무력감, 절망감과 같은 근본적인 감정으로 발전하기 때문이다.

심리치료사이자 심리분석가인 존 볼비^{John Bowlby}는 저서 『애착 Attachment』에서 이런 감정들이 유년기의 학습과 경험으로 생긴다는 사실을 인상 깊게 묘사했다. 볼비에 따르면 유년기에 쓰디쓴 경험을 하고, 부모의 요구와 비현실적인 기대를 실현하기 위해 최선을 다했음에도 확실한 애착을 느끼지 못한 사람은 훗날 우울해질 위험성이 특히 높다. 이와 같은 유년기의 경험은 모든 상실을 자신의 실패로 인식하게 한다.

볼비는 이렇게 말했다.

"어떤 사람은 생후 몇 년 사이에 겪은 부정적인 경험으로 말미암아 자기 자신을 사랑받을 가치가 없고 달갑잖은 모습으로 낙인찍으며, 자기와 관계를 맺은 사람을 다가갈 수 없거나 거부감이 드는, 혹은 처벌하는 모습으로 상상하게 됩니다. 이런 사람은 불행이 닥칠 때마다 다른 사람들이 자신에게 도움이 되기보다는 오히려 적대적 태도를 보이며 자기를 거부할 거라고 지레짐작합니다."

애착이론 연구가들도 '생후 3년'이 안정적인 애착 형태의 발달에 매우 중요한 시기라고 가정한다. 아이가 이 시기에 엄마 역할을 하는 사람과 긍정적인 경험을 아예 쌓지 못하거나 적게 겪으면 상황에 따라서 치명적인 결과가 초래될 수 있다. 이 시기에 배우는 관계 규칙은 바꾸기가 매우 어렵고 이후의 삶에 긍정적으로든 부정적으로든 영향을 끼치기 때문이다.

예를 들어 안정감과 안전성이 결여되고 앞으로의 상황을 예측하기도 어려운 냉랭한 분위기의 가정에서 유년 시절을 보낸 아이는 수많은 감정 가운데서도 외로움과 소외감이 가장 먼저 발달한다. 그래서 인간관계, 특히 연애관계에서 자신이 버려졌다는 사실을 누구보다 빨리 감지한다. 다른 사람이 자신에게 신뢰와 사랑을 줄 수 있다고 믿지 않기 때문에 자기가 좋아하는 사람에게 매달리고 통제하려는 경향이 있다. 상대가 약간의 거리를 두거나 곁에 있어주지 않는다고 느끼면 예전에 품었던 두려움이 발동한다. 이렇게 유년기를 지낸 여성은 질투가 심한 편인데다 상대방과 헤어지는 일을 참지 못하며 상대방이 변심한 사실을 매우 빨리 알아차린다. 그래서 부정적인 감정을 피하기 위해 자기 보호 차원에서 누군가와 밀접한 관계를 맺지 않으려는 경우가 흔하며 항상 감정적 혹은 공간적으로 사람과 거리를 둔다.

신뢰감은 아이가 말을 구사하기도 전에 매우 이른 시기에 생긴다고 한다. 그래서 말을 배우기도 전에 버림받은 것과 같은 유사 경험을 한 여성은 이전의 경험에 대해 구체적으로 기억하지도 못하고, 왜 자신이 버려질 거라고 지속적으로 느끼는지 그 두려움을 제대로 설명하지도 못한다.

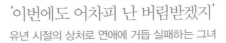

'이번에도 어차피 난 버림받겠지'
유년 시절의 상처로 연애에 거듭 실패하는 그녀

사회복지사인 코리나는 무난하게 직장생활을 하고 있다. 코리나가 하는 일은 청소년청에서 입양을 원하는 부부와 양부모를 관리하는 것이다. 이런 일을 오랫동안 하다보니 아이들이 성장하고 발달하려면 무엇이 필요한지 잘 알게 되었다.

코리나는 평소에 자신이 행복한 유년 시절을 보냈고 부모는 매우 특별한 사람들이었다고 말해왔다. 하지만 사실이 아니었다. 능력 있는 아버지는 직장일 때문에 집을 비우는 날이 많았고, 매력적인 어머니는 삶을 즐기고만 싶어서 코리나와 두 살 어린 남동생은 대부분 유모에게 맡겨지곤 했다. 아버지가 출장에서 돌아오는 날이면 어린 코리나는 며칠 전부터 기뻐서 어쩔 줄 몰랐다. 아버지가 다시 집에 오는 날을 손꼽아 기다릴 정도였다. 그러다 마침내 아버지가 집문을 열고 들어오면 코리나는 아버지에게 달려갔고 아버지도 그녀를 반겨주었다. 그러나 그뿐이었다. 아버지는 코리나를 안아올려서 공중에서 빙빙 돌리고 뽀뽀를 해주고는 금세 다시 내려놓았다. 그러고는 열정적으로 아내에게 다가가 선물을 한가득 안겨주고는 더이상 아이들에겐 신경쓰지 않았다.

이런 아버지에게 크게 실망한 적이 많았던 코리나는 '흥미로운' 남자들에게 빨리, 열정적으로 빠져들었지만 보통은 깊은 관계로 발

냉랭한 분위기의 가정에서 유년 시절을 보낸 여자는 인간
관계, 특히 연애관계에서 자신이 버려졌다는 사실을 누구
보다 빨리 감지한다. 다른 사람이 자신에게 신뢰와 사랑을
줄 수 있다고 믿지 않기 때문에 자기가 좋아하는 사람에게
매달리고 통제하려는 경향이 있다.

전하기 전에 뒤로 물러나는 일이 많았다. 누군가와 관계 맺는 일에 몇 번이나 실패한 후에야 코리나는 심각한 우울증으로 치료를 받으러 왔다. 코리나는 자신이 사랑받지 못하고 버려졌다고 느꼈으며 나머지 삶을 혼자서 보내야 하는 것은 아닌지 두려워했다.

어렸을 때 애정과 보호를 충분히 받지 못한 여성은, 어른이 돼서도 자신이 이 세상 그 누구에게도 정말 중요한 사람이 되지 못할 거라고 믿는다. 그녀의 깊은 공허함은 쉽게 채워지지 않는다. 다른 사람들이 무엇을 해줘도 만족하지 못하고 끝없이 더 요구하게 된다. 이런 절망감의 근원은 어렸을 때 극복해야만 했던 외로움에서 기인한다.

의외로 보호자인 엄마가 옆에 있어도 적절하게 아이를 돌보지 않는 경우가 많다. 아이가 사랑받고 자신이 소중하다고 느낄 수 있도록 관심과 애정을 보이고, 아이가 하는 일에 감탄하면서 반응해 줘야 하는데 이를 전혀 충족시키지 못하는 것이다. 유년 시절 이와 같은 경험을 한 여성은 안타깝게도 자신을 무시하는 사람에게 끌리는 경우가 많다. 이런 관계에서는 '나는 아무런 가치가 없다'는 예전의 감정이 되살아날 수밖에 없는데도 말이다.

자신이 무가치하다는 인식은 대부분의 여성이 관계에서 한 발짝 뒤로 물러나 다른 사람의 요구와 필요에 자신을 순순히 맞추는 원인이 되기도 한다. 본인의 욕구와 희망, 생각이 받아들여지지 않는다는 것을 이른 시기에 배웠기 때문에, 어른이 되어서도 본인이 희망하는 것을 가져서는 안 된다고 생각하는 것이다. 이런 여성은 대체로 자유를 허용하지 않고, 시키는 대로 행동하지 않으면 무시하거나 위협하는 부모 밑에서 성장한 경우가 많다. 그래서 어릴 때부터 부모가 원하는 바를 빨리 알아채야만 평화롭게 살 수 있다는 사실을 깨닫고 가능한 한 눈에 띄지 않게 행동하는 법을 익힌 경우가 많다. 그 결과 성인이 되면 자신이 원하고 필요로 하는 것이 무엇인지 아예 생각지도 못하는 상황에 이른다. 이들은 다른 사람의 상황에 순순히 자신을 맞추고, 다른 사람이 자기를 좋아해주길 원하고, 가능한 한 모든 것을 바로잡고 싶어한다. 다른 사람이 자신을 이기적이고 잘난 체하는 인간이라고 비난할까 두려워 재능과 능력을 감추는 경향도 보인다.

반대로 자신에게 지나치게 큰 기대를 하는 일 역시 불행한 유년기의 경험에서 나온 결과일 수 있다. 일례로 과하다 싶을 정도로 성과를 올리는 데 집착하는 여자는, 어렸을 때 부모가 높은 잣대로 그녀를 평가했거나 항상 최고가 될 것을 요구한 경우가 많다. 이런 여자의 삶은 순전히 '일'로 판단가치가 정해진다. 이들은 충분히 노력해야만 완벽해질 수 있으며 마침내 다른 사람들로부터 자기가 그토록 원하던 인정을 받을 수 있을 거라고 믿는다. 이 때문에 심한 압박감을 받아 마음이 언제나 불안한 상태이고, 자신과 남들에게 매우 비판적이며 항상 높은 기준치로 자신을 측정한다. 지나치게 높은 성과를 내길 원했던 부모가 문제의 발단이자 원인이었던 것이다.

다시 한번 강조하지만 유년기의 경험은 우울증이 발병하는 데 매우 중요한 역할을 하며 이것은 남녀 모두에게 해당되는 사실이다. 그렇지만 남성의 우울증은 여성의 우울증과는 다른 방식으로 발현된다. 사회심리학자들은 이를 '관계 의존적인 반응'과 '자율적인 반응'으로 구별한다. 관계 의존적인 성향을 가진 사람은 인간관계에 집착한다. 이런 사람은 다른 이들의 인정에 심하게 의존하며 주변 사람들과의 관계에서 문제가 발생할 경우, 감정적으로 독립적이고 자율적인 성향을 지닌 사람보다 우울증을 일으킬 가능성이 높다.

물론 자율적인 성향의 우울증도 있지만 그보다는 관계 의존적인 우울증이 훨씬 더 많이 나타나는데, 특히 여자가 관계 의존적 우울증을 진단받는 경우가 매우 흔하다. 어린 시절에 보호와 관심을 충분히 받지 못한 여자는 훗날 자신의 배우자에게서 부족한 애착에 대한 욕구를 채우려고 애쓴다. 자기를 버리고 무조건 배우자 혹은 다른 가족구성원을 위해 존재하는 방법으로 유년의 상처를 보상받으려 하는 것이다. 자신을 위해서는 아무것도 바라지 않은 채 그저 주위 사람들을 뒷받침함으로써 이들에게 자신이 절대로 없어서는 안 되는 존재가 되기를 희망한다. 다른 사람들이 자신을 필요로 하는 한, 최소한 버려질지 모른다는 두려움만큼은 떨칠 수 있기 때문이다. 이런 여자는 관계를 유지하거나 가족이 해체되지 않도록 무슨 일이든 한다. 게다가 이미 어렸을 때부터 사랑받지 못하는 데 익숙해져서, 상대에게서 냉정, 거부, 매정함이 보이더라도 오랫동안 이를 감당해낸다. 그러면서도 자신이 상대방을 만족시키면 상황이 변해서 언젠가는 모든 것이 좋아질 거라고 믿어버린다.

이 밖에도 우울한 여자는 배우자와의 관계나 가족관계 혹은 우정이 삐걱거리면 그 책임을 오롯이 떠맡을 준비가 되어 있다. 관계를 지속적으로 유지하는 일 역시 순전히 자기 몫이라고 믿는다. "우리 관계에서 그이를 행복하게 하는 일은 내 책임이야" 혹은 "상대방을 기쁘게 하려면 내가 잘해야 해"와 같은 말은 우울증에 걸린 여성들이 전형적으로 반복하는 말이다. 특히 관계 의존적인 사람들은 특정한 인간관계를 상실하면 이내 독한 우울에 빠져든다.

반면 대부분의 남성이 걸리는 자율적 우울증의 경우에는 관계를 통해서 인정받고자 하는 마음이 거의 드러나지 않는다. 이런 종류의 우울증에 걸린 사람은 성취감과 긍정적인 감정은 타인과의 관계와 상관없이 별도로 얻을 수 있다고 믿는다. 그래서 종종 다른 사람의 요구를 무시하기도 한다. 또한 상대방과 지나치게 가까워지면 실망만 커질 거라는 걱정도 거의 하지 않는다. 간략하게 정리해보면, 관계 의존적 성향을 가진 사람(주로 여자)은 관계가 힘들어지거나 단절되는 것에 대해 지나치게 심각하게 반응하는 반면에, 자율적 성향을 가진 사람(주로 남자)은 계획이 좌절되거나 실패를 극복해야만 할 때 훨씬 더 심각한 우울증세를 보인다. 이들 가운데는 스트레스 상황에 처했을 때 공격적인 행동을 하거나 알코올이나 마약에 중독되거나 워커홀릭의 기질을 보이는 경우도 많다.

나는 혼자 있는 것이 두렵다
도대체 무엇이 우리를 그토록 우울하게 하는가

이제 여자들이 왜 그토록 혼자 있는 시간을 우울해하고 괴로워하는지, 그리고 왜 우울은 남녀에게 다른 방식으로 찾아오는지 파악하기 위해, 지금까지 다뤄온 원인들을 되짚어보기로 하자. 당신의 우울도 분명 이 안에서 실마리를 찾을 수 있을 것이다.

◆ 여성의 우울증 발생 비율이 높은 것은 이들이 의사에게 모든 것을 털어놓고 자신이 정신적인 문제를 겪고 있음을 순순히 인정한 탓이다.

◆ 체내의 호르몬 변화가 우울한 기분을 부르는 요인이 되기도 한다. 생리전증후군이나 산후우울증 혹은 갱년기가 와서 호르몬 작용이 달라지면 몸과 마음이 평소와는 다르게 반응한다. 그래서 여자의 우울이 특정 시기에 주변 사람들에게 기계적으로 받아들여진다는 점은 안타깝지만 명백한 사실이다. 이보다 더 나쁜 건 적당한 약으로 호르몬 수치를 제자리로 돌려놓을 수 있다는 생각이 널리 퍼져 있다는 점이다. 이런 사고방식은 우울한 여자들로 하여금 자신(은 물론 배우자와 가족구성원들까지)의 문제를 진지하게 받아들이지 않고, '생리를 해서, 갱년기에 접어들어서, 혹은 겨울이 와서 기분이 별로 안 좋아'와 같이 우울증의 원인을 '특별한 상황' 탓으로 돌리게 한다.

그래서 자신이 불행하고 화나고 참을성이 없고 잠을 못 이루고 폭식을 하거나 두통에 시달리는 것을 몸에서 일어나는 호르몬 변화 때문으로 여기게 한다. 이런 사고방식을 가진 전문가들 덕분에 요즘의 여성은 자신이 불행한 것을 무조건 '병' 때문이라 믿고, 자신의 내면을 응시하고 스스로 문제의 실마리를 찾기도 전에 모든 것을 너무 쉽게 약으로 해결하려 드는 경향도 보인다.

◆ 전형적인 여성 특유의 성향도 우울증의 발병률을 높인다는 견해가 있다. 여성은 근심을 너무 많이 하고, 너무 골똘히 생각하며, 자긍심이 부족하고, 지나치게 예민하며, 모든 일을 너무 빨리 감정적으로 받아들이는 경향이 있기 때문이다.

◆ 남녀 상관없이 우울한 사람들 대부분은 어린 시절에 불행한 경험을 감당해야만 했다. 그 결과 이들은 정신적으로 상처에 취약한 사람이 되었다.

위에 적힌 말들이 틀린 것은 아니다. 실제로 위에 언급된 요소들은 한 사람을 우울로 몰아넣는 데 큰 영향을 끼친다. 하지만 왜 남자에 비해 여자의 우울증 발생률이 2배나 높은지에 대해서는 여전히 충분한 답을 주지 못한다. 오늘날 우울증 연구자들은 우울증이 발병할 때 생물학적·심리적·사회적 요인들이 상호작용한다는 것을 인정한다. 이와 같은 생물-심리-사회적 모델을 여자의 우울증 발생조건에 적용해보면 생물학적 요소(호르몬, 유전자)와 심리적 관점(유년 시절, 성격)만으로는 여성의 우울증 발병률이 이토록 높은 이유를 설명할 수 없다는 점이 분명해진다. 여기에 덧붙여 사회적 관점도 함께 고려되어야 한다. 그러나 정작 여자의 우울증에 관해 말할 때 바로 이 사회적 요소는 대부분 뒷전으로 밀려난다.

거듭 말하지만 우울증은 생물학적, 심리적 요소 외에 어떤 특별한 생활환경(스트레스 경험 혹은 관계를 통한 경험)에 개개인의 약점(유년기에 경험한 외상, 호르몬 기복)이 더해졌을 때에야 비로소 생겨난다. 다른 말로 표현하면 호르몬 변화나 유전적 체질, 혹은 여성적 특성이 우울증을 발생시킬지 아닐지는 이전에 경험한 스트레스와 애착의 정도가 결정한다는 것이다. 이 설명을 참조하면, 왜 '호르몬 위기'의 연령대인 여자가 모두 다 우울증에 걸리진 않는 것인지, 힘든 유년기를 보내고도 멘탈이 건강하고 저항력이 강한 어른이 된 여자의 비결은 무엇인지 이해할 수 있게 될 것이다.

여자가 우울해지는 이유는 호르몬이나 유전자, 혹은 여자 특유의 성향 탓이 아니다. 그보다는 오히려 주변 사람과의 관계에서 겪는 불화가 더 큰 원인이 된다. 즉 여자만이 경험하는 특유의 스트레스가 여자를 우울하게 한다고 볼 수 있다. 일례로 행복한 여성은 우울해지지 않고 호르몬의 변화를 그대로 받아들일 수 있다. 반면 불행한 여성은 이상 작용하는 호르몬의 영향을 받아 마지막

힘을 다 소진한 채 주변 사람과의 관계도, 도움에 대한 희망도 잃고 우울증의 나락에 빠진다. 특히 사는 동안 쌓인 스트레스의 규모가 정상수치를 넘어섰다면 치명적이다.

5장

이런 나와
화해할 수 있을까?

:

내 마음의 소리에
귀기울이는 법

이제, 당신은 화해하고 싶다.

늘 어설프고 모자란 나, 언제나 실수투성이지만 그래도 열심히 노력하는 나, 가끔은 정말 미워 죽겠지만 그래도 가장 소중한 존재인 나 자신과 화해하고 싶다. 더이상 미워하고 아파하며 스스로에게 상처내는 일은 그만하고 싶다. 적어도, 나라도 나를 사랑해줘야겠다는 생각이 들었다.

그런데 모르겠다. 어디서부터 시작해야 할지, 어떻게 하면 나와 화해할 수 있을지…… 하지만 방법은 의외로 쉽다. 일단 내 마음의 소리에 가만히 귀기울이는 것에서 시작하자. 애써 모른 척했던 내 마음의 이야기를 들어주자. 그것이 나와의 화해를 위한 첫걸음이다.

주치의나 심리치료사로부터 우울증 진단을 받으면 대부분 "내가 무슨 우울증이에요?" 혹은 "나는 미치지 않았다고요"라면서 거부 반응을 보인다. 요즘 들어 유명인들이 우울증에 빠지는 사례들이 많이 보도되고 있고, 우울증에 관한 왜곡된 시선들이 줄어들었다고는 해도 우울증은 여전히 부정적인 이미지로 통하기 때문이다. 당사자로서는 우울증이라는 진단을 받아들이는 일이 여전히 쉽지 않다. 사실 우울증은 주위 사람들에게 '나는 약하다. 나는 나에게 주어진 과제를 해내지 못했고 결함이 있다'고 선언하는 일과 마찬가지이기 때문이다. 자연히 '이 사실을 어떻게 상사와 회사동료에게 알려야 하지? 가족들은 어떤 반응을 보일까? 여전히 나를 정상인으로 대해줄까?'라고 자문하게 된다.

심리학자이자 작가인 메를 레온하르트Merle Leonhardt는 『내 영혼이 어두워질 때Als meine Seele dunkel wurde』라는 책에서 우울증 진단을 받으면 우선 거부감을 느낄 수밖에 없다고 설명한다.

"뭐라고요? 내가 무슨 우울증이에요? 말도 안 돼요. 누구나 약간은 기분이 가라앉을 때가 있잖아요…… 마음이 많이 불안할 때와 나 자신이 낯설게 느껴질 때만 빼고는 그렇게 나쁘지 않았어요. 물론 두렵긴 했지만 그건 그냥 걱정일 뿐이잖아요. 사실 '두려움'이라고 표현하는 것도 너무 과장된 거예요. 다들 무엇인가에 대해서는 걱정하지 않나요……"

삶에 드리워진 어두운 그림자를 아는 여자는 우울증 진단을 일종의 패배로 인식한다. 다른 사람들은 그다지 힘들이지 않고 행복하게 살아가는데 자신은 그렇지 못하니 스스로 패배자라고 느끼는 것이다. 그러고는 스스로 이 실패에 대한 책임을 지고 우울증을 극복하기 위해 있는 힘껏 노력해야 한다고 믿는다. 그런데 우울증에 걸린 여성 중 대부분은 이미 우울증이 대중적인 현상으로 통한다는 사실을 알고 있다. 그럼에도 정작 자신이 우울증에 걸렸다는 사실을 안 순간, 혼자이며 고립되었다고 느낀다.

우울한 여자는 지금 자기 자신에게 무슨 일이 일어났는지 설명하지 못하는 경우가 허다하다. 그래서 효과적인 도움을 받기까지도 오랜 시간이 걸린다. 이런 슬픈 사실은 남자와 여자에게서 동일하게 관찰되는데, 뮌헨에 소재한 막스 플랑크^{Max Planck} 심리학연구소의 연구에 따르면 전체 우울증 환자 중에서 겨우 30퍼센트만이 올바른 진단과 최적의 치료를 받는다고 한다. 또한 환자의 50퍼센트 정도는 완전히 잘못된 치료를 받는 것으로 추정된다. 우울한 여성이 적절한 도움을 받지 못하는 데에는 다음과 같은 원인이 있다. 우선 가정의들이 아직도 우울증에 대해 충분한 정보를 갖고 있지 않아서 오진을 할 가능성이 있다. 게다가 환자 자신도 우울증을 병이 아닌 수치심을 일으키는 결점으로 보는 경향이 있다. 이런 이유에서 환자는 의사에게 자신의 상태를 설명할 때 만성적 피로감이나 불면증, 편두통, 소화장애, 허리통증 등 사회적으로 거부감 없이 인정되는 증상으로 돌려 말하는 경우가 많다. 이외에도 치료를 담당하는 의사가 환자의 우울증을 알아차릴 수 없는 또다른 이유가 있다. 바로 놀랍게도 다수의 우울증 환자가 전형적인 우

이제, 당신은 화해하고 싶다.

늘 어설프고 모자란 나, 언제나 실수투성이지만 그래도 열심히 노력하는 나, 가끔은 정말 미워 죽
겠지만 그래도 가장 소중한 존재인 나 자신과 화해하고 싶다. 더이상 미워하고 아파하며 스스로에
게 상처내는 일은 그만하고 싶다. 적어도, 나라도 나를 사랑해줘야겠다는 생각이 들었다.

울증 증세를 보이지 않는다는 점이다. 이들은 무기력하지도 않고, 삶에 낙이 없거나 수동적이지도 않으며, 마비된 것처럼 보이지도 않는다. 행동이나 사고가 느리지도 않고, 얼핏 보기엔 우울증과는 전혀 상관없는 사람이라는 인상을 풍긴다. 부단히 노력하며 자신감 있는 모습을 보이고 열심히 성과를 거두려 하고 타인에게 좋은 인상을 주려 애쓰기까지 한다. 그래서 이들에게는 우선 과로에 의한 심신피로 혹은 번아웃이라는 진단이 내려진다.

'나는 즐겁고 행복해, 이 정도면 성공한 삶이지. 하지만……'

자신이 우울하다고 전혀 느끼지 못하지만 극심한 우울증 환자였던 그녀

안드레아는 한 IT분야 대기업의 잘나가는 홍보과 직원이다. 일 때문에 출장이 잦고 외국을 빈번히 드나든다. 한마디로 화려하고 흥미진진한 삶을 살고 있는 여성이다. 단 한 가지 지속적으로 찾아오는 허리통증만 없다면 완벽했을 것이다.

안드레아는 불편 없이 몸을 움직이고 밤에 푹 자고 싶은 마음에 2년 전부터 안 찾아가본 의사가 없을 정도이다. 지금까지 안드레아에게 내려진 병명은 허리디스크 돌출, 허리디스크 이탈, 천장관절 폐쇄, 심각한 근막통증증후군 등으로 다양했다. 진통제를 처방받은

것부터 치료체조, 정골요법, 두 차례의 입원(정형외과와 통증클리닉에 한 차례씩 입원), 허리디스크 수술에 이르기까지 받은 치료도 한두 가지가 아니었다. 그러나 한참이 지나도 허리통증이 가시지 않자, 비로소 통증치료사는 자신감에 넘쳐 성공가도를 달리고 있는 이 여성의 이면에 우울증이 숨어 있을 수도 있겠다는 생각을 했다. 그러고는 안드레아에게 항우울제를 처방해주었다. 그러자 놀랍게도 바로 효과가 나타났다. 통증은 사라졌고 안드레아는 다시 푹 잘 수 있었다. 의사가 약은 단지 증상을 치료할 뿐, 원인을 치료해줄 수 없다고 주의를 주자 안드레아는 심리치료를 받기로 결심했다.

우울한 여성이 제때 적절한 도움을 받지 못하는 이유는 의사의 '맹점' 탓도 있지만, 우리가 자신에게 무슨 일이 일어나고 있는지를 잘 알지 못하기 때문이기도 하다. 우리는 극도로 불안해하면서도 자신이 겪는 변화를 제대로 설명하지 못한다.

이렇게 오랫동안 혼란상태에 빠지게 되는 이유는 대체 뭘까? 지금까지의 여성 우울증 연구는 여자의 내면에 무슨 일이 일어나는지, 여자가 자신의 마음에 대해 어떤 식으로 설명하는지에 대해서는 큰 관심을 두지 않았다. 이 때문에 우울한 여자가 자기에게 일어난 일을 스스로 어떻게 느끼는지에 대해서는 알려진 바가 거의 없었다. 이에 대해 자세히 물어보는 사람도 적을뿐더러 스스로 자신의 우울증에 대해 고백하는 경우도 드물었다.

그러나 약물이나 상담을 통한 치료에 앞서 우울에 빠진 여성이 자신을 치료하고 구원할 수 있는 힘은 바로 자기 자신에게서 나온다. 우울한 자기 자신의 모습을 부정해서는 결코 삶이 나아질 수 없기 때문이다.

도대체 내가 왜 이러지?
나는 내가 무섭다

물론 우울에 빠져든 사람이 자신의 상태를 스스로 설명하지 못하는 것은 우울증의 중요한 특징이다. 실제로 '우울'이라는 어두운 동굴에서 빠져나온 사람은 우울증을 겪는 동안 마치 온몸이 축축한 안개에 싸인 것처럼 느껴졌다고 묘사한다. 갈등으로 가득한 인간관계를 감수하고 다른 사람을 걱정하느라 심신이 완전히 지쳐버렸기 때문이다. 이때 우리는 자기 자신에 대해서는 더이상 알고 싶지도 않다. 그저 끊임없이 슬픔에 사로잡혀서 몸은 납덩이처럼 무겁게만 느껴지고 감정은 꽁꽁 얼어붙은 것 같다. 눈물조차 나지 않고 웃지도 못한다. 한 여성은 우울에 잠식당했을 당시의 기억을 돌아보며 이렇게 말했다.

"친구들이 약속을 잡자고 하면 매번 갈 수 없다는 핑계를 댔어요. 미용실이나 그 비슷한 곳에도 가지 않았고요. 모든 일이 너무 힘들었어요. 내 외모가 어떤지에 대해서는 전혀 신경도 쓰지 않았어요. 그런 일은 하나도 중요하지 않았거든요."

여자는 병에 걸렸을 때 자신이 불완전하다는 느낌을 받는다. 즉 자신이 '온전치' 못하다고 여기며 자신의 실제 모습을 드러낼 수 없다고 믿는다. 동시에 이들은 솔직히 어떤 것이 자신의 실제 모습인지도 알지 못했다. 왜 기분이 좋지 않고 불만스러운지, 삶에서 더는 의미를 찾을 수 없는 이유가 대체 무엇인지 알지 못했다. 요컨대 자신에 대해 아주 조금밖에 이해하지 못했던 것이다.

여섯 살 아이를 둔 한 엄마는 자신이 느꼈던 불안감에 대해 이렇게 설명했다.

"무서웠어요. 무엇인가가 나를 내내 괴롭혔고 내가 자기에게 관심을 가져주기를 원했어요. 그런데 그게 대체 뭔지 알 수가 없었어요…… 도대체 내가 왜 그러는지도 몰랐고요. 단지 끔찍하고 불행하고 무섭다는 것만 알았죠…… 그리고 내가 온전치 못하다고 느꼈어요."

그녀는 이내 자신이 인생에 대한 통제력을 잃었다는 사실을 깨달았다. 동시에 이런 상태가 점점 더 심각해질 것이며 자신의 힘으로는 멈출 수 없다는 것을 인정할 수밖에 없었다. 다른 여성들도 자신의 경험담을 생생하게 들려주었다.

"나는 사라져갔어요. 다른 사람들에게서 떨어져 있거나 구름 위에 있거나 바닷속을 헤매다 깊은 구멍 속에 갇혔죠. 세상으로부터 격리된 것 같았어요."

이들 중에는 계속 죽음에 대해 생각하다가 실은 자신이 죽고 싶어하지 않는다는 사실을 깨달은 여성도 있었다. 심리치료사 리타 슈라이버가 인터뷰한 여성 중 한 명이었는데 그녀는 간절하게 살고 싶어하면서도 죽는 게 사는 것보다는 쉬우리라 여겼다.

"죽으면 모든 게 얼마나 가벼워질까, 하고 몇 번이고 생각했어요. 하지만 사실 자살에 대해서 진지하게 생각해보진 않았어요. 그냥 단순히 사라지고만 싶었어요."

이처럼 우울한 여자들은 정상적으로 일상생활을 하지 못했고 이런 상태가 지속될까봐 두려웠다고 털어놓았다.

실제로 우울한 여자는 모든 것을 무서워한다. 처음에는 이런 두려움을 무시하거나 더 많이 일하고 노력함으로써, 혹은 다른 사람을 위해 더욱 애쓰고 완벽한 사람이 됨으로써 극복해보려 하지만 잘되지 않는다. 오히려 의욕 과잉 때문에 더 빨리 지쳐갈 뿐이다.

과거의 나를 부정하면
지금의 나는 부정적인 인간이 되어버린다

어렸을 적 자신의 욕구를 충족시켜줄 수 없었던 부모에 관해 고백한 몇 명의 여성이 있었다. 그중 한 여성의 부모는 매우 냉정한 사람들이었는데 심지어 아이들도 자기의 감정을 냉정하게 통제할 수 있기를 바랐다. 그러면서도 정작 자신의 감정을 절제하지 못하는 면들을 보이기도 해서, 그녀에겐 본받을 수 있는 대상이 없었다. 또 어떤 이는 스무 살 때 엄마가 자살을 했다.

"엄마가 왜 자살했는지 모르겠어요. 어쩌면 엄마는 심각한 우울증에 빠졌던 것 같아요. 그런데 우리는 그 사실을 전혀 몰랐어요."

약물 남용이나 신체적·성적 학대가 만연한 가정에서 자란 여성도 있었다. 그녀는 어른이 되고 나서 자신의 문제가 이런 성장배경에서 연유한다는 사실을 이해했지만, 정작 우울증에 걸리자 그 연관성을 전혀 인지하지 못했다.

또다른 여성 한 명은 유년기에 겪었던 극단적인 경험에 대해 이야기해주었다.

"너무나 불안하고 무서웠어요. 칼이 제 눈앞에 획획…… 영원히 무서울 것 같아요. 제가 어렸을 때 아빠가 자살 시도를 했어요. 거실 소파에 누워서는 칼로 자살할 거라고 위협했어요. 최악의 환경에서 자란 셈이죠. 그 때문인지 저는 제가 언젠간 자살할 거라고 종종 생각했어요."

한 여성은 우울증을 극복하고 나서 자신의 어머니와 남편 사이에 어떤 유사점이 있다는 사실을 깨달았다.

"남편은 꼭 엄마 같아요. 엄마는 사고방식이 일방적이고, 특이한 규칙을 만들어서 강요하는 사람이었죠." 실제로 모친의 이런 엄격함은 그녀를 우유부단한 사람으로 만들었다.

"제 마음이 어떻든 엄마가 저와 의견이 다른 것 같으면 싸우게 될까봐 얼른 생각을 바꿔요. 본래 제 생각은 결국 포기해버리죠."

내가 사랑하는 사람들은 나를 하녀처럼 대했다
나는 왜 끝없이 참고 양보하는가

마음이 힘든 여자들은 배우자나 애인과의 관계, 그리고 직장에서의 인간관계 역시 늘 힘들었다고 털어놓았다. 이 모든 상황이 스트레스와 끊임없는 도전으로 다가왔고 결국에는 자긍심에 상처를 받았노라고 말했다. 이들에게 이런 관계는 끝없는 걱정을 불러일으켰으며 항상 이에 대한 생각이 머릿속에서 빙빙 돌았다.

"제가 주로 느끼는 감정은 상심과 무력감이었어요. 근본적으로 할말도, 결정할 일도 없었고, 내 감정과 욕구 따위는 전혀 중요하지 않았죠. 남편은 자기가 원하는 것을 해줄 때만 나를 좋아해줘요. 그러면 가끔은 아주 친절하고 다정하게 대해주기도 하죠. 하지만 우리 둘 사이에 의견 충돌이 생기거나 서로 다른 것을 원할 때는 조심해야 해요. 그가 내 말은 제대로 듣지도 않고 폭발해버리곤 하니까요."

"몇 년 전부터 내가 가장 하찮은 사람 같다는 느낌이 들어요. 다른 사람은 죄다 나보다 중요한 것 같고요. 나는 매번 가장자리 맨 끝에 동떨어져 서 있어요. 가족 안에서든, 친구 사이에서든, 직장에서든 어디서든 말이죠."

이들 가운데는 이혼 절차가 진행중이거나 이미 이혼한 여성도 있었다. 반면 훨씬 오래전부터 불행한 관계에서 빠져나오려고 애썼지만 아직 성공하지 못한 여성도 있었다.

"이혼 절차를 밟고 있어요. 하지만 너무 바쁘고 기운이 없어서 아직 아무것도 하지 못했어요. 이혼하고 싶은데 아무것도 할 수가 없어요."

배우자의 변심에 대해 털어놓은 여성도 있었다.

"환상은 깨지고 내 남편이 실제로는 직장동료인 다른 여자를 좋아한다는 사실을 받아들이는 건 끔찍한 충격이었어요. 너무나 불쾌하고 화가 났죠. 남편을 죽이고 싶다는 마음까지 들었어요."

남편에게 배반당한 또다른 여성 역시 분노에 떨면서 말했다.

"기만당한 기분이었어요. 난 가족을 돌보고 남편은 일했어요. 하지만 지금은 남편이 일만 한 게 아니라는 걸 알아요. 남편은 다른 여자와 함께 있었어요. 나는 자기를 위해 가방을 싸고 와이셔츠를 다려주었는데 말이에요. 나는 하녀였던 거예요."

어떤 여성들은 폭행을 당한 뒤부터 남편을 지속적으로 두려워하며 살아왔다.

"처음에는 사랑했죠. 벌써 9년째 같이 살고 있고요. 남편은 매우 권위적인 사람인데 흥분하면 날 때렸어요. 아들들은 멍든 날 보며 불행해하죠. 게다가 남편은 아이들의 친부도 아니에요. 그래서 난 나를 둘로 나눠야 해요. 나는 남편을 떠날 수 없는데 아들들은 엄마의 관심을 끌려고 애쓰거든요."

배우자가 술을 너무 많이 마셔서 경제적으로 곤궁해졌다고 말한 여성도 있었다. 배우자가 자기를 너무 도와주지 않는다고 불만을 털어놓은 여성도 있었다.

"아이를 한 명 더 낳고 싶었어요. 그런데 남편이 '그렇게 원하면 혼자 알아서 해보시든지' 하고 말하는 거예요. 하지만 자신이 없었죠. 아이를 더 가질 수 없단 사실 때문에 정말 오랫동안 슬펐어요."

직장에서 살아남고 싶었지만
내 삶마저 끝장났다

다른 사람과의 갈등은 배우자와 가족 사이에서만 벌어지는 것이 아니다. 우울한 여자들은 대학 시절이나 직장생활에서도 어려움을 겪었다고 토로했다. 혹은 오래 일한 직장에서 쫓겨나 더이상 적당한 일을 찾지 못할까봐 두려움에 시달리는 여성도 있었다.

심리학자들은 '통제력 상실'을 토대로 왜 실직이 우울증을 일으키는 강력한 위험요소가 될 수 있는지를 설명한다. 실직자는 자신이 무기력하고 무능하다고 느낀다. 자신의 인생에 대한 결정권마저 다른 사람의 손에 놓여 있어서 인정과 자아를 확인할 수 있는 근원을 잃어버렸다고 생각한다. 그렇다면 특히 여자의 입장에서 봤을 때, 직장으로 인해 우울해질 수 있는 다른 요인으로 무엇이 더 있을까?

우울한 여자들 가운데는 번아웃과 술문제로 일자리를 포기해야 했던 사람도 있었다. 남성들이 주도하는 직업군에서 활동했던 한 여성은 더이상 남성 중심적인 세계에서 경쟁할 수가 없었고, 또한 그런 삶을 원하지도 않았기 때문에 일을 그만두었다고 말했다. 그녀는 자신이 차별을 당했으며 승진 인사를 발표할 때마다 당연하다는 듯이 뒤로 밀렸다고 느꼈다. 또다른 여성은 직장에서 동료들로부터 괴롭힘을 당해서 일을 계속할 수 없게 되었다. 그녀는 이미 한차례 자살을 시도했다가 살아난 적도 있는데 이 일에 대해 다음과 같이 고백했다.

"자살마저 성공하지 못했기 때문에 나 자신에게 더 신물이 나요. 부끄럽기도 하고요. 다른 일도 못하는데 자살도 내 맘대로 못한다니 너무 한심하잖아요."

우울한 여자는 자신이 스스로의 만족감과 가치가 아니라 다른 사람들의 기대 속에 살고 있다고 말했다. 이들은 스스로 내면화한 이상적인 모습에 자신을 일치시키려 애쓰고, 다른 사람들이 자신이 이런 이상형을 실현하길 기대한다고 믿었다. 그들은 좋은 딸, 좋은 엄마, 좋은 아내, 좋은 누이, 좋은 애인이 되려고 노력했다. 다른 사람들의 기대에 부응하는 일이 삶의 중요한 목표였으며 여기에 큰 의미를 부여했다. 하지만 이런 여성은 이토록 많은 기대를 모두 충족시키는 일이 매우 힘들며 가망 없는 시도라는 것을 오랫동안 직시하지 못했다. 온갖 노력을 다해도 높게 설정한 목표에 이를 수 없다는 사실을 결국 인정해야만 했을 때에도 그 이유를 자기 탓으로 돌렸다.

인터뷰한 여성 가운데 한 명은 이렇게 말했다. "내가 이루고 싶은 모습이 될 만큼의 힘이 내겐 없었어요. 나는 좋은 엄마가 아니에요. 내 머릿속에서 그려온 엄마의 모습을 충족시키지 못했거든요. 내겐 어떤 능력도 배경도 없어요."

우울한 그녀의 거대한 착각
'내가 잘하지 못하는 것은 전부 내 잘못이야'
'내가 없으면 그는 제대로 살 수 없을 거야'

우울한 여자는 대개 자신의 삶보다 다른 사람의 욕구를 우선시하는 것을 당연시한다. 이들이 당연하게 받아들인 일에는 아픈 가족이나 손자, 나이든 부모, 도움을 필요로 하는 이웃 등 다른 사람을 돌보는 일도 포함되어 있었다. 이 모든 일은 결과적으로 봤을 때 직장과 가정 안에서 해야 하는 일들과 갈등을 빚을 소지가 충분했지만 여자들은 그 사실에 놀라지 않았다. 한 여자는 이렇게 말했다.

"지금은 분명히 알아요. 하지만 그 당시에는 이 모든 일이 불가능하다는 것을 깨닫지 못했어요. 내가 충분히 잘하지 못하는 것은 전부 내 잘못이라고 생각했죠."

또 한 여성은 "무엇이 옳고 그른 것인지 판단할 수 없었어요. 나 자신을 위해 무엇을 해도 되는지 혹은 다른 사람에게 어느 정도로 잘해야 하는지도 몰랐고요"라고 자신의 몰이해를 인정했다. 다른 여성은 타인을 걱정하느라 자신의 존재를 완전히 잊어버렸다고 회고했다.

"나는 눈에 보이지 않았어요. 마치 물건 같았죠. 부모든 남편이든 모두를 만족시키고 싶었어요. 그래서 이들이 무엇을 원하는지에 신경을 많이 썼고요. 하지만 정작 나 자신은 너무 비판적으로 대하고 스스로에게 너무나 많은 것을 요구했어요."

우울한 여자들은 사는 동안 적어도 한 번 이상은 어떤 결정을 내리는 데 자신이 중대한 실수를 범했다고 입을 모은다. 그리고 이를 자신의 불안과 부족한 사회성, 미약한 자긍심 탓으로 돌렸다. 실제로 이들의 부정적인 자화상이 실수의 원인이 될 수도 있다. 자신을 비하하거나 하찮게 여기며 자신의 가능성과 능력을 알지 못하면 삶의 갈림길에서 방향을 잘못 틀 수 있기 때문이다.

이들은 자신이 옳다고 생각하는 좁은 범주에서 중대한 결정을 내렸다. 예를 들어 어린 시절에 받지 못했던 안정감과 애정, 소속감을 줄 것 같다거나 또는 부유해 보인다는 이유에서 사랑하지도 않는 남자를 평생의 반려자로 선택하는 경우도 있었다. 불행한 현실로부터 벗어나기 위해 결혼을 이용하는 경우도 종종 있다. 하지만 언젠가는 이런 거래가 성사되지 않는다는 사실에 눈뜨는 날이 온다. 설사 모든 것에 순응하고 모든 것을 바로잡으려 노력해도 자신이 그렇게도 원하던 보호와 도움, 만족스러운 삶은 보상받을 수 없다.

하지만 여자는 이때에도 모두가 자신의 잘못 때문이라고 자책한다. 심지어 외롭다고 느끼는 것도, 자신감이 없는 것도 모두 자기 탓이라고 믿는다. 자신은 항상 남들과 '달랐으며' 삶이 어떻게 돌아가는지 전혀 배우지 못했다고 스스로를 비난하기도 한다. 이런 경우 여자는 자신이 명백한 패배자라고 느낀다.

지금까지 살펴본 우울한 여자들은 다양한 사회적 지위와 연령, 학력을 지녔다. 그렇지만 우울증에 걸린 원인과 우울할 때의 감정상태에 대해서는 대체로 비슷하게 그리고 있었다.

◆ 그녀는 자신을 긍정적으로 받아들일 수 있는 관계를 맺지 못했다.

◆ 그래서 배우자뿐 아니라 삶에서 소중하게 여기는 다른 사람들을 동시에 만족시키려 많은 노력을 한다. 이들은 자신의 바람과 다른 이들의 기대를 동시에 충족시키길 원한다. 그리고 가능한 한 이상적으로 여기는 모습에 가까워지기를 바란다. 하지만 이들의 눈에 비친 이상적인 모습이란 그야말로 완벽해야만 도달할 수 있는 불가능한 경지인 경우가 많았다.

◆ 이런 목표가 달성할 수 없는 것임을 깨닫게 되면 그녀는 그 책임을 스스로 떠맡는다. 그래서 자신이 무능하고 어딘가 잘못된 사람이라 생각하게 되며, 이를 고치기 위해 또다시 노력을 아끼지 않는다. 하지만 언젠가는 힘이 모두 소진되고 무엇을 어떻게 계속해야 할지 모르게 된다. 그렇게 그녀는 왜 자기가 이런 비참한 상태에 빠져들었는지 깨닫지 못한 채 무기력 속에 갇히고 만다.

여자가 우울에 걸려들기 전에 어떤 삶을 살았는지, 그리고 스스로 이 거대한 우울의 정체가 무엇이라고 생각하는지 들어보면 안

타까울 때가 많다. 그 순간조차도 여자는 그간 자신이 얼마나 열심히 자기 할 일을 다 해왔는지 증명하고 싶어하기 때문이다. 여자는 자신에 대해 매우 회의적이고 자긍심도 약한데다 관심과 애정을 받고 싶어서 어쩔 줄 몰라 한다. 그래서 무조건 다른 사람들을 만족시키고 싶었다고 이야기한다. 자신을 거의 신뢰하지 않았기 때문에 인생에서 잘못된 선택들을 했으며, 힘든 유년 시절을 보냈기 때문에 혼자 모든 것을 이겨내야 했다는 것이다.

여자에게 "당신은 지금 왜 우울한가요?"라는 질문을 던져보면, 여자의 우울증 발병률이 왜 그리 높은지 전적으로 수긍이 간다. 그럼에도 지금까지의 연구는 이 문제에 대해 진지하게 파고드는 대신 여자의 생물학적인 변화나 의사의 오진에 책임을 전가해왔다. 여자는 살면서 너무나 많은 것을 기대하기 때문에 힘든 삶을 보낸다. 항상 능력을 발휘하고, 친절하고 상냥하며, 다른 사람들을 보살펴야만 한다고 믿는다. 또한 타인이 원하는 것을 충족시켜주지 못하면 자신이 이들의 눈 밖에 나고 말 것이라고 믿기 때문에, 언젠가 이와 같은 높은 기대 아래 짓눌리고 만다.

여자의 우울은 자신에 대한 부풀려진 기대와 타인에게 보이는 관용적인 태도가 부딪쳐 나타난 결과인 경우가 많다.

'지금 이 순간에도 스스로를 쥐어짜서 최선을 다하려는 내가 환멸스럽다'
다른 사람을 만족시키려다 자신을 증오하게 된 그녀

"모두 나만 바라보고 있는 게 너무나 부담스러웠어요."

41세의 중년 여성이 고백한다. 그녀는 반일 근무를 하는 직장에 다니는 것 외에도 열한 살 난 아들을 돌보며 집안일, 정원일 그리고 나이든 어머니 부양까지 도맡고 있다. 남편은 일주일에 오십 시간 넘게 일하며 남는 시간은 운동하는 데 쓴다. 그녀는 이런 남편을 두고 "그래, 그렇게 독하게 일한 만큼 자기가 좋아하는 일도 맘껏 할 수 있어야지"라며 이해했다. 또한 운동하느라 일주일에 3일, 혹은 그 이상을 밤 9시가 넘어 집에 들어오더라도 묵묵히 받아들였다. 그러면서 자신이 혼자 있기 싫어하고 남편의 늦은 퇴근에 스트레스를 받고 있다는 사실에 분노를 느꼈다.

"이따금 나 자신에 대해 정말 화가 날 때가 있어요. 왜 이 정도밖에 못할까. 그러면 도대체 무엇이 어디서부터 잘못된 건지 묻고 또 묻곤 해요."

그녀는 수없이 상담을 받은 후에야 자신의 공격 성향이 위험 수위에 이르렀다는 사실을 받아들였다. "자해를 했어요. 칼로 살을 그어서 상처를 내고요." 그러고는 곧장 다음과 같은 설명을 덧붙였다. "내가 정상은 아니지요?" 하지만 그녀는 무엇 때문에 이런 공격적인 행동이 나오는지, 이 행동이 누구를 향한 것인지는 알고 싶어하지 않았다.

우울한 여자들 대부분이 이와 비슷한 이야기를 털어놓는다. 이들은 모두 자신이 맞닥뜨린 상황이 우울증을 일으킬 수 있다는 것을 인식하지 못했다. 삶에 내재된 스트레스가 어마어마하게 크다는 것을 보지 못한 채 욕구를 충족시키기 위해 끊임없이 애쓸 뿐이었다. 이는 우리가 왜 자신이 잘못 살고 있다고 느끼는지, 또 어디에 실제 원인이 있는지를 깨닫고 인정하고 싶어하지 않기 때문이다. 우리는 방앗간 집 딸처럼 밀짚으로 금실을 자으며 불가능한 과제들을 받아들이고 이런 일들이 기대한 대로 되지 않으면 원인을 자기 자신에게서 찾으려 든다.

6장

이런 나라도
사랑할 수 있을까?

:

내 안의 작은 아이
끌어안기

지금, 당신은 결심한다.

아무도 나를 사랑해주지 않는다 해도, 나 스스로라도 나를 사랑하겠다고. 우리는 이러한 결심과 마주하기까지 왜 내가 이토록 복잡하고 미묘한 인간인지, 왜 이리도 자주 우울해하고 침체되는지 깨달았다. 그래서 이제는 사랑할 수 있게 되었다.

우리가 인간관계에서 자주 발이 걸려 넘어지는 장애물들을 살펴보면 두 가지 사실을 발견할 수 있다.

첫째는 '여자가 변해야 한다'는 결론이다. 우리는 관계에 대한 기대와 긴밀한 애착에 대한 욕구를 줄이고 자율성을 강화해 다른 사람으로부터 독립해야 한다. 둘째는 '남자가 변해야 한다'는 결론이다. 그들이 우리의 말에 귀기울이고 감정을 잘 읽어내며 더 큰 애착을 준다면, 우리가 바라는 이상적인 삶의 동반자가 될 수 있을 것이다. 그렇게 만족스러운 관계가 형성된다면, 우리가 우울에 잡아먹힐 가능성도 줄어들 것이다.

이 같은 두 가지 결론은 분명 옳은 이야기이다. 우울한 여자들에게 자율성과 독립성이 부족한 것은 분명하다. 우리가 특정한 기대를 버린다면 무엇인가를 얻게 되리라는 사실도 자명하다. 마찬가지로 남자도 여자의 욕구를 읽어내는 능력을 기르면 만족스러운 관계에 가까워질 수 있다. 하지만 이런 변화를 불러오는 일은 무척 어려우며, 이를 위해서는 매우 중요한 선행조건이 충족되어야 한다. 바로 남녀 모두가 자기 자신과 상대방에 대해 더욱 깊이 이해해야 한다는 조건이다. 우리는 남자와 여자가 각각 어떻게 성장하고 발달하는지에 대해 근본적으로 이해해야 한다. 이러한 지식이 바탕에 있어야만 지속적으로 변화를 이끌어낼 수 있다.

그렇다면 남자는 남자답게, 여자는 여자답게 성장한다는 것의 의미는 무엇일까? 여자는 관계에 집착하는 자신의 성향이 어디에서 오는지를 응시하고, 이것이 결코 태생적인 성향이 아님을 인지한 후에야 비로소 근본적인 문제를 개선할 수 있다. 마찬가지로 말수가 적고 배우자와도 일정한 거리를 두며 경우에 따라 인정머리 없어 보이기까지 하는 남자의 특징이 어느 정도는 '설정'이라는 사실을 깨달아야 한다. 이러한 깨달음은 지금 우울증을 앓고 있는 사람들에게뿐만 아니라 그렇지 않은 사람들에게도 큰 도움이 된다.

남녀의 삶을 각각 관찰해보면 특정 상황에서 여성을 우울증으로 내모는 관계장애가 남자의 '냉정함'과 '몰인정', 그리고 여성의 '욕구'와 '의존' 때문이라는 사실을 명백하게 파악할 수 있다. 이렇듯 남자가 여자보다 유리한 위치에 있는 듯 보여도 사실 이 둘은 한 배에 올라타 서로가 서로에게 영향을 주고받는 관계이다.

아무도 나에게 화내지 않았으면 좋겠어
두려움에 떨고 있는 내면아이 만나기

타인과 연결되고 싶어하는 여자의 성향은 어디에서 유래했으며, 남자가 연인관계에서 여자가 원하는 대로 해주기를 어려워하는 이유는 무엇일까? 그 답은 남녀의 발달심리학에서 찾을 수 있다. 이 학문은 여자의 우울에 관한 연구에서도 절대 빠지지 않는 분야이다.

여자에게 다른 사람과의 연결과 유대는 매우 중요하며 자율성보다 우선시된다. 요컨대 다른 사람과 순조롭게 관계를 맺고 유지하길 원하는 심리는 여자의 정체성에 속하는 기본적인 특징이다. "어떻게 지내세요?" "뭐, 필요한 것 있어요?" "요즘 가장 관심 있는 건 뭐예요?"와 같은 질문에서 알 수 있듯이 여자는 남의 일에 관심 갖기를 좋아하며 이를 지극히 당연하게 여긴다. 또한 여자들은 공감능력이 뛰어나 타인의 입장에서 생각할 줄 안다. 그래서 다른 사람과 관계를 맺고 그 관계를 잘 유지하는 능력에 자긍심을 갖는다. 우리는 다른 사람들과 좋은 관계를 맺길 원할 뿐 아니라

지금, 당신은 결심한다.
아무도 나를 사랑해주지 않는다 해도, 나 스스로라도 나를 사랑하겠다고.
우리는 이러한 결심과 마주하기까지 왜 내가 이토록 복잡하고 미묘한 인간인지,
왜 이리도 자주 우울해하고 침체되는지 깨달았다.
그래서 이제는 사랑할 수 있게 되었다.

한발 더 나아가 그들의 발전을 지원하고 싶어한다. 그 상대가 아이냐 남편이냐 친구냐는 중요하지 않다. 우리는 자신이 성장할 수 있으며 상대 역시 이득을 볼 수 있는 관계에 관심을 보인다. 요컨대 여자의 희망사항은 다른 사람과 자신을 연결지어 함께 이런저런 일을 경험하는 것이다.

그런데 부단한 노력에도 불구하고 중요한 관계가 삐걱거리거나 파국으로 끝나면 여자는 깊은 상실감을 느낀다. 더불어 이 실패한 관계 맺기가 자신의 잘못으로 인한 것이라는 작은 단서라도 발견되면 여자의 자긍심은 더욱 깊은 상처를 입는다. 이 경우 여자는 자기가 소중하다고 여겼던 사람들에게 정작 자신은 아무런 의미도 아니었다고 좌절하며 삶의 의미마저 잃어버린다. 그래서 "그가 없는 나는 누구일까?"라는 질문을 자신에게 던졌을 때 심한 경우 "나는 아무것도 아니다"라는 말만 되뇔 수밖에 없는 지경에 이른다. 이렇듯 관계의 상실 내지 친밀한 관계의 결여는 우리를 우울로 밀어넣는 결정적 요소이다.

일반적으로 우울한 여자는 주변으로부터 이해받지 못한다. 종종 그 자신조차도 스스로를 이해하지 못한다. 무엇보다 관계 맺기에 온 힘을 기울이는 이들의 노력은 소중하며, 지극히 정상적인 행동이라는 사실을 인정해주는 사람이 거의 없다. 반대로 이런 태도는 '의존적'이며 '독립적이지 못하다'고 해석되는 경우가 허다하다. 이로 인해 여성은 이 독한 우울이 자신의 잘못 때문은 아닌지 의혹을 갖는다. 또한 자신의 성격이 자립심을 키워나가는 데 오점이 되지는 않는지 끝없이 자문한다. '내가 그렇게 많이 원하지 않았더라면, 그렇게 매달리지 않고 무기력하지 않았더라면 그와 더 잘 지낼 수 있었을 텐데'라고 자꾸만 후회한다. 이를 거듭하다보면 여성은 자신이 무엇인가를 잘못하고 있다는 생각을 굳히게 되고, 심지어 자신의 존재 자체가 잘못되었다는 느낌을 받는다. 그 결과 좀더 불친절하고 이기적이며 다른 사람이 어찌되든 개의치 않고 강행할 수 있는 결단력 있는 사람이 되면 더이상 상처 입지 않을 거라고 믿게 된다.

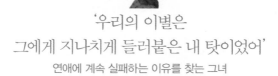

'우리의 이별은
그에게 지나치게 들러붙은 내 탓이었어'
연애에 계속 실패하는 이유를 찾는 그녀

스물아홉의 그녀는 열심히 사랑한 세번째 남자와도 결국 헤어지게 되자 절망감에 빠졌다. 끊임없이 '내가 뭔가 잘못하는 걸까?' '내가 대체 어떤 사람이길래 아무도 내 곁에 머물고 싶어하지 않을까?'라는 생각이 들어 괴로워했다. 그녀는 연애가 깨질 때마다 그 책임이 자신한테 있다고 확신했다. 상대방에게 너무 매달리고 요구사항이 많으며 충분히 순응하지 않는 태도가 문제라고 생각했다. 세 남자의 태도가 어땠는지는 아예 고려조차 해보지 않았다. 그녀는 수

차례에 걸쳐 상담치료를 받은 후에야 비로소 세 남자에게 어떤 공통점이 있다는 사실을 알아차렸다. 이들이 모두 전 애인들과 여전히 연결되어 있다는 점이었다. 즉 이들은 지난 관계를 여전히 정리하지 못한 채 과거 연인과의 감정의 끈을 놓지 않은 상태에서 그녀를 만나왔던 것이다.

자신이 '의존적이며 너무나 많은 것을 요구한다'는 낙인을 스스로 붙여놓은 여자들을 우리는 주위에서 흔히 볼 수 있다. 여자가 이런 태도를 취하는 것은 자신에 대해 아는 바가 너무 적기 때문이다. 발달심리학 이론에 따르면 여자와 남자는 이미 유년기 때부터 현격한 차이점을 보인다고 한다. 즉 여자가 관계를 중시하는 이유는 여자에게 정신적으로 어떤 결함이 있기 때문이 아니라는 설명이다.

◆ 유치원에 갈 무렵의 여아는 부정적인 내용을 담고 있는 사진이나 이야기에 대해 남아보다 훨씬 더 많은 동정심을 보이며 적극적으로 반응한다.
◆ 여아는 남아에 비해 자신이 가진 것을 기꺼이 다른 아이들과 나눈다.
◆ 초등학교에 갈 나이의 여아는 남아에 비해 아픈 아이를 더 잘 돌본다.
◆ 유치원에 다니는 남아가 경쟁심을 돋우는 놀이를 선호하

는 반면에, 여아는 그때부터 이미 사교적인 놀이를 즐긴다.

◆ 남아는 다른 사람의 의사를 제지하려는 경향이 있으며 여아에 비해 다른 사람이 무엇을 원하는지에 덜 신경쓴다. 따라서 자신의 관심사를 고수하려고 다른 사람을 위협하는 일이 잦다. 반면 여아는 이와는 반대로 합의를 이끌어내려고 노력하며 집단의 일원이 모두 공평하다고 느끼는지에 주의를 기울인다.

◆ 여아는 자신의 감정에 대해 많은 이야기를 나누며 '비밀'을 교환하고 싶어한다.

◆ 11세 이상의 여아는 남아에 비해 훨씬 더 감정이입에 능하다. 그리고 자신과 다른 사람에 대한 생각을 훨씬 더 많이 한다.

◆ 남아보다 여아가 안정적인 우정을 쌓고 유지하는 데 더 많은 관심을 보인다.

◆ 3~5세 사이의 아이들은 자신이 다른 사람에게 영향을 끼칠 수 있는 능력을 지녔다는 사실을 배우기 시작한다. 여아는 이런 지식을 남아와는 확연히 다른 방법으로 활용한다. 가령 남아가 다른 사람에게 직접 지시를 내린다면, 여아는 제안을 한다. 남아는 어릴 때부터 이런 강한 전략을 펼쳐서 대인관계에서 지배적인 입장을 확립한다. 다른 사람이 영향을 끼치지 못하도록 자신을 보호하는 법을 터득해간다. 그런데 사춘기가 되어서 남녀가 섞인 집단에 들어가게 되면 남자아이들과는 정반대의 가치를 지향하는 여아를 만나게 된다. 여아는 그때까

지 남에게 영향을 끼치는 일을 해서는 안 되며 항상 다른 사람을 우선시하고 배려하라는 가르침을 받아온 것이다.

◆ 여아는 본인의 관심사에만 집중하고 다른 사람의 입장은 거의 생각하지 않는 남아와는 달리 자신이 느끼고 원하는 것이 다른 사람들에게 어떤 영향을 끼칠지에 대해 끊임없이 고심한다. 즉 이들은 '관계'에 대한 생각에 몰두한다. 심리학 교수인 캐럴 길리건Carol Gilligan과 동료인 린 브라운Lyn Brown은 사춘기 소녀의 경험에 대한 연구를 실행하는 과정에서 제니퍼라는 한 소녀와 장기간 인터뷰를 했다. 제니퍼가 겪은 갈등상황은 그 또래의 소녀들이 어떻게 '관계에 몰두하는지'를 매우 잘 보여주고 있었다.

제니퍼는 방학캠프에서 그다지 인기 없는 한 여자아이가 다른 친구들 앞에서 자신이 제니퍼의 단짝친구가 맞는지 물었을 때 어떻게 반응했는지에 대해 설명했다. 당시 제니퍼에게는 벌써 다른 단짝친구가 있었기 때문에 그애를 화나게 하고 싶지 않았다. 하지만 동시에 여러 사람이 있는 자리에서 그런 질문을 던진 여자아이 역시 웃음거리로 만들고 싶지 않았다.

"그 여자아이를 내 단짝친구라고 말해도 되는 건지 확신이 서질 않았어요. 그러면 내 진짜 단짝친구가 화를 낼 테니까요. 하지만 아니라고 말할 자신도 없었죠. 그애가 거기서 웃음거리가 돼버릴까봐…… 결국 저는 그 아이가 제 단짝친구라고 말하기로 결심했어요. 진짜 단짝친구에게는 나중에 설명해도 되니까요. 그렇게 하는 것이 최선일 것 같았어요. 그러면 내게 물어온 아이의 기분도 좋을 테고, 제 친구도 만족할 테니, 저도 본래 놀던 자리로 다시 갈 수 있잖아요. 여러모로 가장 좋은 방법이었죠…… 누군가가 저에게 화를 내지 않았으면 좋겠어요. 그러면 저는 영원히 우울해질 것 같아요. 그리고 제가 어떤 사람들을 좋아하지 않더라도 그들은 저를 좋아해주면 좋겠어요."

◆ 남아와는 달리 여아는 세 살이 넘어가면 또래아이들과 내기 경쟁을 하는 일이 드물어진다. 이는 3~18세 사이의 아동과 청소년 1천 명을 대상으로 시행한 경쟁의식에 관한 연구에서 입증된 사실이다. 이 실험에서는 참가자들이 연령대에 맞는 산수문제를 풀거나 달리기 경주를 해서 상금을 받을 수 있도록 했다. 실험과정에서 참가자는 더 많은 상금을 받을 가능성을 얻기 위해 또래아이들을 상대로 경쟁할 것인지 아닌지를 선택할 수 있었다. 이때 평균적으로 남아 가운데 40퍼센트가 경쟁에 응하겠다고 한 반면에 여아는 겨우 19퍼센트만이 경쟁을 택했다. 전체 연령대를 놓고 봤을 때는 남녀 사이에 약 15~20퍼센트 정도 차이가 났다.

왜 남녀는 어릴 때부터 행동양식에 큰 차이를 보이는 걸까? 심리학은 이를 여아와 남아의 발달과정에서 생기는 요구사항이 서로 다르기 때문이라고 설명한다. 무엇보다도 엄마와 아이 사이에서 발생하는 경험의 차이가 결정적인 영향을 미친다. 아이들은 누구나 엄마와 친밀하고 공생적인 관계를 맺는다. 하지만 성장해가면서 여아와 남아는 다른 과제에 부딪친다. 아들은 엄마와 맺은 친밀한 관계에서 벗어나 자신을 아빠(혹은 아빠와 같은 모델)와 동일시하면서 새로운 도전을 펼친다.

이와는 반대로 여아는 성정체성을 찾기 위해 엄마로부터 분리될 필요가 없기 때문에 계속해서 '관계 속'에 머무를 수 있다. 즉 아들이 엄마의 따뜻한 품과 깊은 애착을 포기해야 하는 것과는 달리 여아는 이러한 힘든 단계를 거치지 않아도 되는 셈이다. 설혹 이런 단계가 오더라도 이른 시기에 지나치게 극단적인 방법으로는 아니다. 여아의 정체성 발달은 엄마로부터 성공적으로 분리되는 데 달린 것이 아니라, 엄마와 연결된 가운데 완성되기 때문이다.

이러한 사회화과정의 차이는 부모의 교육태도에도 영향을 끼친다. 보통 부모들은 남아가 연결과 유대에 대한 욕구를 표현하면 못마땅하게 생각한다. 대신 독립적으로 행동하도록 가르친다. 반면 여아가 친밀감과 도움을 구하는 것은 허락한다. 그리고 남아보다 여아에게 좀더 다른 사람의 입장에서 생각하도록 가르친다. 딸에게는 특정 상황에서 다른 사람들이 어떻게 느끼는지를 파악하고 이것이 무슨 의미인지를 해석하는 것에 주의하라고 가르친다. 이런 육아방식은 남녀가 완전히 다른 능력을 발달시키는 결과를 가져온다. 일반적으로 남아는 독립심과 호기심이 강하고 무엇인가를 발견하는 데 즐거움을 느껴 성취도가 높다. 그리고 여아는 배려와 감정이입의 능력, 책임감을 키운다. 이를 다르게 표현하자면 여아는 '관계 속의 자아'를, 남아는 '자율적 자아'를 발달시킨다고 할 수 있다. 그래서 여아는 '관계 속에 존재하는 것'을 자신의 정체성 발달에 중요한 일로 여기는 반면, 남아는 독립성과 자립심을 중요하게 여기게 된다.

세상은 결코 핑크빛이 아니다!
우울한 여자에게 필요한 그것, Tend&Befriend

미국의 심리학자인 셸리 테일러^{Shelley Taylor}는 왜 여성에게 관계가 중요한지에 대한 발달심리학적 설명에 진화론적 이론을 덧붙였다. 테일러의 의견에 따르면 여성이 관계에 주목하는 것은 진화론에서 그 내력을 찾을 수 있다. 그는 남자와 여자가 스트레스에 다르게 반응한다고 주장했는데, 가령 남자는 부담스러운 상황에 부딪혔을 때 스트레스 연구에서 잘 알려진 유형인 '맞서 싸우거나 도망가기 Fight or Flight'의 반응을 보이는 반면에 여자는 문제를 다른 방식으로 처리한다는 것이다. 테일러와 동료들은 지난 30년간의 스트레스 연구를 되짚어본 결과, 여성(인간과 동물을 모두 포함해서)이 스트레스에 대해 부분적으로 남성과는 전혀 다른 방식으로 반응한다는 결론을 얻었다. 여성은 위험하거나 긴장감이 도는 상황에서도 도망가거나 덤벼 싸우는 대신 테일러가 'Tend&Befriend'(보살핌과 친근해지기)라고 명명한 태도를 보였다. 자신이 공격당하거나 위협받는 스트레스 상황에 처해 있다고 느꼈을 때, 여자가 본능적으로 가장 먼저 생각하는 대처법은 도망이나 대응이 아니다. 여자는 위험 속에서 아이를 더 집중적으로 돌보며tend, 자기가 속한 집단의 다른 구성원에게서 연결과 친근감befriend을 찾는다. 그 예로 한 연구에서 여자는 스트레스를 잔뜩 받은 날에 아이들과 더욱 집중적으로 시간을 보내려 한다는 사실이 드러났다. 쥐를 대상으로 한 실험에서도 이와 같은 행동양상을 관찰할 수 있었다. 새끼와 잠깐 분리됐던 어미쥐들은 집으로 돌아온 후에 새끼들을 보살피는 데 더욱 심혈을 기울였다.

'보살핌과 친근해지기' 전략은 인간 남성이나 수컷 동물에게서는 관찰할 수 없다. 일반적으로 남자는 스트레스 상황에 놓이면 싸우거나 도망친다. 따라서 남자들 사이에 감정선이 서로 연결되는 일은 매우 드물다. 이 때문에 아무리 정신적으로 힘든 상황에 처해도 자신을 받아줄 수 있는 안전한 네트워크를 남자 친구들 사이에서 찾기란 쉽지 않다. 물론 여자 역시 남성적인 안티스트레스 전략을 구사할 때가 있지만, 이는 어디까지나 '보살핌과 친근해지기' 전략이 효능을 발휘하지 못할 때에 한정된다.

라스 폰 트리에Lars von Trier 감독의 흥미진진한 영화 〈멜랑콜리아 Melancholia〉(감독과 여주인공 역시 우울증을 앓았다고 한다)는 스트레스에 대처하는 남녀의 차이를 인상 깊게 보여주는 좋은 예이다. 이 영화는 세계 종말을 전면에 다루고 있다. '멜랑콜리아'라는 행성이 지구로 다가오고 있지만 인류에게는 어떤 희망도 남아 있지 않다.

하지만 영화의 진짜 주제는 이러한 환경에서 살아가는 저스틴과 클레어 자매의 이야기이다.

두 자매의 성격은 완전히 반대이다. 심각한 우울증에 걸린 저스틴과는 달리 클레어는 아주 유능하고 멋진 여성이다. 영화는 저스틴의 결혼식 장면으로 시작한다. 그러나 결혼식을 올린 당일부터 부부관계는 파탄나고 만다. 결혼식 파티가 진행되는 동안 저스틴은 점점 더 우울해지고 남편 곁에서 보내게 될 삶이 자신을 이 도저한 절망으로부터 구원해주지 않으리라는 사실을 깨닫는다. 하지만 남편은 저스틴을 전혀 이해하지 못하며 그녀가 처한 어려움을 마음으로 느끼지 못하고 그저 점점 더 당혹스럽다는 반응(실제로 우울증에 걸린 아내를 둔 남자들 대부분이 이런 반응을 보인다)을 보인다.

반면 클레어는 남편 존과의 사이에서 아들을 낳고 함께 행복한 결혼생활을 이어가는 듯하다. 존은 멜랑콜리아 행성이 지구로 시시각각 다가오는 상황에서도 과학자의 믿음과 특유의 낙천적인 태도를 보이며 지금 이 순간 자신이 느끼는 감동을 부인과 아들에게 전해주려 애쓴다. 클레어와 존, 아들은 멜랑콜리아가 지구를 비켜서 지나갈 거라고 믿기 때문에 환상적인 장면을 보게 된 것에 기뻐할 뿐이다.

하지만 저스틴은 다가오는 재앙을 깨닫고 이를 묵묵히 받아들인다. 이 역시 우울증에 걸린 사람들의 전형적인 특징이다. 이들은 어떠한 것으로도 자신을 속이려 하지 않는다. 더군다나 우울증 환자들은 현실감각이 뚜렷해서 핑크빛 안경을 쓰고 삶을 들여다보는 것이 불가능하다. 결국 멜랑콜리아가 지구를 파멸시킬 것이라는 사실이 분명해졌을 때, 존은 죽음을 택한다. 그가 자살한 뒤 홀로 남은 클레어 역시 아이와 함께 도망치려고 시도하지만, 이내 그 계획이 가망 없다는 사실을 깨닫는다.

클레어는 저스틴에게 돌아오고 두 여인은 함께 마지막을 준비한다. 저스틴은 조카를 안심시키기 위해 '마술 오두막'이라고 이름 붙인 천막을 짓고는 그 속에 있으면 아무 일도 일어나지 않는다고 말해준다. 마지막에 이들 세 명은 아름답게 지어진 오두막에 앉아서 손을 꼭 잡고 자신들의 종말을, 세계의 종말을 함께 겪으며 힘든 상황에서 하나가 된다.

이 영화에 등장하는 남자들은 모두 '도망자'이다. 결혼한 지 얼마 안 된 저스틴의 남편은 아내가 우울증에 걸린 것을 두려워하며 이런 문제로 고민하고 싶지 않아 재빨리 도망친다. 결혼식 피로연이 진행되는 동안 저스틴은 아버지에게서 애정과 관심을 얻고 싶어했지만, 아버지 역시 슬쩍 도망쳐버린다(마치 룸펠슈틸츠헨 동화에 나오는 아버지가 딸을 저버린 것처럼). 마지막으로 클레어의 남편인 존은 스스로 목숨을 끊음으로써 가족을 버린다. 하지만 두 여자는 서로를 걱정하고 아이를 돌본다. 이것은 '보살핌과 친근해지기'의 좋은 예이다. 일간지 '쥐트도이체 차이퉁Süddeutsche Zeitung'은 영화평에서 이렇게 적고 있다. "이 영화의 주제가 사랑이라면 그 정체는 바로 자매간의 사랑이다."

완전한 세상에 살았던 소녀
천국으로부터 추방당하다

상대방을 보살피고 친근감을 느끼고자 하는 것은 여자의 본능이다. 여자가 성인이 되기 전에는 이런 성향이 아무런 문제가 되지 않는다. 자신의 본모습 그대로 자유롭게 다른 사람에게 관심을 갖거나 이들을 보살피며 사려 깊고 자애로운 태도로 대화를 나눌수 있다. 대부분의 여자아이들은 이를 편안하게 느끼며 그렇게 성장할 수 있는 환경을 찾는다. 하지만 언젠가 이것을 중단해야 하는 시기가 찾아온다. 바로 사춘기이다. 이때가 되면 여아는 연결과 유대감의 천국에서 추방된다.

유년기가 지나고 서서히 성인이 되어가면서 여자는 종종 남자들은 자신과 다르게 행동하며 이러한 행동이 사회적으로 더 인정받는다는 사실을 깨닫는다. 사회에서는 남자다운 행동이 여성스러운 행동보다 더 높은 평가를 받는다는 사실을 알게 되는 것이다. 이들은 이러한 충격적인 사실을 더이상 모른 체할 수 없게 된다.

이것이 여아에게 그토록 '충격적'인 이유는 자기 생각과 행동이 옳다는 확신을 잃어버리게 되기 때문이다. 이때부터 여자는 지금까지 유효했던 모든 것이 더이상 옳지 않다는 사실을 점점 더 자주 깨달아야만 한다. 그리고 지금껏 쌓아왔던 탄탄한 자기 확신과 안정감을 잃어버리게 된다. 지금까지 쌓아온 자아 개념이 송두리째 흔들리기 시작하며 정체성의 기반까지 위태로워진다.

실제로 발달연구 사례들은 사춘기가 여자의 삶에서 끔찍할 정도로 명백한 반환점이라는 사실을 입증한다. 유년기에는 남아에게서 과잉행동증후군, 행동장애, 언어장애 같은 눈에 띄는 이상이 많이 관찰되지만, 청소년기에 접어들어 남녀 행동이 여아에게 불리하게 변하면 상황은 반전된다. 이 시기에는 남아에게 일어나는 정신적 문제는 줄어들고 이와는 반대로 사춘기 소녀에게서 우울증과 식이장애와 같은 문제가 증가한다. 이런 변화는 약 11~12세 때부터 관찰할 수 있다. 그때까지는 남아와 여아 모두 자신감을 갖고 자신과 세계에 대해 만족하며 삶에 긍정적인 태도를 갖고 또렷한 확신도 품고 있었다. 하지만 사춘기에 가까워질수록 남녀 간의 균열은 점점 더 커진다.

교육학 교수인 레나테 발틴^{Renate Valtin}은 최근 한 연구에서 이런 균열을 증명했다. 발틴 교수는 '내가 남자라서 좋은 이유' 혹은 '내가 여자라서 좋은 이유'라는 주제로 2010년에 열 살 남학생과 여학생이 쓴 총 100편의 작문을 분석했다. 이 연구에서 남아는 여아보다 더 빨리, 더 멀리 뛸 수 있기 때문에 좋다고 대답했다. 그리고 여자가 되면 항상 예쁘게 보여야 하며 "운전할 때 너무 멍청하기 때문에" 여자가 되고 싶지는 않다고도 답했다. 그 외에도 여자는 말이 너무 많고 새침데기이고 울보라는 표현도 있었다.

이렇듯 남학생이 여학생을 단지 경시하며 바라본 것과는 달리 여학생은 남학생을 부러워하고 있었다. 남자는 "살면서 더 많은 모험을 경험하며", 훗날에는 "쓸데없는 규칙을 지키지 않아도 되기 때문에"라는 문장들이 눈에 띄었다. 열 살 아이들도 이미 남성이 사회에서 특권을 누린다는 사실을 깨달은 것이다. 이런 느낌은 나이가 들수록 점점 더 강해진다. 여아는 사춘기에 들어서면서 점점 더 자신에 대해 불만스러워한다. 이들은 자신이 부족하다고 여기는데 그렇게 생각하는 가장 큰 이유는 대부분 학교 성적 때문이었다. 의외로 외모와 친구들 사이에서의 인기는 부가적인 요인으로 나타났다. 또한 건강상태에 대해서도 남아보다는 여아 쪽이 불만이 컸다. 그리고 이들은 스트레스 상황에서 점차 신체적·정신적 증상을 호소하며 반응을 보이고 있었다. 두통과 불안, 소화장애, 피로 등도 남아보다 여아에게서 더 자주 나타났다.

이어서 레나테 발틴은 3천 명의 청소년을 대상으로 사춘기 연구를 시행한 결과, 성별 간의 커다란 차이점을 발견했다. 이 연구에 따르면 청소년기의 소녀들은 소년들에 비해 보다 덜 긍정적인 자아상을 갖고 있으며 심리적인 불안감도 더 컸다. 성과에 대한 두려움과 자신의 몸과 마음에 대한 불만이 높았다. 성공에 대한 믿음 역시 청소년기의 소녀들은 평균보다 훨씬 낮았다. 여자아이들이 학교에서 남자아이들에 비해 더 뛰어난 성적을 받고 있음에도, 성취도에 대한 자아 개념과 성공에 대한 확신도는 턱없이 낮았다. 실제로도 청소년기의 소녀들은 소년들에 비해 월등한 성적으로 졸업하고도, 그로써 결과적으로 무언가를 이루어내는 경우는 거의 없었다.

발틴은 남아를 '선택받은 종족'이라 칭한다. 이들은 남자라는 이유만으로 자긍심을 느끼며 높은 성취도를 이룰 거라는 믿음을 갖고 있다. 자신이 여학생들보다 우월하다고 느낀다. 이는 학교 성적이 좋지 못한 경우에도 마찬가지였다. 남자아이들은 학교에서 성적을 잘 받지 못하더라도 결과에 그다지 크게 연연하지 않았다. 실패에 대한 두려움이 적으며 설령 실패한다 해도 자긍심에 해가 되지 않게 적당한 방법으로 해석하는 데 능했다. 다시 말해 남자아이들은 여자아이들처럼 실패를 자신의 능력 부족으로 보지 않고 그저 자기가 최선의 노력을 다하지 않았기 때문이라고 여긴다.

발틴은 이런 남녀 간의 차이점이 생기는 상황은 우리 사회가 만든 학교라는 조직의 불명예라고 지적한다. 실제로 학교생활은 대체로 남학생들이 더 많은 집중과 관심을 받는 쪽으로 흘러간다. 교사는 은연중에 남학생들을 더 자주 호명하고 칭찬하지만 더 많이 꾸짖기도 한다. 남학생은 성취와 능력에 따라 칭찬을 받지만 여학생은 심성이 착하거나 시키는 일을 또박또박 잘해내면 관심을 받는다. 남학생은 수업 분위기를 망쳐놓거나 방종할 때 혼이 나지만, 여학생은 나쁜 성적을 받았을 때 혼이 난다. 우수한 성적을 받아도 남학생은 머리가 좋다고 평가받는 반면, 여학생은 성실하기 때문이라고 여겨진다.

이러한 교육방침이 자아상에 끼치는 영향은 치명적이며, 이후의 삶에서도 그 영향이 고스란히 남는다. 바로 이때부터 여아는 자신의 성공을 행운 혹은 우연의 덕택으로 돌리며 남자는 이와 반대로 자신의 특별한 능력 덕에 성공했다고 여긴다. 따라서 몇몇 학자들이 우울증의 원인으로 내세우는 여성 특유의 성향은 애당

초 학습된 것이지 여성의 본능에서 유래된 것은 아니다.

여자에게 입마개가 씌워지는 시기
소녀들의 사춘기가 위험하다

왜 여자의 자아는 사춘기에 들어서 이토록 급격히 위기에 처하는 걸까? 대체 이때 무슨 일이 일어나는 걸까? 어른이 되어가는 문턱에서 소녀는 공감과 감정이입에 능한 자신의 특별한 능력이 사회에서는 강점도 장점도 되지 않는다는 사실을 깨닫게 된다. 오히려 이런 능력을 의식적으로 활용하는 것을 사회에서 장려하지 않는다고 느낀다. 이는 이 능력으로 말미암아 다른 사람과 자꾸 '마찰을 일으키게' 되기 때문이다.

강인함과 결단력, 이기주의를 갖춘 독립적이며 자율적인 개인을 표준으로 삼는 세상에서 여자는 어디서도 온전히 설 자리를 찾지 못한다. 따라서 젊은 여성들은 존재론적인 갈등에 빠질 수밖에 없다. 지금까지 자신이 옳다고 여겼던 것, 전적으로 확신을 가져다준 것, 안정감을 주었던 모든 것이 갑자기 무가치한 것으로 취급받기 때문이다. 이제 여자는 이전에는 요구받지 않았던 성향을 세상에 내보여야 한다. 남자와는 달리 제대로 발달시키고 시험해볼 기회도 주어지지 않았는데 말이다. 지금까지 품고 있었던 '관계 속의 자아'를 이제는 '자율적인 자아'로 변환시켜야 한다. 이런 상황은 여자의 정체성에 대한 개념 전체를 심하게 흔들어놓는다.

심리분석가인 에릭 에릭슨Erik Erikson은 '정체성'이라는 개념을 일종의 감정으로 이해한다. 즉 정체성이란 '시간이 지나도 자아와 타자가 항상 영속적으로 동일하다는 관찰을 통해서 얻은 감정'이라고 설명한다. 하지만 성인으로 넘어가는 문턱에 있는 소녀에게 이런 동일성과 지속성은 더이상 존재하지 않는다. 지금까지 유효했던 것이 더이상은 먹히지 않기 때문이다. 의료사회학자인 아론 안토놉스키Aaron Antonovsky가 심신건강을 위해 매우 중요한 조건으로 꼽는 '일관성'을 소녀들은 사춘기 때 완전히 잃어버린다. 일관성은 한 사람이 삶의 연결성을 이해할 때, 외부의 요구사항에 대처할 만한 능력을 충분히 갖췄을 때, 그리고 이런 도전을 해볼 만하다고 확신할 때 생긴다. 만약 일관성이 없어지거나 발달하지 못하면, 무기력과 공허가 찾아온다.

이런 까닭으로 지금까지의 자아를 완전히 갈아엎어야만 한다고 느낄 때, 여성의 자긍심은 저해되고 삶 전반에 불확실한 안개가 피어오른다. 또한 자신이 제공할 수 있는 것을 사회가 높이 평가하지 않는다는 사실을 이미 알아챘기 때문에, 새로운 기대를 충족시키려 애쓰며 자신이 정말로 원하는 것은 억누른다. 외적으로는 여성적인 미를 갖추려 노력하면서도 생활과 태도 면에서는 '터프'해지고 남자처럼 되려고 애쓴다. 동시에 이런 자신의 모습을 점점 더 낯설어하며 자신이 본디 느끼는 감정의 싹은 단호하게 잘라버린다.

우리 사회는 연결이나 유대보다는 독립과 자율의 가치가 더 크다고 평가하기 때문에 여자는 본인의 모습 그대로를 내보이는 일을 점점 더 어려워하게 된다. 친밀감에 대한 여자의 욕구에 다른 사람이, 특히 여자가 중요하게 여기는 사람이 응하지 않고 그 가치를 낮게 평가할 경우, 여자는 안정적인 자긍심을 키울 수 없게 된다. 그래서 여자는 다른 사람과의 연결을 갈구하는 마음을 일찌감치 차단하는 방법을 학습하고 본인의 가장 깊은 곳에 있는 욕구에 대항해 싸운다. 그리고 이런 일에 너무나 자주 성공한 나머지, 결국에는 본인의 욕구가 무엇인지 더이상 알아차리지 못하는 지경이 되어버린다. 사회적으로 부적절하다는 평가를 받은 '관계 속의 자아' 대신 '잘못된 자아'를 새로 마련하는 셈이다. '진정한 자아'에 대해 가장 가까운 사람으로부터, 특히 배우자로부터 피드백을 받지 못하면 여자는 이렇게 '잘못된 자아'로 자기 자신을 탈바꿈시킨다.

청소년기는 소녀에게 위험한 시기이다. 그 위험성은 어른이 되어가는 문턱에서 이들이 가졌던 생기발랄함과 저항력을 우울로 바꾸고, 자기 자신에 대한 존중감을 잃어버릴 정도로 거대하다. 여자는 바로 이때부터 이상적인 여성에 대한 사회적 기대와 마주한다. 이상적인 여성은 문학적으로 표현하자면, 방앗간 집 딸처럼 다른 사람을 위해서 밀짚으로 금실을 자을 줄 알아야 한다. 그리고 직장생활과 육아, 사생활에서 생기는 모든 요구사항을 요술처럼 쉽게 다 처리해낼 수 있는 슈퍼우먼이 되어야 한다. 동시에 여성만의 매력과 따뜻함을 가져야 하며 동정심과 포용력으로 다른 사람들을 도와줄 자세를 갖추어 배려할 줄 알아야 한다. 그뿐만 아니라 일상생활에서는 수행능력과 독립성을 동시에 보여주어야 한다.

린 브라운과 캐럴 길리건은 많은 여성이 양쪽 일을 다 해내기 위해서 '입마개'를 쓴다고 표현했다. 입마개는 진짜 자아를 침묵하게 하고 목소리를 제거한다. 그 증거 가운데 하나는 바로 여성들이 1인칭 화법으로 대화하길 꺼린다는 점이다. 이들은 "나는 ~라고 생각한다, 나는 ~라고 느낀다, 내가 보기에는, 내가 아는데 말이야"라고 말하지 않는다. 이것은 여자가 숨기고 싶어하는 진짜 목소리이기 때문이다.

여자는 자신이 생각하는 것을 또렷하게 말하지도 않는다. 그보다는 간접적이고 자기비판적인 불확실한 말투로 의사를 전하며 겸손으로 재능을 숨긴다. 사과할 일이 전혀 아닌데도 사과를 하며 말끝을 흐리고 자신의 입장을 확실히 표현하길 주저한다. 이런 입마개의 효력은 치명적이다. 특히 사춘기 때부터 너무 일찍 입마개를 쓰다보면 이후에 여자의 삶은 크나큰 정신적 압박으로 점철될 수 있다. 어린 소녀가 어떻게 성장했는지에 따라서, 어른이 되는 길에 추가로 어떤 걸림돌이 놓이는지에 따라서, 사춘기 때의 경험은 우울의 뿌리이자 시발점이 될 수 있다.

그 남자의 속사정
그는 당신을 무시하는 게 아니다

이렇듯 사회적으로 남자가 사실상 '우대받는' 성별이며 사회가 남성적인 특성을 높이 평가한다 하더라도, 남자가 여자보다 더 안정적이고 더 행복하며 더 건강하다고 간주하는 것은 다소 위험한 발상일 수 있다. 사춘기가 시작되면서 여아가 천국에서 추방되는 것과 같이 남아 역시 일종의 추방을 겪기 때문이다. 다만 남아의 추방은 여아보다 훨씬 더 어린 시기에 일어난다.

'관계 속에 존재하기'는 남자에게도 중요하지 않은 것은 아니다. 그렇다면 남자의 입장에서 '자율'의 반대편에 있는 것은 무엇일까? 관계 속에서 모든 발달이 진행된다면, 관계와 연결에 대한 욕구가 인간의 기본적인 욕구라면, 우리 사회가 지나치게 개성과 자율성을 강조함으로써 피해를 입는 대상은 여자뿐만이 아니다. 독립성이 얼마나 중요한지 매우 이른 시기에 배워야만 했던 남아 역시 같은 영향을 받는다.

그러므로 여자가 배우자와 관계를 맺는 과정에서 고통받고 우울해하는 원인을 무조건 남자에게 몰아가는 것은 옳지 않다. 물론 남자 역시 관계 속에서 벌어지는 일에 대해 일정한 책임이 있다. 하지만 여자가 관계 속에서 감정적으로 외로워할 때 남자가 어찌할 바 모르고 그저 바라만 본다고 해서 그녀를 무시하는 것은 절대 아니다(폭행과 폭력을 행사하는 냉혹한 남자는 예외!). 단지 남자 역시 강력한 사회화과정의 영향을 받았기 때문에 적절한 대응방식을 알지 못할 뿐이다. 교육과 사회화과정은 여자에게는 처음부터 관계에 주목할 것을 요구한 반면에 남자에게는 자율성을 강화하도록 강요했다. 비록 겉보기에는 우리 사회가 관계 속에 있는 자아보다 자율적인 자아를 더 높이 평가하기에 남자가 더 좋은 제비를 뽑은 것처럼 보이지만 남자 역시 이로 인해 만만찮은 정신적 대가를 치른다.

약해지면 안 돼, 인디언은 아픔을 모른다
독립심이라는 덫에 걸리다

미국의 심리학자인 윌리엄 베처William Betcher와 윌리엄 폴락William Pollack은 남녀의 차이를 아이가 태어나고 처음 몇 년 동안 가장 첫 번째로 돌봐주는 사람이 여성이라는 점을 들어 설명한다. 여아가 자신을 '여성'으로 느끼려면 엄마와 깊은 관계를 유지하고 자기가 엄마와 같다는 점을 이해해야 한다. 이른 유년기 때부터 여성은 관계를 유지하면서 관계라는 틀에서 자기를 정의하도록 길러진다. 하지만 남아에게는 발달과제가 완전히 다르다. 훗날 다른 사람들과 깊은 관계를 맺을 수 있도록 해주는 어머니와의 유대감 속에서 성장하는 여아들의 기회를 남아는 갖지 못하거나 빨리 잃어버린다. 남자가 되는 법을 배운다는 것은 여자처럼 굴지 않도록 노력해야 한다는 뜻이다. 즉 남자아이는 자신이 남자라고 느낄 수 있도록 '엄마로부터 확실하게 분리'되어야만 했던 것이다.

이런 분리는 모자관계에 어떤 균열을 불러온다. 사회는 엄마들에게 아들에게 너무 집착하지 말 것을 요구한다. 엄마는 아들이 '제대로 된' 남자로 성장할 수 있도록 놓아주어야 한다. 엄마가 이와 같은 거리 두기를 하지 못하고 아들이 엄마로부터 떨어지지 못하면 "아직도 엄마 치마폭을 못 벗어났네" "쟤는 아직도 엄마 품을 떠나지 못했어" "쟤가 그렇게 마마보이라면서?"라는 식으로 사람들의 놀림거리가 되고 만다. 엄마들은 이런 놀림을 피하기 위해 대체로 '아들을 남자로 만들라'는 계명을 따른다. 그래서 일정한 나이가 되면 딸보다 아들을 다소 엄하게 대하며 남편과 상의하는 점들도 늘어난다. 부모는 아들이 독립성을 키우도록 장려하며 자립심을 북돋도록 돕고 의존적인 행동을 경시한다. 예를 들어 남아는 유치원에서 진짜 남자란 독립적이고 강하며 감정적으로 상처받지 않는다는 사실을 보여주는 슈퍼 영웅들을 만나게 된다. 그리고 열세 살이 되면 '진짜' 남자란 울지 않으며 보호받으려 애쓰지 않고 어떤 상황에서든 두려워해서도, 굴복해서도 안 된다는 사실을 확실히 깨닫게 된다. 즉 남아들은 이미 유치원에서부터 남성 사회의 암시적인 규칙과 기준을 배우게 되는 것이다. 공격적인 성향과 분노는 보여도 되지만 그 밖의 감정을 보이는 일은 약골이나 계집애들이 하는 짓이라는 인식을 갖게 된다.

실제로 남성 위주의 서양문화는 남아와 청소년에게 모든 사람에게 존재하는 연결과 유대감에 대한 욕구를 억제하라고 요구한다. 이런 과정은 어린 나이에 감당하기에는 무척 고통스러운 것이다. 그래서 어떤 소년들은 의식적으로 모든 '여성적인' 것에서 멀어지려 하면서 이를 멸시하는 태도를 보인다. 발달심리학자인 신드니 J. 블라트 Sindney J. Blatt는 "남성우월주의는 부분적으로 아버지와 과도하게 동일시하려는 욕망의 표현이다"라고 썼다. "만약 엄마와 더욱 거리를 두고 엄마를 밀쳐내려고 시도한다면 그 욕망은 거세진다. 따라서 어떤 남성은 의식적으로 혹은 무의식적으로 여성의 가치를 낮게 평가하면서 남녀의 성역할에 대한 사회의 고정관념을 여전히 지지한다." 그렇다면 이른 시기에 아들이 엄마에게서 분리되는 일은 삶에 어떤 영향을 미칠까?

사람은 누구나 깊은 관계를 잃는 일을 두려워한다. 남녀 공히 이런 상실을 고통스럽게 받아들인다. 이른 시기에 엄마의 곁을 떠나야만 하는 어린 남자아이 역시 마찬가지다. 베처와 폴락은 남성이 겪는 '버림받은 기억에 대한 외상'이 무의식적으로 평생 남성이 맺는 모든 관계를 쫓아다닌다고 설명한다.

이른 이별의 경험은 남자에게 다음과 같은 결과를 불러온다. 감정적으로 엄마와 깊이 연결되지 못하고 혼자 남겨졌다고 느낀다. 하지만 사회가 남자에게 강인함을 기대하기 때문에 남자는 그 감정을 부끄러워하게 된다. 두려움과 불안에 맞설 어떤 방법도 없다. 그래서 제대로 대항하지도 못하거니와 무엇보다 다른 방안이 어떤 게 있는지도 알지 못한다. 만약 누군가와 연결되고 싶어하는 마음이 생기면 이를 부끄럽게 여길 뿐 연결을 잃은 데서 오는 슬픔과 아픔을 표출하진 못한다. "약해지면 안 돼. 인디언은 아픔을 모른다"는 계명처럼 남자는 자신의 진정한 감정을 우선은 타인에게, 결국 자신에게조차 감춘다. 그러고는 엄마에게서 이른 시기에 분리된 경험을 잘 처리하기 위해서 보호장벽을 쌓는 전략을 발달시킨다.

베처와 폴락에 따르면, 남자는 스스로의 남자다움을 내세우고 관계에 대한 열망을 감추기 위해, 그리고 "자신의 특성과 차이점에 대한 감정을 수호하기 위해서 소녀들보다 더 높고 두꺼운 벽"을 쌓는다. 또한 "남자는 여성스러운 감정의 바다가 넘쳐들어오지 못하도록 둑을 막으려고 항상 애쓴다". 이렇게 소년 시절부터 남자는 슬픈 일이 있어도 티내지 않고 멋있는 카우보이놀이를 하거나 우스꽝스러운 광대놀이를 한다. 성인 남자는 뒤로 물러나 신문을 펴거나 컴퓨터 앞에서 하릴없이 시간을 보내거나 격렬한 운동을 하거나 농담과 냉소적인 발언을 통해, 본인과 타인의 감정으로부터 거리를 둔다. 남자가 감정적인 욕구를 숨기는 방식은 사실 정해져 있다. 무관심하거나 공격적인 성향을 보이거나 분노하거나 일에 몰두한다. 그래서 화나는 일이 있거나 정체성의 위기에 빠지거나 나이드는 게 무서워지거나 어떤 문제의 해결책을 찾지 못해도, 배우자에게 힘들다고 터놓고 말하지 못하고 사소한 일을 꼬투리 삼아 비난을 퍼붓거나("난 퇴근이 항상 너무 늦어서 피로하단 말이야!" "집안 꼴이 이게 뭐야?" "당신 요리가 왜 이렇게 점점 짜지는 거야?") 가까이 다가오는 여자를 공격적인 태도로 대한다.

남자아이는 홀로 자립하고 타인과 거리를 두는 일이 멋진 것이라고 배운다. 그래서 타인과 너무 긴밀한 관계를 맺지 않기 위해 약자를 괴롭히거나 경쟁하고 우월함을 과시하는 등의 전략을 취한다. 하지만 이런 식의 발달과정은 내면의 어둠을 점점 더 키워갈 뿐이다. 사춘기에 들어서면 아들은 딸에 비해 자신감은 확실히 커지지만, 또래들 사이에서 저돌적인 행동이나 위압적인 태도를 보이는 경우도 잦아진다. 동시에 학교문제와 문제행동이 훨씬 더 많이 생긴다. 마약과 알코올 중독문제가 나타나기도 한다. 교육학자인 울프 프로이스라우시츠^{Ulf Preuss-Lausitz}는 "남자아이들의 문제행동은 대부분 학교생활에서 분명하게 드러나는데, 이런 현상은 입학 당시에 이미 시작된다"고 썼다. 또한 그의 말에 따르면 "여아보다는 남아가 일종의 작은 사회인 학교에 입학할 만큼 인지적·사회적으로 충분히 발달하지 못했다고 평가받기 때문에 입학이 연기되는 경우가 빈번하다. 취학 적령기의 남아에게서는 여아에 비해 발달 지연과 만성 질병이 더 많이 나타난다. 하지만 입학이 연기된다고 해서 이러한 결손이 극복되지는 않는다. 입학 후에도 남학생은 여학생보다 30~50퍼센트 정도 더 많이 유급을 당하는데, 특히 이런 현상은 중학교에 진학하는 과정에서 두드러지게 나타난다. 특수학교로 보내지는 학생의 비율은 여학생보다 남학생이 2배이상 더 많으며, 이곳에서 일반학교로 다시 돌아오는 경우는 거의 없다. 이런 학생들은 대부분 순조롭게 졸업하지 못한다. 실제로 남학생의 특수학교 진학률은 여학생보다 훨씬 높으며, 지난 30년 동안 꾸준히 증가하고 있다".

전문가들은 최근 이른 시기에 엄마에게서 분리되는 것과 남아에게서 볼 수 있는 발달장애 사이에 분명한 연관성이 있다고 본다. 최근 성장기 소년들에게 주의력결핍과잉행동장애ADHD가 늘고 있는 원인이 바로 여기에 있다. 일부에서는 이 장애를 '관계결핍증후군'이라고 명명하는 편이 더 옳다는 주장을 하기도 한다.

이런 관계결핍증후군은 훗날 배우자와의 관계에서도 고스란히 나타난다. 이미 어렸을 때 자신과 다른 사람의 감정을 인지하는 법을 잊어버렸기 때문에, 성인이 되어서도 배려심 깊게 행동하거나 본인의 문제를 다른 사람에게 털어놓는 일을 어려워하는 것이다. 그래서 다른 사람(특히 여자친구나 아내)과 이런 감정 때문에 문제가 생기면 남자는 어쩔 줄 몰라한다. 그래서 남자들은 너무 많은 감정이 쏟아져나오기 전에 대뜸 해결책을 제시한다. 사실은 그저 남자 품에 안겨서 위로받길 원하는 여성에게 "이렇게 해봐. 그 방법은 벌써 써본 거잖아. 나 같으면……"과 같이 실용적인 해결법만을 제시하며 여자를 실망시키는 것이다.

생리하는 남자들
남자는 여자보다 통증이 더 심한 생리를 겪는다

심리학자들은 부모와의 탄탄한 신뢰관계가 건강에도 좋을뿐더러 위험한 행동을 막아주는 최상의 보호막 역할을 한다고 재차 주장한다. 유년기와 청소년기에 좋은 관계를 맺고 곁에서 돌봐주는 사람이 단 한 명이라도 있으면 훗날 감정적 스트레스를 받을 때, 대항할 수 있는 범퍼쿠션을 갖춘 셈이라는 주장이다. 실제로 안정적인 관계를 가진 아이는 어린 시절에 받는 여러 가지 스트레스 상황을 극복할 수 있는 심리적 저항력을 충분히 갖춘 경우가 많다. 또한 안정된 관계를 맺고 있는 사람은 자살 충동을 느끼는 일이 드물며 약이나 술에 중독되는 일도 적다는 사실이 밝혀졌다. 이런 면에서 여자와 남자는 별반 다르지 않다. 다른 점이 있다면 사춘기에 접어들 때까지는 딸에게 엄마 곁에서 머물 시간이 좀더 오래 주어진다는 것뿐이다. 반대로 아들은 매우 이른 시기에 엄마의 품을 떠나야 한다. 그래서 여아는 사춘기에 들어서야 여태 당연하게 여겼던 친밀감과 유대감을 성인이 되고 난 후에는 계속 유지할 수 없다는 사실을 깨닫게 된다.

한편, 아주 어렸을 때 부모와의 분리를 경험하는 남아에게 이런 경험은 감정을 떨치고 '외로운 카우보이'가 되어야만 한다는 과제로 다가온다. 여아가 지닌 관계능력이 사춘기에 들어서면 평가절하되는 상황에 부딪히는 반면에, 남아는 일찍이 아예 연결과 친밀감에 대한 욕구를 공개적으로 드러내서는 안 된다는 무언의 규칙을 내면화한다. 성별에 따른 특유의 사회화 때문에 남녀 모두 커다란 대가를 치르게 되는 것이다.

하지만 아무리 모두에게 상황이 어렵다 해도 남자는 분명 여자보다 유리한 위치에 서 있다. 여자는 종종 일부러 거리를 두려 하는 남자 파트너 옆에서 감정적으로 굶주리면서도 관계를 이어가기 위해 먼저 애정을 주며 다가가기 때문이다. 앞서 언급했듯이, 남자는 이를 통해 여자로부터 정서적 지원을 받는다. 그래서 남자는 결혼한 배우자를 유일하게 신뢰하는 사람으로 꼽는 경우가 많고, 미혼 남성인 경우에도 연인관계가 정신건강에 긍정적인 영향을 미친다.

작가인 빌헬름 게나치노Wilhelm Genazino는 한 인터뷰에서 "만약 여자가 도와주지 않는다면 남자는 절망적인 상태에 빠질 것입니다. 여자는 남자를 적어도 단계적으로나마 존재의 수렁에서 구원해줄 힘을 지녔거든요"라고 말했다. 그리고 이어서 다음과 같은 말을 했다. "저는 남자가 여자보다 통증이 더 심한 생리를 겪는다고 믿습니다. 무슨 말이냐면, 남자는 살아가면서 어느 순간 되는 일이 아무것도 없다고 느낄 때가 있습니다. 남자의 내면에 있는 불협화음 때문이죠. 이 상태가 되면 불협화음 외에는 아무것도 느끼지 못한 채 그저 하는 일 없이 주변을 어슬렁거리게 됩니다."

이를 감안하면 남자에게도 우울한 시기가 있다고 할 수 있다. 그런데 남자의 경우 이런 상황에서도 여자에게만은 사랑받을 수 있다고 굳게 믿는다. 이런 믿음 덕분에 우울한 주기가 왔다고 해도 실제로 병적인 우울증으로까지 연결될 위험성은 희박하다.

이쯤 되면 게나치노가 '남자도 생리를 한다'고 주장한 것이 무슨 의미인지 이해할 수 있을 것이다. 남자는 요구가 많고 목표치도 높으며 자기 자신과 일문제, 타인과의 관계에 대한 고민으로 생각이 많아서 아무리 누군가가 도움을 주고 싶어도 감정적으로 접근하기가 쉽지 않다는 것이다. 또한 남자는 여자가 친밀감과 이해심으로 자신을 도와주길 원하지만, 막상 여자가 그러한 것들을 받고 싶어할 때는 결코 주는 법이 없다. 가족심리치료사인 올가 실버스타인 Olga Silverstein 은 남자라고 무조건 고독을 원하는 것은 아니라고 설명한다. 다만 어떠한 경우에도 자신이 의존적인 사람으로 보이는 것을 용납하지 않을 뿐이다.

"남자가 여자에게 더이상 핑계를 대지 않는 날은 오지 않을 겁니다."

베처와 폴락은 이렇게 말하며 남성이 근본적으로 바뀌기를 바라는 여성의 희망에 제동을 건다.

"이것만이 남자가 자신의 정체성(여성이 아니라는)을 확인하고 또 한번 버려지지 않도록 자신을 보호할 수 있는 방법이기 때문입니다. 또 그들이 구사할 줄 아는 유일한 대응방법이기도 하죠."

베처와 폴락은 겉보기에는 전혀 아닌 듯싶어도 실은 남자도 여자와 마찬가지로 친밀감을 원한다는 사실을 밝혀냈다. 그러나 남자는 이런 마음을 드러내지 못하기 때문에, 일부러 감정적으로 거리를 두거나 일에 파묻히거나 취미생활에 중독되거나 혹은 애인을 속이는 방법을 써가면서까지 여자를 계속해서 밀어낸다. 이를 통해 자신의 독립성을 과시하는 일도 많다. 베처와 폴락은 이런 상황에 대해 다음과 같이 설명한다.

"한 남자와 친밀한 관계를 맺으려 시도하는 일은 여자에게 거대한 도전과 같습니다. 남자들은 언제나 여자와의 관계가 자기의 자

"한 남자와 친밀한 관계를 맺으려 시도하는 일은
여자에게 거대한 도전과 같습니다.
남자들은 언제나 여자와의 관계가
자기의 자립심에 해를 입히지 않을까 두려워하기 때문이죠.
여자는 남자의 이런 두려움을 잘못 건드리진 않을까
조바심을 내면서 가시밭길을 걸어갑니다."

립심에 해를 입히지 않을까 두려워하기 때문이죠. 여자는 남자의 이런 두려움을 잘못 건드리진 않을까 조바심을 내면서 가시밭길을 걸어갑니다."

베처와 폴락은 이렇듯 남자의 독립성을 허상으로 간주할 뿐만 아니라 더 나아가 '버리고 싶지만 버릴 수 없는 허상'이라고까지 표현한다.

남자는 여자에게 많은 것을 요구하지 않으려 애쓰고 그녀에게 너무 가까이 다가가지 않으려 노력한다. 바로 이런 '잘못된 노력'이 남녀 모두에게 우울과 고독감을 느끼게 하는 근본적인 원인이다. 우울한 여자를 대상으로 한 연구에서 이들은 배우자가 차갑고 감성적이지 못한 성격의 소유자이며, 자기와 거리를 두고 다른 사람의 입장에서 생각할 줄 아는 능력이 결여되어 있다고 불평을 늘어놓았다. 즉 남자들이 감정적인 면에서 여자가 원하는 바를 만족시키지 못하는 것이다. 이는 이미 어렸을 때부터 여자의 감정으로부터 자신을 의식적으로 차단하는 방법을 배웠기 때문이다. 남자는 누군가 자기에게 너무 가까이 다가오는 것을 꺼리고, 다른 사람이 자기가 다가와주길 원하는 것도 두려워한다.

'내가 블랙홀로 빠져들 때
그는 언제나 도망간다'
매일 뒷모습만 보이는 남자의 아내로 사는 그녀

우울증에 걸린 38세의 여성이 찾아왔다. 그녀의 남편은 아내의 기분이 가라앉는 기미가 보이면 언제나 곧장 사이클을 타고 나가버린다. 아내로서는 남편의 친밀감과 애정이 가장 필요한 순간인데 그는 언제나 회피하는 것이다.

"그이는 지진계처럼 정확하고 빠르게 반응해요. 저는 아무 말도 할 수가 없죠. 제가 블랙홀로 빠져들면 남편은 금세 제 상태가 어떤지 알아차리거든요."

남편은 아내 옆에 함께 있어주는 대신 사이클을 타고 몇 시간 동안 주변을 배회하다가 녹초가 되어서야 집으로 돌아왔다. 그후에는 언제나 그녀에게 '쉬고 싶다'고 말했다.

"남성과 관계를 맺는 수많은 여성이 고독 속에 파묻혀 있습니다."

올가 실버스타인은 이렇게 말한다. 남자가 여자와의 관계에서 그녀의 '잔소리'에 시달리느라 감정적으로 압박받는 느낌이라고 한다면, 여자는 남자에게 감정적으로 다가갈 수 없다고 호소한다. 실버스타인이 말한 대로 남자들 중에는 자신의 엄마에게 화를 내

다가 결혼하고 나면 아내에게 화살을 돌리는 남성들이 많다. 어렸을 적에 엄격하고 폭력적인 아버지 아래서 자란 남자는 어머니가 왜 자신을 보호해주지 않았는지에 대해 화를 낸다. 하지만 막상 어머니가 감싸주려 하면 자신을 과잉보호한다고 또 화를 낸다. 남자에게 언제나 어머니는 자기 옆에 아예 없었거나 혹은 너무 가까이 있었던 존재다. 실버스타인에 따르면 남자는 어머니와 함께 있고 싶어했지만 그럴 수 없었기 때문에 느꼈던 아픔과 평생 싸운다. 즉 남자는 이미 어린 시절에 어머니에게로 다가가는 길을 잃어버렸기 때문에 자신의 솔직한 감정에 이르는 중요한 통로도 잃어버린 것이다.

베처와 폴락은 남자가 '독립심의 전문가'라면, 여자는 '관계의 전문가'라고 말한다. 이 두 명의 심리학자에 따르면 이런 극단적인 차이점에도 불구하고 남녀는 같은 배를 타고 있을 뿐만 아니라, 같은 딜레마를 안고 산다. 그러니 연결(애착)되기를 갈망하는 여자와 깊은 관계를 맺어서는 안 된다고 생각하는 남자가 만났을 때 문제가 발생하는 것은 당연한 일이다. 그렇지만 이런 문제로 항상 트러블이 생기지는 않는다. 우울에 대한 아무런 유전적 요인이 없고 행복한 어린 시절을 통해 안정된 자긍심을 발달시켜왔으며 현재의 삶이 압박감과는 거리가 멀다면, 여자는 얼마든지 남자의 이런 '특성'을 잘 처리할 수 있다. 이런 여자는 상대가 자기와 거리를 두더라도 이로 인해 과도하게 괴로워하거나 영향을 받지 않는다. 대신 다른 방법을 강구하거나 다른 곳에서 애정의 원천을 찾는다.

하지만 어린 시절에 부정적인 경험을 겪었다거나 최근 받는 스트레스와 압박감 때문에 우울한 여자는 남자와의 사이에서 감도는 감정적 냉랭함을 견디지 못한다.

우울한 여자들 중 대부분은 살아오면서 심각한 관계 결핍을 겪는 경우가 많다. 어떤 경우에는 상대 남자도 교육과 사회화의 결과로 관계결핍증후군을 앓고 있어서 여자가 원하는 만큼의 관심과 애정을 주지 못한다. 이런 사실을 인지한다고 해도 여자에게 그다지 도움이 되진 않을 것이다. 오히려 관계가 개선될지도 모른다는 실낱같은 희망마저 잃고 체념상태에 빠질 수도 있다. 하지만 체념하는 대신 남녀의 차이점을 인지하고 사실 그대로를 인정하는 편이 훨씬 낫다. 베처와 폴락은 이렇게 말했다.

"남자와 여자가 서로 다른 성장과 발달 과정을 거쳐 완전히 다른 방법으로 관계를 경험한다는 것을 이해해야만, 비로소 관계에 대한 욕구와 자율성을 갈망하는 욕구를 조율할 수 있을 것입니다."

이렇게 화해가 이루어지면 여자는 상대가 자기가 원하는 것을 모두 충족시켜주지 못해도 자신의 요구사항이 너무 많았다거나 의존적이었다는 식으로 자책하지 않게 된다. 그리고 자신이 느끼는 외로움이 남자가 냉담하게 굴거나 그녀를 무시하기 때문에 받는 감정이 아니라는 점도 깨닫게 된다. 반대로 항상 뒤로 한 발자국 물러나 있는 남자도 상대 여자가 매달린다고 해서 자기를 독점하려는 것이 아니라는 사실을 언젠가는 인식할 수 있을 것이다. 그러면 여자는 자신의 감정을 더이상 의식적으로 억제하지 않게 될 것이다. 이렇게 서로가 관계를 맺는 방식을 이해하고 나면, 그간 한곳에 머물러 있던 시선의 방향을 돌리고 힘과 능력, 신뢰를 키울 수 있는 다른 원천을 발견할 수 있다.

오직 관계 속에서만 무언가를 원하던 자아를 관계 속에 머물면서도 독립적인 자아로 바꿀 수 있는 방법은 분명 존재한다. 이 과제를 어떻게 해결할 수 있을지에 대해서는 7장 '이제 행복해질 시간—우울의 늪에서 벗어나는 다섯 가지 방법'이라는 장에서 살펴보겠다. 그러나 그전에 우선 여성 동성애자들이 이성애자인 여성들보다 덜 우울하다는 설에 대해 한번 짚고 넘어가겠다.

남자들은 나를 결코 이해하지 못한다
여자를 사랑하면 덜 우울해질까

여자가 우울증에 걸리는 주된 요인이 관계에서 겪은 경험과 여자의 전통적 역할이 가져오는 특수한 스트레스 때문이라면 다음과 같은 의문이 생긴다. 과연 여자를 사랑하는 레즈비언들은 우울증에 걸릴 위험이 더 낮을까? 남자가 아닌 여자와 산다고 해서 우울이 줄어들까? 동성 간의 연인관계에서 여자의 관계능력은 더 많이 인정받을까? 남자와 함께 사는 여자보다 상대방이 자신을 더 많이 이해하고 지지한다고 느낄까? 요컨대 동성애를 하는 여자는 우울증에 덜 걸릴까?

이런 문제를 심층적으로 다룬 학자들은 오로지 몇 명에 지나지 않는다. 따라서 연구 실적은 매우 저조하다.

"레즈비언의 우울증에 관한 연구는 거의 존재하지 않습니다."

이 주제로 논문을 쓴 몇 안 되는 학자 가운데 하나인 심리학자 에스더 D. 로스블룸Esther D. Rothblum은 이렇게 말한다. 다만 그간 발표된 일부 보고서를 토대로 일반화할 수 있는 몇 가지 결론을 얻어냈는데, 이는 매우 흥미롭다.

우선 그중에서 나쁜 결과부터 살펴보자. 젊은 동성애자는 이성애자들보다 무려 4배나 더 많이 우울장애를 겪고 있다는 단서가 있다. 스위스의 심리치료사인 고트프리트 바저Gottfried Waser가 발표했듯이, 동성애자들의 경우 우울증은 '20세를 전후로, 커밍아웃의 과정'에서 특히 심각하게 나타난다. 특히 레즈비언을 대상으로 실시한 건강 연구에서는 그들이 치료목적으로 시설에 도움을 청하는 경우, 가장 빈번한 원인은 우울증 때문이었다는 사실을 밝혀냈다. 레즈비언의 우울증이 이토록 극심한 것은 사회적 스트레스 때문인 경우가 많았다. 즉, 동성애를 사회에서 아직까지 완전히 인정하지 않기 때문이다. 레즈비언과 게이는 직장이나 심지어 본인의 가족으로부터도 차별받는다. 이런 상황이니 외로움과 고립감이 덮치는 것은 당연하다.

게이를 대상으로 한 많은 연구들은 직장에서의 따돌림, 집을 구할 때의 차별과 멸시 같은 일상적인 고통이 이들을 육체적으로나 정신적으로 병들게 한다고 주장한다. 레즈비언에 대해서만 따로 연구한 사례는 없지만 이들 역시 베를린과 같은 진보적인 대도시에 사는 게 아니라면, 분명히 사회적 편견으로 말미암아 차별당했을 것이다.

하지만 다른 한편에서는 레즈비언에게서만 볼 수 있는 보호막이 존재한다. 레즈비언은 이성애자들에 비해 혼자 사는 경우가 많았는데, 이런 환경이 우울증으로부터 그녀를 보호해주고 있었다. 많은 연구에서 이미 반복적으로 보았듯이 부부관계는 여자를 우울증에 빠뜨릴 위험성을 높이는 스트레스 요소임에 분명하다. 그러나 레즈비언은 일반적으로 남성과 결혼하지 않은 상태이기 때문에 이런 스트레스 요인을 알지 못하며, 이에 따라 여성의 전통적인 역할을 혼자 떠맡을 위험성이 상당히 적다.

물론 레즈비언도 고정적인 성역할을 유지하는 경우가 있긴 하지만, 이런 형태는 도리어 이성애자들의 관계에서보다 더욱 긍정적인 영향을 미치는 듯하다. 실제로 동성애 연구들을 보면 이성애자와 동성애자 간의 중요한 차이점이 발견되었다. 미국의 심리학자인 존 가트먼John Gottman은 동성애자 40쌍과 결혼한 이성애자 40쌍을 상대로 진행한 연구에서 두 집단에서의 갈등과 다툼 행태에 의미 있는 차이가 존재한다는 결론을 내렸다. 가트먼에 따르면, 게이와 레즈비언들은 갈등이 빚어졌을 때 일단 협상하려는 마음을 갖고 있었으며, 싸우는 순간에도 서로가 평등한지에 대해 더 많은 신경을 쓰고 있었다. 반면 이성애자들의 연인관계에서 일어난 갈등상황은 언젠가는 둘 중 하나가 포기하고 '패배자'로 물러서야 하는 일종의 권력다툼으로 빠르게 변질된다는 사실을 관찰할 수 있었다. 동성애 관계에서는 확실히 갈등상황이 파국으로 치닫지 않았다. 무엇보다 동성애자들은 갈등상황을 누가 이기고 지느냐의 문제나 옳고그름의 문제로 보지 않았다.

심리학자인 크리스틴 팔코^{Kristine Falco}의 연구 역시 이와 같은 사실을 뒷받침한다. 팔코는 레즈비언 간의 관계에는 여성 특유의 갈등 해소법이 존재하는데 이는 두 가지 특징으로 설명할 수 있다고 밝혔다. 첫째, 레즈비언은 관계를 제대로 유지하는 것을 최고의 목표로 삼는다. 그리고 이 목표를 달성하기 위해 상대적으로 약하거나 더 많은 것을 요구하는 사람의 요구사항에 맞춰서 해결책을 강구한다. 갈등상황이 벌어졌을 때 레즈비언 연인 사이에서는 '배려'가 상당히 중요한 역할을 한다. 그래서 둘 중 하나가 상대방이 자기보다 무언가를 더 절박하게 원하거나 상처받을 수 있다고 느낄 경우, 스스로 원하는 것을 포기하기도 한다.

꼭 이와 같은 갈등상황이 아니더라도 협상에 임하는 마음가짐으로 각자의 평등을 고려한다는 것은 레즈비언 연인의 관계에서 매우 중요한 가치로 손꼽힌다. 팔코는 "레즈비언들은 대부분 될 수 있는 한 재산을 똑같이 분할하고, 비슷한 정도로 가사를 분담하며, 중요한 의사결정을 할 때도 공평하게 의견을 나누고, 가계지출 및 여가비용을 위해서 각자의 수입에 맞게 공동으로 혹은 개인적인 사정에 맞춰 분담하도록 노력한다"고 썼다. 그리고 "때로는 레즈비언들의 연인관계가 관계에 대한 페미니즘적 평등의 이상을 구현하는 것으로 보인다"고 덧붙였다.

이것은 너무 낙관적인 평가일까? 하지만 실제로 발표된 연구들에서 엿볼 수 있듯이 레즈비언들은 연인관계에서 해결해야만 하는 모든 스트레스를 매우 긍정적인 방법으로 해결한다. 이 가운데 두 가지 측면이 주목할 만한데, 요컨대 상대방에 대한 걱정과 서로에 대한 이해심이다.

심리학자인 발레리 J. 프리징거^{Valerie J. Freysinger}와 D. 플래너리 D. Flannery는 함께 아이들을 키우고 있는 아홉 쌍의 레즈비언들을 상대로 연구를 진행했다. 이들은 가사의무를 전원 똑같이 분담했으며 개인적인 시간을 존중했다. 예를 들어 인터뷰에 응한 한 레즈비언은 "제 애인은 저의 여가시간을 100퍼센트 존중해줘요"라고 말했다. "제가 다른 일에 몰두하더라도 그로 인해 문제가 생길 것 같진 않아요. 제가 정말로 관심 있어하는 일이 있으면 오히려 적극적으로 해보라고 격려해줄걸요?" 한편, 다른 여성은 "사실 우리 커플이 얼마나 바쁘고 얼마나 많은 스트레스를 받는지 고려해보면, 지금 정말 잘해나가는 거예요. 우리는 모두 충분히 휴식을 취하고 각자의 관심사에 전념할 수 있도록 서로를 돕고 있어요. 예컨대 나만을 위한 시간, 운동 가는 시간 등은 제게 매우 중요한 일이에요"라고 말했다. 또다른 여성 역시 동성애 관계에 있는 여자들은 서로를 매우 조심스럽게 대하며 연인관계와 이에 관련된 일이 상대의 생활을 지배하고 얽매지 않도록 주의를 기울인다고 확신했다. "제 파트너는 언제든 내가 좋아하는 것을 맘껏 누릴 수 있도록 자유롭게 놔둬요. 내 자유를 최대한 존중해주기 때문에, 나 혼자만을 위한 자리는 언제든지 있죠."

레즈비언들이 상대방의 자유를 어디까지 존중해주는지 관찰하는 동안, 연구자들도 그 결과에 깜짝 놀랄 정도였다. 프리징거와 플래너리는 이렇게 말했다. "이전의 연구논문들은 오직 자기만을 위한 자유시간에 대한 여자의 열망이 얼마나 충족되기 힘든지를 끊임없이 되짚어보는 과정이었죠. 여성이 배우자나 가족으로부터 '자기만의 시간'을 지원받는다는 건 상상하기도 어려운 일이니까요."

심리학자인 미셸 N. 라프랑스Michelle N. Lafrance가 발표한 다른 연구에서도 레즈비언 간의 연인관계에서는 우울로부터 우리를 구하는 '상호이해'라는 특별한 성질이 있다고 언급한다. 라프랑스가 실시한 실험에서는 60쌍의 이성애자와 동성애자 커플을 대상으로 여자의 생리전증후군에 대해 조사했다. 여자는 이성애자든 동성애자든 생리가 시작되기 전에 모두 비슷한 불편함을 겪었다. 우울증에 이를 정도까지 마음이 불안했고 본인의 신체에 대한 혐오도 증가했다. 즉 증상에서는 아무런 차이도 보이지 않았다. 하지만 이내 배우자가 남자인지 여자인지에 따라 큰 차이가 나타났다. 남자는 여자가 생리를 시작하기 며칠 전에 이들을 비판하는 경향이 있었으며 여자가 친밀감을 원하면 거부하거나 이들의 행동을 병적인 것으로 치부했다("당신, 제정신이 아닌 것 같아"). 이와는 정반대로 레즈비언은 파트너의 생리 전 증상에 대해 더 많은 이해심을 보였고 더 많이 도와주며 이런 증상을 완벽하게 정상으로 여겼다. 사실 이런 결과는 어찌 보면 당연한 것인지도 모른다. 여자는 생리전증후군을 앓는 다른 여자의 몸에 무슨 일이 일어나는지 정확히 파악하고 있기 때문이다. 이성과 관계를 맺은 여자는 남자에게는 결여된 공감능력을 아쉬워했다. 어쩌면 보통의 여자들은 이토록 이해받지 못하기 때문에 생리전증후군에 더 심하게 시달리는지도 모른다.

그런데 두 여자가 감정적으로 매우 가깝게 지내는 건 장점이기도 하지만, 더 큰 위험성을 내포하고 있다는 견해를 가진 학자도 있다. 이들은 레즈비언들은 서로 융화하려는 경향이 강해서 자율성과 독립성이 부족하다고 경고한다. 크리스틴 팔코도 두 명의 여성이 동성애관계에 놓이면 서로 더욱 쉽게 융화한다고 본다. '두 여성 사이에서는 관계에 관련된 능력을 지닌 여성과 경계를 긋거나 분리하는 책임을 지는 남성'으로 이루어진 연인 사이보다 심리적인 경계가 훨씬 더 얇기 때문이다. 서로에게 융화된 레즈비언들은 그들만의 관계에 사로잡혀서 때때로 너무 좁은 테두리에 갇혀 있다고 느끼며, 절대로 갈등이 일어나서는 안 된다는 강박관념에 시달린다. 따라서 연인치료사인 다비드 슈나르히[David Schnarch]가 모든 관계의 결정적인 요소라고 말한 '건전한 분화'가 이루어지지 않을 위험이 있다. 슈나르히에 따르면 건전한 분화란 연인이 아무리 서로에게 최적화된 공통점과 친근함을 갖고 있더라도 각자 본인의 길을 포기하지 않는 성공적인 형태를 말한다. 이런 분화 덕택에 사람들은 감정적으로나 육체적으로 다른 사람과 매우 가까워지더라

남자는 여자가 생리를 시작하기
며칠 전에 이들을 비판하는
경향이 있었으며 여자가 친밀감을
원하면 거부하거나 이들의 행동을
병적인 것으로 치부했다.
어쩌면 보통의 여자들은 이토록
이해받지 못하기 때문에
생리전증후군에 더 심하게
시달리는지도 모른다.

도 자신을 잃어버리지 않게 된다. 그런데 다비드 슈나르히에 따르면 연인관계에서 이런 분화, 즉 친근함과 독립성의 균형이 형성되지 않으면 '감정적 융화'가 일어난다. 그러면 상대방의 개성과 특징은 사라지고 본인의 자아는 상대방의 행동에 의존하게 된다.

이렇게 지나치게 융화가 많이 진행되면 레즈비언 간의 관계에 문제가 발생할 수 있다. 하지만 크리스틴 팔코는 이때 두 가지를 생각해보아야 한다고 말한다.

"첫째, 과잉된 융화관계가 모든 레즈비언들 사이에서 나타나는 것은 아니라는 점, 둘째, 융화 자체가 병은 아니라는 점이다."

따라서 레즈비언은 경계선을 넘어 최대한도로 가까워질 수 있으며 이런 가능성이 바로 '동성 간의 사랑에서 가장 좋은 측면 중 하나'라는 것이다.

레즈비언들이 정서적으로 매우 가까워졌을 때 슈나르히가 주장하는 것처럼 완전히 성공적인 분화가 완성되는 듯하다. 레즈비언 연인의 친밀함과 유대감에 대한 요구, 자기주장, 독립성에 대한 능력을 연구한 논문에서 이에 관한 내용이 다루어졌는데, 다음과 같은 흥미로운 결과가 나왔다. 일반적으로 우리는 연결성과 자율성을 상반된 것으로 이해하지만, 레즈비언 연인은 더이상 가까워질 수 없을 만큼 친밀한데도 불구하고 독립성을 지킬 수 있는 기술을 획득했다는 것이다. '매우 친밀한 관계를 가졌음에도 불구하고 의외로 자유롭다'가 아니라, '친밀함 때문에 더욱 자유롭다'라고 바꾸어 표현해야 할지도 모르겠다. 레즈비언들은 깊은 관계를 통해서 심리적으로 안정되기 때문에, 오히려 자율성을 지키기 위한 자율성이 아니라 자기 스스로 선택한 온전한 자율성을 발달시키면서 생활할 수 있는 것이다. 그런데 이성애자인 여성에게는 아쉽게도 이러한 '안전한 항구'가 결핍되어 있다. 그래서 본인의 자아를 희생시키고 관계 속에서 자신을 잃어버릴 위험성이 높다.

그렇다면 과연 레즈비언이 이성애자보다 우울증에 걸릴 위험성도 낮을까? 아쉽게도 아직 연구 현황이 취약한지라 특정 조건하에서만 그렇다고 말할 수 있다. 하지만 분명한 사실은 레즈비언 역시 우울증으로부터 완전히 보호받는 것은 아니라는 점이다. 게다가 이들은 일반적인 여성들이 가진 많은 스트레스 요인 외에 또다른 스트레스 요인을 안고 살아간다. 바로 예전에 비해 크게 달라지지 않은 사회적 편견과 차별이다. 결과적으로 이들 대부분은 정신적으로 매우 큰 압박을 받고 있는 셈이다. '커밍아웃을 해야 하나 혹은 하지 말아야 하나?'에 대한 고민을 비롯해 사회적인 고립과 외로움으로 이들에게도 역시 우울증이 발병할 수 있다. 다만 동성을 사랑하는 여성이 안정적인 애정관계를 구축한 경우에는 남성 배우자와 사는 여성들보다 우울증에 걸리지 않도록 훨씬 더 많은 보호를 받는 것으로 추정된다.

결국 대등한 가치 평가, 평등, 그리고 감정적인 친밀도가 레즈비언 간의 관계에서 매우 중요한 역할을 한다는 것을 알 수 있다. 즉, 레즈비언들은 한 여자와 온전히 함께할 때 자신의 관계능력을 맘

껏 펼칠 수 있으며, 내가 무엇을 원하는지 상대방에게 이해받는 동
시에 독립된 길을 가도록 격려받는다.

7장

이제
행복해질 시간
:
우울의 늪에서 벗어나는
다섯 가지 방법

책의 앞부분에서 소개한 룸펠슈틸츠헨의 동화는 결국 우울에 관한 이야기이다. 방앗간 집 딸의 운명은 왜, 그리고 무엇 때문에 여자의 삶에 우울이 덮치는지를 적나라하게 보여준다. 아무런 비판적 사고 없이 아버지와 왕의 뜻에 순응하는 소녀의 자세, 밀짚으로 금실을 자으려는 절망적인 노력, 무리한 요구에 저항하기에는 부족한 용기. 이 모든 요소가 방앗간 집 딸을 벼랑 끝으로 몰아간다. 딸은 난쟁이에게 소중한 장신구를 넘긴 것으로도 모자라 인생을 통틀어 가장 소중한 존재인 첫아기마저 주겠노라 약속하고 만다.

　당신이 우울에 지배당해본 적이 있다면, 이런 장면이 전혀 낯설지 않을 것이다. 당신 역시 방앗간 집 딸처럼 다른 사람들로부터 무엇을 해내야만 한다고 자주 요구받았을 것이다. 또한 자신에게 소중한 사람들이 희망하고 원하는 것을 충족시켜주려고 쉴 새 없이 노력했을 것이다. 당신은 무엇이 옳고 그른지 결정해야만 하는 상황에서도 다른 사람이 자신의 생각을 휘저을 수 있도록 놔뒀을지 모른다. 그리고 방앗간 집 딸처럼 무리한 요구와 요청을 우선 수용했을 것이다. 자신이 이 요구를 정말 들어줄 수 있는지, 해낼 수 있는 능력이 있는지 고려조차 하지 않은 채로 말이다. 당신에게는 저항하고 분노를 표출하고 두려움을 내보일 용기가 부족하다. 또한 절망적인 상태로 자신을 몰아붙이면서 가장 값어치 있는 진실한 자아를 포기할 준비도 되어 있다. 그렇다. 우울한 여자는 자신이 정말 누구인지, 무엇을 원하는지, 자신이 무엇을 느끼는지를 아무에게도 보여주지 않는다.

룸펠슈틸츠헨 동화는 단순히 '우울의 원인'만을 다룬 이야기가 아니다. 이것은 처음에는 전혀 가망 없어 보이던 상황을 딛고 우울을 이겨낸 한 여자의 승리의 기록을 담고 있기도 하다. 즉, 무엇이 우울증을 일으키는지에 대해서만 보여주는 것이 아니라, 어떻게 해야 우울증에서 벗어날 수 있는지도 함께 보여준다. 난쟁이는 왕비가 두려움에 떨 정도로 무서운 협박을 했지만, 완전히 굴복시킬 수는 없었다. 그러다 오히려 정반대의 상황이 벌어진다. 이야기의 서두에서 방앗간 집 딸은 불가능한 일을 가능하게 만들려고 순순히 노력했지만, 왕비가 되고 나자 이제는 비인간적인 요구에 맞서 대항하기 시작한다. 요컨대 마음속에서 소매를 걷어붙이고 난쟁이에게 대드는 것이다. 밀짚으로 금실을 잣는 동안에 방앗간 집 당신에게는 저항하고 분노를 표출하고 두려움을 내보일 용기가 부족하다. 또한 절망적인 상태로 자신을 몰아붙이면서 가장 값어치 있는 진실한 자아를 포기할 준비도 되어 있다. 우울한 여자는 자신이 정말 누구인지, 무엇을 원하는지, 자신이 무엇을 느끼는지를 아무에게도 보여주지 않는다.

딸은 자기에게 이런 힘이 있는지 전혀 발견하지 못했다. 하지만 이제는 복종, 근면, 순응의 가치 기준을 넘어서는 엄청난 문제가 터졌다. 바로 자신이 가장 아끼는 아기가 위험에 처한 것이다. 왕비는 상황의 심각성을 깨닫고 적극적으로 문제 해결에 임한다. 그리고 두려움과 절망을 극복하고 용감하게 상황에 대처하기 시작한다. 이때 왕비가 어떻게 일을 성공시키는지, 어떤 전략을 쓰는지를 살펴보면, 힘든 삶 때문에 우울증에 빠지거나 우울증에 걸릴 위험이 있는 현실의 여성에게도 좋은 길잡이가 될 것이다.

'여자는 왜 우울해지는가'에 관한 질문에서 룸펠슈틸츠헨 동화와 현실 사이에는 결정적인 유사점이 있다. 마찬가지로 '우리가 어떻게 우울증을 극복할 수 있을까?'라는 질문에 대한 답을 구할 때도 비슷한 점을 찾을 수 있다.

"왕비는 밤새 이제까지 들어본 이름이란 이름은 죄다 떠올려보았습니다"
첫번째 전략: 내 우울의 정체를 파악하라

난쟁이는 왕비에게 큰 아량을 베풀어 문제를 해결할 말미를 준다. 만약 사흘 안에 왕비가 자신의 이름이 무엇인지 알아맞히면 담보로 약속한 아기를 포기하겠다고 한다. 왕비는 있는 힘껏 아는 이름을 곰곰이 생각해보기 시작한다. 문제를 해결하기 위해서 적극적으로 노력하는 것이다.

우울한 여자에게도 역시 풀어야 할 과제가 있다. 바로 자기가 빠진 상황이 정확히 어떤 것인지 파악하는 일이다. 그리고 그런 상황이 자신에게 어떤 의미가 있으며 무슨 메시지를 전달하려는지도 밝혀내야만 한다.

현실세계의 여성도 자신의 힘과 지혜를 모두 소진했다는 사실을 인식하면, 왕비처럼 절망적인 생각에 빠져 뒤로 멀찌감치 물러난 채 정상적인 생활을 하지 못하는 상태가 되고 만다. 의사와 치료사로부터 자신의 증세가 우울증이라고 들었을 때는 충격을 받고 인정하지 않다가도 그후에는 도리어 마음이 가볍다고 말하는 여성들을 자주 보았다. 아무리 심한 병이라도 자기가 무슨 병에 걸렸는지 아는 것이 아무것도 모르는 것보다는 낫기 때문이다. 하지만 이들의 안심은 대부분 오래가지 못한다. 다리가 부러지거나 위장장애가 있는 사람은 그 병을 핑계삼아 배려를 구할 수 있다. 하지만 우울증에 걸린 여성은 기껏해야 동정이나 얻을 뿐, 자신의 상황을 온전히 이해받지 못한다.

일반적으로 우울은 부정적인 이미지로 인식되기 때문에 지인이 우울하다고 하면 도대체 어떻게 대해야 할지 갈피를 잡지 못하는 사람들도 많다. 그렇다면 우울한 여자를 어떻게 대해야 할까? 우울한 여자에게 무엇을 요구할 수 있을까? 보통은 잘 알지 못할 것이다. 반대로 우울한 여자도 자기가 다른 사람에게 무엇을 요구해도 괜찮은 것인지, 어느 정도까지 털어놓아야 자신을 상처 입히지 않으면서 상대방의 이해를 구할 수 있을지 모르기는 마찬가지이다. 이는 우울증을 정상에서 일탈하거나 이성을 잃은 상태로 여기는 사람이 많기 때문이다. 우울증에 대한 불확실하고 모호한 인상은 환자는 물론 환자의 가족과 의사까지 조급하게 한다. 그래서 우울증을 앓는 여성은 육체적 고통을 느낄 때처럼 어떤 마법 같은 약이 있어서 고통받는 영혼을 해독해주기를 바란다. 모든 것이 다시 예전처럼 돌아가게 해줄 마법을 꿈꾼다. 실제로 제약업계에서 마법의 약으로 칭송되며 특히나 여성들에게 자주 처방된 약이 있긴 하다. 잠깐 언급하자면, 항우울제를 처방받는 일은 수십 년 사이에 급격히 증가했지만, 정작 전문가들은 아직 약의 효능에 대해 찬반논쟁을 벌이고 있는 실태이다.

일단 자신의 병이 무엇인지를 알았을 때 안심하는 마음은 이해할 만하다. 하지만 자신의 상황에 대한 책임을 전문가에게만 맡기고 모든 것이 다시 좋아지기만을 바란다면, 우울증은 제때 치료되지 못하고 만성이 될 위험성이 있다.

과연 어떤 방법이 우울한 기분을 적절하게 해소하고 치료하는 길일까? 우울증을 진단받은 여성은 무엇을 해야 할까? 이때 주의할 것은 어떤 경우가 되었든 간에 우울이 자신의 삶을 어둡게 하는 병이나 방해물이라고 여겨서는 안 된다는 사실이다. 우울을 저주하거나 너무 두려워하면, 병과 관련해 무언가를 해볼 수 있는 기회를 잃는다. 나의 우울이 던지는 메시지의 뜻을 풀이하고 근본적인 면에서부터 긍정적인 방향으로 나아갈 기회를 놓치고 만다.

심리분석학자인 카를 구스타프 융^{Carl Gustav Jung}은 우울증에 걸린 사람에게 다음과 같이 충고했다.

"우울증은 검은 옷을 입은 여인과 같습니다. 이 여인이 나타나면 일단 내쫓지 말고 탁자에 앉으라고 권하세요. 그리고 그녀가 들려주는 이야기에 귀기울이세요."

'검은 옷을 입은 여인'과 대화를 시작하면 시간이 지날수록 자신이 특정 사건이나 사람에 대해 왜 우울하게 반응하는지 이해할 수 있다. '왜 이런 일이 나에게 일어났는가? 이런 어려운 상황에 어떻게 빠져들었나?'와 같은 질문에 대한 답도 찾을 수 있다. 이런 대화를 이어갈 용기를 낸다면 우리는 나 자신이 왜 이토록 우울한지, 답을 몰라 답답하기만 했던 그 문제를 마침내 해결할 수 있을 것이다. 상황에 따라서는 병적이라고밖에 표현할 수 없었던 자신의 관계에 유일하게 대응할 수 있었던 반응이 바로 우울이었음을 깨달을 수도 있다.

사람들은 살면서 슬픔과 분노, 은둔, 그리고 때로는 우울로밖에 반응할 수 없는 힘든 상황과 경험에 부딪친다. 그 누구에게도 인정받지 못하고, 자기 말을 들어주는 사람도 하나 없고, 자신의 가치가 제대로 평가받지 못한다고 느낄 때도 있다. 두려움에 휩싸여 자신이 맡은 과제를 더는 진척시키지 못할 것만 같은 기분이 들 때도 있다. 이런 느낌이 마음 한구석에 있는데도 계속해서 본인의 한계를 무시하고 일을 진행시키다보면, 언젠가는 비상제동장치를 당겨 모든 것을 정지시켜야만 하는 시기가 찾아온다. 심리치료사인 노스라트 페제슈키안Nossrat Peseschkian과 우도 뵈스만Udo Boessmann

은 우울은 공포처럼 맞서 싸운다고 해결되는 것이 아니라, 주의와 관심을 받아야 할 정당하고 중요한 내 마음의 호소라고 주장한다. 이 두 명의 치료사는 우울을 "현실에서의 위험과 해결되지 않은 갈등, 참을 수 없는 압박감, 충족되지 않은 욕구와 이용되지 않은 잠재력에 경종을 울리는 육체와 영혼의 저항"이라고 정의했다.

스위스의 심리치료사인 다니엘 헬Daniel Hell 또한 우울증에는 어떤 의미가 있다고 주장하는 대표주자이다. 그는 우울은 "더욱 극심한 어떠한 것으로부터 우리를 보호하고 위협적인 사회관계에서 안전을 찾기 위해 신체가 뚜렷한 목적의식을 갖고 행하는 예방수단"이라고 설명한다. 우리 몸은 매우 현명하기 때문에 힘든 몸을 회복시키기 위해 휴식과 은둔을 택하라고 명령하는 것이 바로 우울증이라는 것이다. 우울증을 겪는 동안에는 극심한 스트레스에 시달려온 우리의 체계(몸, 머리, 정신)가 어떤 식으로든 작동을 멈추고 쉴 수 있기 때문이다.

심리분석학에서는 우울에 더욱 큰 의미를 부여한다. 심리분석가인 마리안네 로이칭거볼레버는 사람들이 정신적으로 병드는 것은 현재의 정신상태를 어떻게든 밖에 표현하기 위한 중요한 목적을 띤다고 설명한다.

"심리분석가는 우울증뿐 아니라, 그 밖의 정신질환 전반을 없애야만 할 질병으로 보지 않습니다. 모든 증상에는 의미가 있으며 우리는 그 의미를 해독해야만 하기 때문이죠."

우울에 의미를 부여하는 전문가들은 그들의 아픔을 못 본 체하지 않는다. 우울을 하찮게 여기지도 않으며 그렇다고 해서 미화하지도 않는다. 중요한 것은 우선 병이 있다는 사실을 인정하는 일이다. 우리는 우울증이 얼마나 심각한 단계에 이르렀는지에 괘념치 말고 우선 우울을 진지하게 받아들여야 한다. 이때 우울증을 단순히 의학적인 문제로만 축소해서는 안 된다. 설령 호르몬 변화나 뇌 속의 문제 혹은 유전인자로 인한 생화학적 불균형이 일어났다고 해도 이것이 우울증을 일으킨 전적인 요인은 아니다. 따라서 병을 진지하게 받아들이는 사람이라면 우울증의 의미와 그것이 전하는 메시지에 대해 물어야 한다.

우울한 여성은 자신의 아픔에 분명 어떤 숨겨진 의미가 있을 거라는 생각에 처음에는 심각한 혼란을 겪는다. 그 안에서 무언가 긍정적인 것을 깨닫기에는 너무 크게 절망해서 더이상 참을 수 없는 지경이 된다. 무력감이 엄습해온다. 그런데 이런 어두운 생각, 무력감, 절망, 고독감에 대체 어떤 의미가 있다는 걸까? 아무리 노력해도 힘들기만 하고, 다른 사람과 마주치고 싶지도 않고, 가장 단순한 일상생활조차 해낼 수 없을 지경인데, 어떻게 우울증이 내게 도움을 준다고 생각할 수 있을까? 설령 우울증이 비정상적이며 건강하지 않은 삶에 대한 지극히 정상적이고 건강한, 혹은 유일하게 가능한 반응이라는 사실을 우리가 충분히 이해한다손 치더라도, 이를 그대로 받아들이는 것은 또다른 문제이다.

미시간 대학교의 심리치료학과 랜돌프 M. 네스[Randolph M. Nesse] 교수는 동물들의 세계에서 관찰한 사례를 통해 우울이 왜 중요한 적응반응이 될 수 있는지를 설명했다.

"눈이 많이 오고 기온이 떨어지면 야생동물에게 먹이를 찾는 일은 더할 나위 없이 힘들뿐더러 시간도 많이 걸립니다. 이때 동물은 불필요한 에너지를 낭비하지 않기 위해 조용히 서서 기다립니다. 아무리 배가 고파도 말이죠."

야생동물은 위험한 상황에 부동자세로 반응한다. 사람이 깊은 우울에 반응하는 방법도 이와 비슷하다. 유일하게 이런 방법을 통해서만 삶의 위기 상황에 반응하는 것이다. 네스의 의견에 따르면, "우울증은 가치 없는 일에 에너지를 낭비하지 않도록 우리를 지켜"준다.

노스캐롤라이나의 웨이크 포레스트Wake Forest 의과대학의 행동생물학자인 캐럴 시블리Carol Shively 역시 우울이 중요한 기능을 할 수 있다는 사실을 원숭이를 대상으로 한 연구에서 입증했다. 시블리의 관찰에 따르면, 원숭이는 5~20마리 정도가 한 집단을 이루어 서식한다. 그런데 이곳에는 서열이 있다. 먹이에 접근하거나 암컷원숭이와 짝짓기를 하고 싶은 아래 서열의 수컷원숭이는 지배 서열에 있는 수컷원숭이와 승부를 내야 한다. 원숭이는 이런 싸움에서 다치거나 심지어 죽을 위험도 감수한다. 게다가 싸움을 벌이는 원숭이는 집단 내의 다른 원숭이들에게 적대시된다. 본래 아래 서열에 놓인 원숭이의 삶은 심한 스트레스로 가득하다. 이로 인해 혈액 속에 스트레스 호르몬인 코르티솔 수치도 높게 측정된다. 하지만 집단에서 약한 쪽에 속하는데도 지속적인 스트레스에 대항할 수단을 지니고 있는 듯한 원숭이가 몇 마리 있다. 이런 원숭이는 혼자서 많은 시간을 보내고 다른 원숭이와 신체적 접촉을 하지 않는다. 매우 현명한 전략을 구사하는 것이다. 약한 원숭이들은 이렇게 뒤로 물러남으로써 온갖 공격에서 자신을 지킬 뿐 아니라, 집단에서 자기 지위를 유지하며 가능성은 낮지만 새끼를 번식시킬 수 있는 기회도 갖는다. 이런 원숭이의 상황을 최선이라고 볼 수는 없지만 무리로부터 한발 물러나 있는 태도는 확실히 생존을 보장한다. 그리고 원숭이 집단은 끊임없이 바뀌기 때문에 언젠가는 새로운 집단의 사회조직에서 좋은 지위를 차지할 수 있다는 전망도 존재한다.

이런 동물의 행동양식을 인간에게 그대로 적용할 수 있을까? 캐럴 시블리는 전적으로 그럴 수 있다고 말한다. 시블리는 아래 서열에 놓인 원숭이의 후퇴 양상으로부터 우울한 사람의 행동에서 엿보이는 유사점을 발견했다. 인간의 삶에서도 중요한 계획이 실패하거나 희망을 포기해야 하는 경우에, 우선은 소극적인 자세를 취하며 아무런 행동도 하지 않고 기다리는 편이 더 나을 때가 있다. 그런데 이런 상황에서 우리는 오히려 반대로 지나치다 싶을 정도로 의욕을 보이며 전력을 다하고 더 많은 일을 해내려고 애쓰는 경향이 있다. 우울한 여자에게 이를 적용해보자면, 다른 사람의 인정과 관심, 사랑처럼 너무나 절박하게 원하는 것을 얻기 위해서 더 완벽하고 훌륭하게 일을 해내면서 친절하고 상냥하게, 순종적으로 행동하는 것이다. 하지만 아무리 힘을 쏟아붓는다고 해도 목표에 이르지 못하고 피로와 절망감만 밀려온다. 따라서 더이상 잘못된 계획이나 사람을 위해 쓸데없이 에너지를 소비하지 않도록 우울한 여성을 말리는 것이 옳다.

마비 증상을 동반하는 우울증이 바로 이러한 과제를 맡는다. 비관주의, 자신감 부족, 소극적인 태도는 우울로 인한 피해를 예방하는 데 도움을 준다. 두려움이 위험을 알리는 신호인 것처럼 우울은 여성을 헛된 노력으로부터 보호하려는 신호이다. 우울한 여성은 자신의 정신상태가 어떤 의미를 내포하고 있는지 파악하고, 병에서 최대한 빨리 벗어날 필요는 없다는 것을 인정하는 데서부터 우울에서 서서히 벗어나기 위한 준비자세를 갖추어야 한다. 이런 과정을 통해 그때까지 몰랐던 우울의 원인을 찾아내고 특정한 행동방식과 목표가 과연 의미가 있는지에 대해 곰곰이 생각해볼 수 있게 된다. 왜 자신이 이런 혼란스러운 상태에 이르렀는지에 대한 원인도 찾아낼 수 있을 것이다. 자신이 끊임없이 너무 많은 요구를 받고 있으며 다른 이들의 도움을 절실히 원한다는 사실, 자신을 정신적으로 병들게 하는 관계 속에서 생활하거나 혹은 자신을 무책임하게 버려두었다는 사실도 깨닫게 될 것이다.

우울이 보내는 메시지의 암호를 해독하면 내가 지금 우울한 이유가 나 자신이 건강하지 않아서가 아니라, 내가 너무 오랫동안 건강하지 못한 조건하에 살았기 때문이라는 사실을 알아차릴 수 있다. 동기 부족, 소극적인 행동, 마비처럼 우울증에 동반되는 증상은 우리를 겁나게 하지만 실은 매우 쓸모 있는 징후들이다. 어떤 선택을 해야 좋을지 모를 때에는 행동하지 않고 뒤로 한 걸음 물러나 생각하는 편이 현명하기 때문이다. 이렇게 해야만 여성은 중요한 정보가 놓여 있는 근원으로 향하는 입구를 열 수 있다. 아주 일상적인 예를 들자면 만약 밤에 잠을 잘 수 없으면 여성은 슬픔과 실망, 분노 같은 감정을 그제야 고스란히 느끼며 불면증을 통해 불편함의 원인을 찾게 된다. 이런 시기에 꾸는 꿈 역시 새로운 견해를 찾는 데 도움을 준다. 또한 우울에 따르는 증상 중 하나인 피로는 여성을 억지로라도 쉬게 하며, 자유로운 연상을 불러일으키고 무의식에서 부상하는 어떤 의미를 기다리게 한다.

우울은 움직임을 멈추고 반성하기 위한 기회이다. 심리분석가인 베레나 카스트는 우울한 여성이 자신의 내면을 응시할 준비가 되면 다음과 같은 중요한 질문에 대한 답을 찾을 수 있을 거라고 확신한다.

'나에게 무슨 일이 생긴 걸까?'

'나는 왜 이렇게 용기가 없을까?'

'무엇이 나를 절망하게 만드나?'

'나는 왜 나 자신이 가치가 없다고 느끼면서 미워하고 있을까?'

베레나 카스트는 그중에서도 내가 나에게 어떤 잘못을 저질렀는지, 지금까지 내면의 어떤 감정들을 억눌러왔으며 왜 이제야 그런 감정이 쏟아져나오는지 등의 근본적인 질문에 대답할 수 있게 된다고 설명한다.

"우울증은 무언가가 결여된 상태입니다. 지금까지 본인의 감정을 너무나 등한시했다는 것을 보여주는 하나의 증거이지요. 즉, 우울에는 버려졌던 자신의 인격 가운데 중요한 측면을 돌아보고 스스로를 자신의 생에 다시 참여시킬 기회가 포함되어 있습니다."

우울한 여자가 용기를 내서 자신의 내면 속으로 내려가다보면 머지않아 삶을 변화시켜야 한다는 결론에 이를 것이다. 그리고 그 끝에서 완벽해지기 위해 발버둥질하는 것이 별 의미가 없으며 다른 사람들을 무조건 만족시키려는 노력은 결코 성공할 수 없다는 사실을 깨닫게 된다. 또한 일상에서 받는 스트레스가 참을 수 있는 규모를 넘어섰으며 다른 사람과 자신이 스스로 지운 의무를 더 이상은 실행시킬 수도 없고, 그렇게 하고 싶지도 않다는 사실에 눈뜨게 될 것이다. 고독감이나 차별, 모욕, 폭력 혹은 스트레스를 안기는 사회조건들이 참을 수 없고 견딜 수 없었다는 사실도 알게 된다. 이렇듯 우울은 안개를 걷고 시야를 밝힌다. 이해할 수 없었던 상황에 적절하게 반응할 수 있는 기회를 제공하는 것이다.

우울은 여자에게 현재 내가 다른 사람과 맺고 있는 관계가 어떤지를 적나라하게 가르쳐준다. 이런 감정은 불평등과 자기 혹사, 다른 사람들의 이기주의, 무관심, 무리한 요구에 눈뜨게 한다. 동시에 이것은 우울한 여자가 솔직한 시선으로 자신을 관찰할 수 있게도 한다. 그저 순응할 뿐, 자신을 챙기지 않고 혹사시켰던 마음을 바로 보게 만들어준다.

우울한 여자가 검은 옷을 입은 여인을 초대하려면 상당한 용기를 내야 할 것이다. 우울증이 보내는 메시지를 귀담아듣고 진실을 받아들일 준비가 되어 있어야 하기 때문이다. 유능함, 친절함, 완벽함이라는 가면을 쓰고 본인과 타인에게 숨기려 애쓰던 그 진실을 정면으로 마주해야 한다. 검은 옷을 입은 여인의 말에 귀를 기울이려면 스스로 만든 가면을 벗어던지고 삶을 불균형에 빠뜨린 요소들을 극복하고 진상을 밝혀야만 한다.

이렇게 자세히 들여다보면 처음에는 끔찍하고 무섭게만 여겨졌던 우울로부터 도움이 되는 면도 찾을 수 있을 것이다. 우울이 가진 긍정적인 측면이란 바로 모든 착각으로부터 우리를 벗어나게 한다는 것이다. 그동안 많은 연구에서 우울증에 걸린 사람들이 실제로는 매우 현실적이라는 사실이 밝혀졌다. 그렇기 때문에 자신을 속이지 못하고 사건과 사람과 세계의 명암을 있는 그대로 봐왔던 것이다. 그럼에도 이들은 우울증이 삶에 등장하기 전까지는 모든 것이 다 괜찮고 불평할 이유가 전혀 없다며 자신을 기만해왔다. 하지만 우울이 그림자를 드리우면서 갑자기 그 모든 것이 달라진다.

스위스의 심리분석가인 앨리스 홀츠하이[Alice holzhey]에 따르면, 여자는 우울증에 걸리고 난 뒤 깜짝 놀라게 된다고 한다.

"우울증에 빠지는 일은 환상에서 벗어나는 일과 같아요. 예컨대 여기 매력적이고 패기만만한 한 여자가 있다고 합시다. 그녀는 자신이 모든 일을 잘해내고 사람들의 기대를 충족시키면 언젠가는 확실한 제자리가 보장되고, 스스로가 가치 없다는 이 고통스러운 느낌도 싹 사라질 거라고 믿어요. 하지만 이렇게 계속 가다보면 결국 그 믿음이 틀렸다는 것을 알게 되고 이내 추락할 수밖에 없습니다."

이렇게 추락하는 일이 처음에는 끔찍하게 여겨지겠지만 실은 건강해지기 시작하는 단계이다. 이런 추락은 모든 환상과 희망을 앗아가지만 이 두 가지야말로 마음에 깊은 병이 든 진정한 원인이기 때문이다.

◆ 다른 사람과 그들의 욕구, 희망사항에 순응해야만 사랑받고 인정받을 거라는 희망.

◆ 본인이 원하는 것, 꿈꾸던 삶을 단념하는 것이 자신에게 안정감을 가져다줄 것이라는 희망.

◆ 다른 사람들이 변할 것이라는 희망.

◆ 자기가 노력하고 애쓰면 깊은 관계에서 느낀 실망감이 사라질 것이라는 희망.

◆ 다른 사람이 자기가 무엇을 원하는지에 대해 이미 알고 있거나 언젠가는 알아주리라는 희망.

◆ 누군가 자신의 진정한 가치를 알아봐주어서 더이상은 초라하고 무능력하며 사랑받지 못한다고 느끼지 않아도 된다는 희망.

환상이 깨지면서 우울한 여자는 본인의 실체를 서서히 발견해 간다. 지금까지 가졌던 삶에 대한 생각과 행동이 오히려 스스로를 해치는 것이었다는 사실도 깨닫는다. 하지만 진실을 알게 된 후에는 용기를 내지 못한 채 그저 비통해할 위험성이 크다. 앨리스 홀츠하이는 이렇게 말했다.

"우울증에 걸린 사람은 슬픔에 잠깁니다. 동시에 슬픔을 거부하기도 하죠. 이럴 때는 용기를 내서 슬픔 속에 깊이 빠져들었다가 극복하는 과정이 필요합니다."

하지만 깊은 우울증에 빠진 여성은 혼자서는 이런 용기를 내지 못한다. 반드시 누군가의 도움이 필요하다. 이런 우리를 도와줄 사람은 서서히 모습을 드러내는 우리의 진짜 감정과 깨달음을 감당하고 인정할 수 있는 사람이어야 한다.

"사흘간 말미를 주지"
두번째 전략: 일단 몸을 움직이면서 적극적인 인간으로 변신할 준비를 하라

왕비는 무기력에 빠지는 대신 오히려 적극적인 자세로 답이 될 만한 이름을 생각해보았다. 난쟁이의 이름이 무엇일까? 카스파, 멜키오르, 발처? 왕비는 자신의 상상력을 모두 동원해보았다.

우울을 극복하려는 현실 속의 여자도 이런저런 추측을 해보기도 하고 우울에 걸려든 원인을 찾아다니기도 한다. 우울은 몸에 생기는 병일까 아니면 정신적 본성일까? 이런 상황에서 우울이 내

"우울증에 빠지는 일은 환상에서 벗어나는 일과 같아요. 예컨대 여기 매력적이고 패기만만한 한 여자가 있다고 합시다. 그녀는 자신이 모든 일을 잘해내고 사람들의 기대를 충족시키면 언젠가는 확실한 제자리가 보장되고, 스스로가 가치 없다는 이 고통스러운 느낌도 싹 사라질 거라고 믿어요. 하지만 이렇게 계속 가다보면 결국 그 믿음이 틀렸다는 것을 알게 되고 이내 추락할 수밖에 없습니다."

인생에 가져온 것은 무엇일까? 무엇 때문에 이런 상황이 일어났을까? 우리는 이와 같은 단계에서 자신에 대해 몰랐던 사실을 많이 배운다. 자신에게 정확히 어떤 것이 좋지 않은지, 어디에서 방향을 바꿔야 할지에 대해서도 알게 된다. 왕비가 이런저런 이름을 시험해보았던 것처럼 우울한 여자도 자신과 다른 사람을 한 공간에 두고 실험을 한다. 이런 과정에서 특정인("남편이 자리에 없을 때보다 있을 때 더 우울해져요." "엄마한테 다녀오고 나면 기분이 더 안 좋아져요.") 때문에 더 불편한 심기를 느낀다는 사실을 깨닫는다. 혹은 친구 가운데 몇 명은 이들이 기대하는 것을 취할 수 있을 때만("항상 제가 먼저 전화를 걸어야 해요." "제 친구는 자기 걱정만 몽땅 풀어놓고 제가 어떻게 지내는지는 단 한 번도 물은 적이 없어요.") 친구인 척한다는 것을 알아차릴 수도 있다. 단언컨대, 우울한 모든 여자는 자신이 '잘못된' 이름 아래 살고 있으며 다른 사람에게 자신의 잘못된 이미지를 전달하고 있었다는 사실을 깨닫게 될 것이다. 사실 원래의 자신은 그다지 친절하지도 않고, 욕심이 없는 편도 아니며, 참을성이 많은 사람이 아닐 수도 있음을 알게 된다. 진실한 자아는 언제나 주변에 보여지는 것과는 전혀 다르게 생겼다.

우울한 여자는 실험단계에서 자신이 언제 무력해지는지, 왜 사랑받지 못했는지에 대해서만이 아니라 우울에서 빠져나올 수 있도록 자신을 도울 수 있는 것이 누구 혹은 무엇인지에 대해서도 알게 된다. 그 결과 운동을 하거나 어떤 친구와 전화통화를 했을 때, 좋은 책을 읽고 음악을 들을 때, 혹은 일에 집중하면 기분이 좋아진다는 사실을 깨닫게 된다. 이들은 자신이 우울증 때문에 소극적인 희생양이 될 필요가 없으며, 운동을 하거나 다른 이들을 만나는 적극적인 과정을 통해 내 우울증을 없애는 데 나 자신이 영향을 끼칠 수 있다는 점을 인식한다.

최근에 무력감, 자기 회의, 공허감을 떨쳐버리는 데는 운동이 가장 큰 효과를 보인다는 사실을 입증한 연구 결과들이 많이 나왔다. 암스테르담 대학교의 연구자들은 3개월 동안 규칙적으로 조깅을 했던 우울증 환자들이 약을 처방받고 대화치료를 받은 환자들처럼 상태가 호전되었다는 결과를 발표했다. 이들은 우울한 사람들의 경우 의식적으로라도 몸을 움직이는 것이 긍정적인 치료 효과를 나타내는 데는 그럴 만한 원인이 있다고 설명한다. 규칙적으로 달리거나 걷고 수영을 하는 사람은 자신의 몸을(나아가 삶을) 스스로 통제할 수 있다는 사실을 온몸으로 깨닫기 때문이다. 이런 사람은 자신이 나쁜 힘의 손에서 놀아나는 공이 아니라, 본인의 행동을 통해서 상황을 개선해나갈 수 있다는 사실을 깨닫게 된다. 이런 성공의 경험은 자신감을 강화시키고 자긍심을 높여준다. 우울이 아직은 자신을 완전히 휘감지 않은 단계라면 운동화를 신고 달리는 단순한 행동만으로도 충분히 치료효과가 나타난다. 운이 좋아서도 아니고 다른 사람의 도움 때문도 아닌, 자기 스스로의 힘으로 이런 성과를 이루었기 때문이다. 잠깐이라도 소극적인 자세에서 벗어나 자신의 상태가 좋아지도록 무엇인가를 해냈다는 사실은 생각보다 큰 의미를 가진다.

적극적인 태도를 취하기 위해 시도할 수 있는 방법은 꽤 여러 가지가 있다. 우울한 여자는 종종 언어로 자신을 방어하는 데 어려움을 느끼기 때문에, 자기표현법 같은 소통강좌를 듣는 것도 좋은 방법일 수 있다. 이런 강좌에서는 자신의 신체를 방어하는 방법뿐 아니라, 훨씬 중요한 자긍심을 강화시키는 법도 배운다. 미국에서 발표된 한 연구 결과에서 볼 수 있듯이 자기방어는 다목적 무기이다. 이 연구는 6주 동안 자기방어 전략을 배운 80명의 여성을 대상으로 이루어졌다. 강좌가 끝날 무렵엔 여성 참가자는 단순히 방어기술만을 습득한 것이 아니라, 자긍심까지도 확연히 높아져 있었다. '나 자신은 내가 지킬 수 있다'는 사실을 아는 것은 분명 정신적인 안정감을 갖는 데 영향을 미치기 때문이다. 따라서 자기방어 훈련은 일종의 심리치료가 될 수 있다.

하지만 우울증과 싸우기 위한 혼자만의 노력을 지나치게 과대평가해서는 안 된다. 물론 우울할 때에도 우리가 적극적으로 행동할 수 있다는 사실을 경험해보는 것은 매우 중요하다. 동화 속의 왕비처럼 자신에게 좋은 것이 무엇인지, 어떻게 하면 상황을 자신이 원하는 대로 끌고 갈 수 있는지 시험해봐야 한다. 하지만 혼자서 자기 자신을 돕는 데에는 한계가 있다. 언젠가는 도움이 필요하다는 사실을 인정해야만 하는 시점에 도달한다.

"이때 왕비는
신하를 전국 방방곡곡으로 보냅니다"
세번째 전략: 주위에 S.O.S 타전을 보내라

방앗간 집 딸은 잠을 이루지 못하고 이리저리 고민한 끝에 혼자 서는 난쟁이를 상대로 싸우지 못한다는 결론에 이른다. 그래서 신하를 보내 난쟁이의 진짜 이름을 찾아오라고 지시한다.

우울한 여자 또한 언젠가는 왕비와 비슷한 결론에 이른다. 동화 속의 왕비는 신하를 보내서 그의 충성심과 도움에 자신을 맡기는데, 이런 신하는 현실 속의 우울한 여자에게 매우 다양한 모습으로 나타날 수 있다. 이미 앞에서 여러 번 언급했던 리타 슈라이버의 연구에서 인터뷰에 응한 한 여성은 우울할 때 다른 사람에게 도움을 청하고 이들에게 자신의 문제를 고백하기로 결심한 것이 더할 나위 없이 마음을 가볍게 했다고 말했다. 덕분에 그녀는 수치심을 극복하고 우울이 결코 자기 탓이 아니라는 사실을 깨달았다. 그리고 친구, 친척, 심리학자, 심리치료사, 주치의 중에서 믿을 수 있는 한 사람을 찾아냈다. 이때 흥미로운 사실은 그녀가 배우자나 엄마를 대화 상대자로 택하지 않았다는 점이다.

룸펠슈틸츠헨 동화의 등장인물 가운데 여자는 유일하게 단 한 명뿐이라는 점에 주목할 필요가 있다. 여기에는 방앗간 집 딸을 위해 어떤 본보기가 되어주거나 그녀를 도와주는 여성이 아무도 등장하지 않는다. 무엇보다 딸을 보호해주는 엄마를 찾아볼 수가 없다. 즉, 동화 속 어디에서도 여성성이란 찾아볼 수 없는 것이다.

그렇다면 현실에서는 어떨까?

현실에서 여자들 사이의 우정은 우울증에 맞서는 데 큰 도움을 주며, 때로는 우울로부터 여자를 안전하게 보호해준다. 앞서 자세히 살펴보았듯이, 남자와 여자는 사회화의 과정이 현격하게 다르기 때문에 관계를 맺는다 해도 그 둘 사이에는 어느 정도 낯선 거리감이 있다. 여자가 친밀하게 연결되기를 바라는 반면에 남자는 안전한 거리를 확보하려 한다. 평소에는 이런 거리감이 크게 느껴지지 않아 견딜 만하지만, 이미 우울에 짓눌린 여자에게는 참기 힘든 냉담함으로 느껴지는 경우가 많다. 이런 경우엔 배우자의 곁에 머물려 하기보다는, 낯선 느낌을 주지 않고 '관계 속에 머물고 싶은' 마음을 충족시켜줄 수 있는 여성을 곁에 두는 것이 매우 큰 도움이 된다.

여자가 구사하는 'Tend & Befriend' 전략은 힘든 시기에 힘을 합쳐서 공동으로 폭풍에 저항할 수 있는 현명한 방법이다. 우울하거나 매우 심한 피로 증상에 시달리는 여성은 여자 친구들 중에서 자기가 힘들 때 홀로 내버려두지 않고 도움을 줄 수 있는 사람을 찾아야 한다. 레즈비언이 이성애자 여성보다 정신적으로 안정되어 있으며 상대방에게 자신이 온전히 받아들여졌다고 느끼는 이유도, 여성끼리 서로 많은 힘을 주며 감정적으로 지지해줄 수 있기 때문이다.

여자들의 우정은 상당히 높은 가치를 지닌다. 여자 친구는 마음속 깊이 묻어둔 생각과 문제들에 대해 서로 이야기하며 도움을 주고받을 수 있는 관계이다. 그리고 이런 과정을 통해 정신적으로 강해진다고 느낀다. 심리치료사 베레나 카스트는 한 연구조사에서 여성의 우정이 가진 높은 가치를 입증해냈다.

"설령 전부 다 이해받지는 못한다 하더라도 여성은 가장 친한 여자 친구에게서 친밀함과 따뜻함을 감지하고 안정감을 느끼며 마음을 진정시킬 수 있습니다."

여자 친구는 우리에게 정신적인 지지를 보내줄 뿐만 아니라, 생각하고 직접 행동하고 대안을 찾아보고자 할 때에도 도움을 준다. 여자는 우정이라는 울타리 안에서 본연의 자기가 되며 관계를 맺는 새로운 방식을 실험해볼 수 있기 때문이다. 예를 들어서 우울할 때 우리는 여자 친구와 함께 자신의 경계가 어디까지인지를 가늠해보며 "아니요"라고 말하는 연습도 할 수 있다.

'우울할 땐 남자보단 여자 친구와 같이 있는 게 도움이 돼요'
남자친구가 자신을 이용하고 무시한다고 생각하는 그녀

힐데가르트는 다른 사람에게 상처를 입히지 않고 이들을 배려하려고 항상 많은 노력을 해왔다. 그러다 최근 들어서 이런 일이 자기의 기분을 우울하게 하는 주요 원인이었다는 사실을 깨달았다. 이 문제로 남자친구인 알렉스와의 관계는 그다지 좋지 않은 상태이다. 그녀는 남자친구가 자신을 이용하고 종종 무시한다는 느낌을 받곤 했다. 힐데가르트는 자신의 태도를 바꾸려 했지만 익숙한 틀에서 벗어나는 일이 매우 힘들게 느껴졌다. 특히 알렉스를 대할 때는 여전히 이해심 많고 지원을 아끼지 않는 애인이 되고 말았다.

힐데가르트는 훗날 자신을 더 잘 보호할 수 있도록 여자 친구인 울리케에게 도움을 요청했다. 힐데가르트는 알렉스와 만나기 전에 혹은 알렉스를 위해서 어떤 일을 하기 전에 울리케에게 매번 연락을 취하기로 합의하고 실제로 실천했다. 알렉스를 위해 장을 보러 가기 전이나 그에게 무엇이 필요한지 혹은 잠깐 집에 들러도 되는지 물어보려고 알렉스에게 전화하기에 앞서서, 힐데가르트는 울리케에게 먼저 전화를 했다. 그리고 울리케와 대화를 나누면서 힐데가르트는 자신이 알렉스와 정말로 연락하길 원하는 것인지 아니면 그저 죄책감 때문에 마음이 약해진 것인지를 분명히 판단할 수 있었다.

다음에 소개하는 소녀의 사례도 자기를 찾아가는 과정에서 여자 친구가 얼마나 중요한지를 보여준다.

'이제 더는 아무 이유 없이
그에게 달려가지 않을 거야'
투병중인 남자친구를 돌보는 그녀

소냐는 지난 몇 년 동안 심장병을 앓고 있는 남자친구를 돌봐왔다. 그런데 둘은 멀리 떨어져 살아서 소냐가 그에게 가려면 매번 도시를 가로질러 장거리 운전을 해야 했다. 남자친구에게 갔다 온 날이면 항상 무기력해졌지만 소냐는 모든 일을 당연하게 받아들였다. 애인이 한 번도 고맙다고 말한 적도 없으며 자신이 어떻게 지내는지 물은 적도 없었는데 말이다. 남자친구는 소냐가 집까지 와서 자기를 위해 하는 일들을 당연하게 받아들였다. 그러더니 소냐가 우울증에 걸리고 도움을 필요로 하자 그녀를 만나주지도 않았다. 소냐가 정신병원에 입원했을 때에는 병문안조차 오지 않았다.

소냐는 우울증이 심각해지면서 남자친구와의 관계가 병의 원인 중 아주 큰 부분을 차지한다는 사실을 깨달았다. 그래서 남자친구를 보러 가는 일도 그만두고 심장병을 빌미로 협박하는 것도 더이상 그냥 두고 보지만은 않기로 결심했다. 물론 이렇게 하는 것이 결코 쉬운 일은 아니었다. 남자친구의 상태가 나빠졌다는 소식을 들을 때마다 당장 차에 올라타서 그에게 달려가고 싶다는 유혹이 저도 모르게 치솟곤 했다. 그런데 그럴 때마다 소냐의 여자 친구들이 도움을 주었다. 소냐는 도움이 필요하다고 느낄 때면 친구들 가운데 한 명에게 전화를 걸었고, 이 친구는 소냐가 남자친구에게 다신 아무 이유 없이 가지 않기로 결심한 것을 상기시켜주었다. 이렇게 친구와 대화를 나누는 일은 오랜 우울의 늪에서 벗어나는 데 결정적인 도움을 주었다.

리타 슈라이버가 실시한 연구에서도 자신에게 가장 큰 도움을 준 사람은 여자 친구라고 대답하는 이들이 많았다. 여성에게 여자 친구란 오롯이 지금 이 순간 자신을 위해 존재하면서 내 이야기에 귀기울이고 내가 겪은 일에 관심을 갖고 맞장구쳐주는 존재이기 때문이다. 이런 친구의 좋은 점 또 한 가지는 자신이 느끼는 감정이 옳다는 확신을 준다는 것이다. 자신이 보고 느끼는 것을 다른 사람이 무시하거나 심지어 부정한다는 느낌을 받으면 우울해질 가능성이 있기 때문이다.

주변의 소중한 사람들이 "당신, 대체 뭐가 문제인지 모르겠어. 내가 다 알아서 하고 있잖아" "어떻게 해도 당신을 만족시키기는 어려워" "당신, 너무 민감하게 구는 거 알아?" "너무 많은 것을 기대한다고 생각하지 않아?"라고 말해대면 여자는 자신이 원하고 느끼는 것에 대해 확신하지 못한다. 결국에는 자신이 느끼는 감정과 기분이 옳고 진실한지, 아니면 단지 나 혼자 그렇다고 생각하는 것인지 더이상 갈피를 잡을 수 없게 된다. 이럴 때 믿음직스러운 여자 친구는 삐걱거리며 흔들리는 여자의 마음을 단단히 붙들어줄 수 있다. 이런 친구는 여자가 스스로 느끼고 감지하고 생각하는 것이 옳다는 확신을 주는 전령이 된다. 이렇게 세상에 홀로 남겨지지 않았다는 확신을 주는 친구는 우울의 늪에서 걸어나오는데 북극성과도 같은 길잡이 역할을 한다.

내 마음을 받아줄 수 있는 여자 친구와 자주 연락할 여건이 안된다면, 나와 잘 통하는 심리치료사나 정신과의사를 찾아보는 것도 좋다. 미국 국립정신건강센터의 의뢰로 실행된 한 연구에서는 적절한 시기에 심리치료를 받으면 우울증 환자가 꾸준히 호전된다는 결과를 내놓았다. 우울증이 점점 더 심화될 위험성을 치료를 통해 확연히 줄일 수 있다는 뜻이다. 이때 올바른 심리치료방법과 심리치료사는 우울증을 치료하는 데 없어서는 안 될 매우 중요한 동반자이며 조언자이다.

우리가 무엇 때문에 이토록 힘든 상황에 빠지게 되었는지 그 원인을 파악하고 검은 옷을 입은 여인이 주는 메시지의 뜻을 해독하는 데는, 이런 전문적인 전령이 큰 도움을 준다. 이들은 우리의 삶에 결여되어 있던 공감을 건네며 우리가 자신의 감정을 신뢰하고 화해할 수 있도록 도와준다. 좋은 전령이란 무엇보다 우울한 우리의 마음을 헤아리고 이해하며 전적으로 여자의 편이 되어서 이들이 주시하는 곳을 인정해주는 사람이다. 또한 이런 방법으로 여자가 무엇에 신경을 많이 쓰는지, 무엇을 두려워하는지, 또 무엇 때문에 여자가 우울해하는지 그 진짜 원인을 파악할 줄 아는 사람이다.

사려 깊은 전령이라면 어쩌면 여자가 지금까지 단 한 번도 꺼내지 못했던 감정을 먼저 감지할 수도 있을 것이다. 예를 들면 남 앞에서 드러낼 수 없었던 분노, 분출구를 찾지 못한 공격적 성향, 그리고 아무런 기회가 없었기 때문에 드러내지 못했던 수많은 감정들을 이끌어낼 것이다. 이처럼 전문적인 전령은 우울한 여자의 경험과 상황을 대신 느끼고 완전히 이해하면서 여자의 입장에 설 수 있는 능력을 갖추고 있기 때문에, 우울에 붙들려 힘든 상황이라면 꼭 만나보아야 한다. 어쩌면 우울한 여자가 유년기와 그 이후에 사무치게 원했던 조건 없는 애정과 인정을 줄 수 있는 사람은 바로 이런 전문가일지도 모른다. 심리치료사 요아힘 바우어는 이렇게 말한다.

"심리치료사에 의해 우울증 환자의 마음속에 일어난 반향은 환자의 내면에서 순간적으로 일어난 감정보다 더 크고 강력하다는 게 심리치료에서 이해가 갖는 중요한 측면입니다. 환자들은 자기 내면에서 일어나는 현상을 전부 다 완벽하게 이해하진 못하기 때문에 자연히 말로 표현하지도 못합니다. 바로 이 때문에 치료사를 통한 '보충적 반향'은 매우 특별한 의미가 있습니다."

다시 한번 강조하지만 자신을 이해하고 그대로 받아들여준다고 느낄 수 있는 사람을 찾는 일은 우울한 여자에게 상당히 중요하다. 이것은 치료사가 제공하는 치료법보다도 더욱 의미가 크다. 치료를 성공으로 이끄는 것은 치료법이 아니라, 치료사와 환자 사이에서 싹트는 관계이기 때문이다. 신뢰할 수 있는 좋은 관계가 맺어졌다면 이미 어느 정도는 성공을 거둔 셈이다.

"자, 왕비, 내 이름이 뭐지?"
네번째 전략: 내가 나를 위하지 않으면 누가 날 위해줄 것인가

처음에 왕비는 난쟁이의 이름을 알아내지 못했다. 하지만 용기를 잃지 않고 계속 목표를 주시했다. 자신이 이 문제를 해결해야만 한다는 것을 알기 때문이다. 왕이나 아버지는 어떤 도움도 주지 않는다. 왕비는 자신과 자기 신하에게 모든 것을 맡겨야 한다. 스스로 나서서 해결하지 않으면 아이를 잃게 된다는 사실을 알고 있는 것이다.

"내일부터는 나한테 신경을 더 써야지. 날 보살펴줄 다른 사람이 있는 것도 아니고 내 곁에 있는 사람이라고는 내가 전부니까."

1958년에 메릴린 먼로는 이와 같이 썼다. 이렇게 생각했던 먼로는 1962년 약물과다복용으로 생을 마쳤다.

우울한 여자의 특징 중 하나는 자기를 잘 보살피지 못한다는 점이다. 이들은 다른 사람을 상대할 때는 참을성도 많고 관대하며 기꺼이 남을 도울 자세를 갖추고 있고 공감능력도 뛰어나다. 하지만 자신에게는 그리 관대하지 않다. 거울을 보면서도 그 속에 비치는 자신의 모습을 마음에 들어하지 않고 실수를 저지르기라도 하면 절대 용서하지 못한다. 수치스러운 일이 생기면 자기 스스로를 비방하면서 괴롭힌다. 어떤 사람이 듣기 거북한 말을 해서 자기에게 상처를 입히면 자기는 그런 말을 들어 마땅하다고 믿는다. 우울한 여자는 그 누구보다도 자기 자신을 가장 잔인하게 대하며 자신의 사정을 이해하고 위안하지 못한다. 이들은 스스로를 견디지 못하며 자신을 가혹하게 비판하고 모든 실패를 자기 탓으로 돌리면서, 다른 사람을 힘들게 한다며 자신을 책망하는 경향이 있다. 본인이 너무 높이 정한 기대치에 못 미치면 다른 사람과 비교해가며 자신이 무능하거나 결점이 있기 때문에 그렇다고 믿는 것이다. 그 결과 자신에게 강한 불만을 느끼게 된다.

'그래, 결혼생활이 깨진 것은 나 때문이야'
자기 자신이 완전히 잘못된 인간이라고 생각하게 된 그녀

변호사인 크리스티네는 2년 전에 이혼한 후 열네 살 된 딸과 함께 살고 있다. 남편은 딸이 자기와 소원하게 지내고 부부 사이가 깨진 것이 모두 크리스티네 탓이라고 종종 말해왔다. 이런 까닭에 남편과 자주 싸우곤 했다. 남편은 딸 앞에서 자기의 새로운 여자친구가 엄마보다 훨씬 더 똑똑하고 자기 마음도 더 잘 알아주는 사람이라고 자랑을 늘어놓았다. 크리스티네는 남편과 대화를 하거나 남편이 자기에 대해서 나쁘게 말했다는 것을 뒤늦게 알게 되면 언제나 감정이 밑바닥까지 곤두박질쳤다. 그녀는 자기가 들은 말을 그대로 믿었다. 즉 크리스티네는 자신 때문에 결혼생활이 실패했다고 느꼈으며 딸이 엄마와 아빠 사이에서 상처받는 것도, 더이상 온전한 가족이 존재하지 않는 것도, 자기가 전남편의 여자친구만큼 똑똑하지 못하다는 것도 모두 자신이 완전히 잘못된 인간이기 때문이라고 생각했다. 크리스티네의 자기 회의는 계속되어 의뢰인과 상담을 앞두고 있는 날이면 두려움을 참을 수가 없었다. 어느 순간 그녀는 자신이 직장생활도 더이상 잘해내지 못할 거라고 믿게 되었다.

크리스티네도 대부분의 여자들처럼 자신을 동정할 줄 모른다. 전남편이 복수심에 가득차서 부부관계가 끝난 것을 모두 그녀에게 책임전가하고 있다는 사실을 깨닫지 못한다. 딸이 부모가 헤어진 상황을 매우 잘 이겨내고 있다는 사실과 그녀가 아이에게 아버지를 깎아내리는 것이 아니라, 도리어 아버지와 만나는 일을 권장하는 좋은 엄마라는 사실도 보지 못한다. 그녀는 객관적으로 좋은 엄마이며 혼자 아이들을 키우고 일까지 하느라 자신을 위해 거의 시간을 내지 못해서, 이제는 거의 한계에 다다랐다는 사실도 깨닫지 못한다. 크리스티네가 만약 자기 자신을 불행과 고통을 많이 겪었으면서도 그 상황에서 최선을 다하려고 애쓰는 충분히 존중받을 만한 인격체로 대우한다면 어떨까? 그랬다면 자신을 그토록 비판적으로 대하지 않았을 테고 힘든 상황에 빠진 타인을 동정하듯이 자신도 따뜻하게 대했을 것이다.

기원전 30년에서 서기 9년 사이에 살았던 랍비인 라비 힐렐Rabbi Hillel은 이런 말을 했다.

"내가 나를 위하지 않으면 누가 나를 위하겠는가? 그렇다고 내가 나 자신만을 위한다면 나는 과연 무엇인가? 그리고 지금이 아

"내가 나를 위하지 않으면 누가 나를 위하겠는가?"
인생에는 내가 나를 위해 오직 나만이 할 수 있는, 아무에게도 위임하지 못하며 다른 사람에게
기대할 수도 없는 특정한 일들이 있다.

니라면 언제인가?"

　이 질문은 우울한 여성에게 매우 중요한 의미를 갖는다. 이들은 본인을 챙기는 일이 이기적이라고 생각해서 비난받아 마땅하다고 여긴다. 그 어떤 경우에도 자기중심적이며 자신에게만 몰두하는 모습으로 비치기를 원하지 않기 때문이다. 그러면서도 이들은 다른 중요한 사람들이, 그중에서도 특히 본인의 배우자가 너무 자신에 대해서만 생각하고 다른 사람 생각은 조금도 하지 않는다는 사실은 보지 못한다. 그로 인해 고통스러울 때가 많지만, 배우자가 스스로를 보호하려 하는 행동조차 아내인 자기 자신이 부족하기 때문이라고 여긴다. 그런데 자신을 돌보고 자신에게 집중하는 일이 반드시 이기주의를 의미하지는 않는다. 오히려 그 반대인 경우가 많다.

　인생에는 내가 나를 위해 오직 나만이 할 수 있는, 아무에게도 위임하지 못하며 다른 사람에게 기대할 수도 없는 특정한 일들이 있다. 내 몸이 건강하게 유지되도록 보살피며 영양을 골고루 섭취하고, 특정 시기에 반드시 생각하고 느껴야만 하는 일들이 있다. 이것은 다른 사람이 대신 규정하고 결정해줄 수 없는 일들이다. 내게 아직 힘이 얼마나 남아 있는지, 또 이 힘을 무엇을 위해서 소중하게 쓸지 정할 수 있는 사람은 자신 외에는 아무도 없다. 우선 자기 자신을 배려하며 나와 좋은 관계를 완성한 후에야 비로소 다른 사람의 일에도 관심을 가질 수 있다.

　라비 힐렐이 "그렇다고 내가 나 자신만을 위한다면 나는 과연 무엇인가?"라는 두번째 질문을 한 것은 이런 뜻이다. 오로지 자신만을 위해 사는 삶은 대부분의 여자에겐 해당사항이 없는 말이다. 특히 우울한 여자에게는 생각조차 못할 일이다. 우울한 여자는 자신을 위해 존재하는 법을 배우고, "지금이 아니면 언제인가?"라는 질문에 가능한 한 빨리 답할 수 있는 상태로 바뀌어야 한다.

여자는 다른 사람을 배려하듯이 자기 자신을 챙기는 것을 힘들어한다. 자기에게 공감을 표하고 자기를 위로하는 것에 본능적으로 거부반응을 보이는 여성도 많다. 이렇게 된 데는 여러 가지 원인이 있다.

그중 한 가지는 생후 몇 년 동안의 경험에서 찾아볼 수 있다. 유년기에 자신을 돌봐주는 중요한 사람이 아이가 당할지도 모를 피해를 줄이고자 "조심해, 넌 좀 조심해야 해……"라고 너무 자주 말했거나 뭔가 가르쳐주려는 마음에서 "학교에서 열심히 노력하지 않으면 넌 절대 훌륭한 사람이 될 수 없어"라며 자주 꾸짖으면 이에 대한 학습효과가 나타난다. 그리고 이 거듭된 학습과 꾸지람은 아이의 성장에 매우 치명적인 영향을 미친다. 아이는 어떤 일을 성공시키려면 반드시 비판이 필요하며 자신은 그 비판을 수용해야만 한다고 배운다. 게다가 이런 비판은 아이의 마음에 못이 박힐 정도로 생채기를 남긴다. 다시 말해 아이는 부모와 교사 혹은 형제나 다른 중요한 사람들이 책망하는 목소리를 내면화하고, 이런 목소리는 훗날 자신의 내면에 건재한 비판가가 된다.

또다른 원인은 혼동에 있다. 여자들은 대개 이기주의자로 보일까 두려워서 자신에게 상냥하게 굴지 못한다. '자기 공감'이란 단어 자체에 거부감을 드러내는 여자도 있다. 이 단어는 '자기 연민'과 비슷한 의미로 들리기 때문에 부정적인 이미지를 떠올리는 것이 당연하다. 자기 연민에 빠진 사람은 자신의 문제에만 신경쓰고 자신이 처한 상황을 최대한 극적으로 표현하는 데 몰두하기 마련이다. 여러 연구들에서도 입증되었듯이 자기 연민은 우울증을 치료하는 데 도움이 되는 전략은 아니다. 이것은 모든 상황에서 자신을 희생자로 여기는 무기력한 태도를 키우며 심한 경우에는 자신을 파괴하는 행보로 이어질 수 있다. 이런 사람은 자신에게 무언가 공정하지 못한 일이 일어날 경우, 이런 비참한 일은 모두 다른 사람들 때문이며 혼자서는 이런 상황을 바꿀 수 없다고 느낀다.

이런 연유로 자기 공감을 애써 억누르는 여자들이 있다. 자신을 위하는 일이 부적절하다고 배웠기 때문이다. 우리는 자기 공감이라는 단어에서 자기애와 이기주의를 먼저 떠올린다. 우리는 자신만 중요하게 생각하는 이기주의자는 결코 되고 싶지 않다. 하지만 현실적으로 자신에게 친절하지 못한 사람은 결코 이타적인 사람도 될 수 없다. 다른 사람을 보살필 수 있는 마음은 먼저 자기 자신을 걱정할 수 있는 마음이 전제되어야만 가능하기 때문이다.

여자는 다른 사람이 자기를 어떻게 생각할지에 대해 지나치게 집중하다보니 자기 공감능력이 떨어진다. 자신이 중요하다고 생각하는 사람이 자기를 마음에 들어하지 않을 거라고 믿기 시작하면 냉혹한 자기비판에 가까운 수치심이 생긴다. 여자는 자기가 반드시 되고 싶은 모습과 절대로 돼서는 안 되는 모습에 대해 머릿속으로 확고한 그림을 그린다. 이러한 과정에서 이상적인 자아와 실제 자아의 모습 사이에 차이가 있다는 것을 깨닫고는 스스로에 대해 실망하게 된다. 이상적 자아로부터 점점 멀어질수록 실망감은 더욱 커지고 수치심도 극대화된다. 그리고 결국엔 다른 사람이 자신의 인격을 어떻게 평가하는지에 과도하게 의존한다.

어쩌다 자기 자신에 대해 생각이라도 할라치면 여자는 이 때문에 다른 사람의 일을 소홀히 하는 건 아니라고 강조하고 또 강조한다. 예컨대 여가생활을 어떻게 보낼지에 대해 생각하면서 다른 가족의 일과를 방해하지 않도록 신경쓰는 여성도 있다. 가족과 함께 아침식사를 하기 위해 꼭두새벽부터 달리기를 하러 나가거나 가족 중 한 사람이 자기를 필요로 하면 요가시간 정도는 간단히 포기하고, 보고 싶은 친구를 직접 만나고 싶어도 시간이 없으니 전화로만 이야기를 주고받기도 한다. 즉, 여자는 자기 자신을 위해 시간을 내기 전에 먼저 주위 사람들에게 내가 충분히 관심을 보였는지부터 챙긴다.

앞에서 보았던 크리스티네의 경우처럼 대부분의 여자는 자신만을 위해 어떤 일을 하는 것을 상당히 불편하게 생각한다. 심지어 삶의 항로가 순탄치 않을 때에도 여자는 일반적으로 자기를 위해 행동하거나 결단을 내리지 않고, 가능한 한 빨리 평온하게 항해할 수 있도록 항로를 변경하는 방법을 선택한다. 자신의 부주의와 어설픔, 실수를 탓하면서 말이다. 하지만 계속해서 자신을 너무 소홀하게 다루다보면 이 역시 우울증을 유발하는 스트레스 요인으로 발전할 수 있다.

미국의 심리치료사인 크리스틴 네프Kristin Neff는 자기 공감을 주제로 연구했는데, 연구 내용은 여성에게 자기 공감능력이 결여되었다는 사실을 분명히 보여준다. 한 예로, 아래 서술된 사항에 거의 대부분의 여성은 그렇다고 답했다.

◆ 자기의 실수와 부족함 때문에 일이 제대로 되지 않으면 자신을 비난하고 비판한다.

◆ 기분이 별로 좋지 않으면 부정적인 것만을 보는 경향이 있다.

◆ 일이 나에게 불리하게 진행되면 이를 내 삶과 운명의 일부로 받아들이고, 이런 문제는 나에게만 일어난다고 생각한다.

◆ 나의 부족함에 대해 생각하면 나는 혼자이고 나머지 세상과 절연된 느낌이 든다.

◆ 어떤 중요한 일을 성공시키지 못하면 능력이 부족해서라고 생각한다.

◆ 낙담할 때면 세상에 나 같은 사람은 오직 나뿐일 거란 생각이 든다.

◆ 정말 어려운 시기가 닥칠 때면 자신에게 가혹하게 구는 경향이 있다.

◆ 침울하다고 느낄 때면 다른 사람들은 나보다 훨씬 더 행

복할 것이라는 상상을 한다.

◆ 내가 버둥거리면서 노력할 때 다른 사람들은 같은 일을 나보다 쉽게 해내는 것만 같다.

◆ 고뇌할 때는 나 자신을 매우 냉혹하게 몰아붙인다.

자기 자신에 대해 이해심이 적은 여성은 대부분 스스로를 속으로 강하게 비판하는 경향이 있다. 이런 내적 비판자는 자기 자신에 대해 공감하고 이해하는 능력이 떨어진다. 즉, 항상 자기 잘못이라고 말하며 어떤 일이 어그러지면 자신보다 훨씬 더 잘하는 다른 사람과 비교한다. 도저히 이를 수 없는 높은 기준을 정해놓고 완벽해져야 한다고 자신에게 속삭인다. 자신이 잘못한 일은 전부 기억하지만 성공한 일은 무시한다. 특히 우울증에 걸렸거나 걸릴 위험에 놓인 여성은 이렇게 마음속에 숨어 있는 비평가의 영향에 지나치게 많이 휘둘린다.

그렇다면 자기 자신에 대해 공감한다는 것은 구체적으로 무슨 의미일까? 크리스틴 네프는 '자기 공감'의 세 가지 특징을 이렇게 말했다.

1. 자기 자신에게 친절하기

자기 공감을 잘하는 여성은 행여 삶에서 어떤 것이 잘못되더라도 자신의 상황을 이해한다. 항상 최고를 기대하지도 않고 지금 바로 빛을 발하지 못하거나 운명과 승강이를 벌이더라도 자신을 가치 있다고 평가한다. 이미 고대 철학자들은 '자기 자신에게 친절하기'를 사는 데 꼭 필요한 요소라고 말했다. 예컨대 세네카는 '나 자신의 친구가 되어주기^{amicus esse mihi}'에 대한 글을 썼다. 철학자인 빌헬름 슈미트^{Wilhelm Schmid}는 세네카의 이 문장을 "자기 자신에 대해 무관심하지 않기. 자신을 돌보고, 자신을 위해 존재하며, 그럼으로써 결코 혼자 되지 않기. 자아는 오직 자신과 함께 살 수 있기 때문"이라고 해석한다.

2. 다른 사람과 연대하기

힘든 시기에도 자기를 다정하게 대할 줄 아는 여자는 불행이 오로지 자신에게만 닥치고 다른 모든 사람은 행복 속에서 지낼 거라고 생각하지 않는다. 실패도, 패배도 모두 삶의 일부분에 속하며 언젠가 다른 사람들에게도 이런 일이 닥칠 수 있다는 사실을 알기 때문이다. 그는 어려움과 아픔이 모든 이의 삶에 속해 있다는 사실을 인정함으로써 좀더 편안한 마음으로 현재 상황을 바라본다.

3. 지금 내 상황이 가장 중요한 것임을 인식하기

위기상황에서 가능한 한 빨리 벗어나 정상으로 돌아오고 싶어서 혹은 관계가 근근이라도 이어지는 것을 방해하고 싶지 않은 마음에 자신의 감정과 생각을 숨기는 여성은 자기 공감에 대한 느낌이 별로 없다. 본인이 경험한 일에 관심을 갖는 것은 자기 공감을 위한 중요한 조건 중 하나이기 때문이다. 자신이 정말 어떤 상태인지를 느끼지 못하는 사람은 자기 공감능력 역시 키우지 못하는 법이다.

심리학에서는 '내가 나를 보살핀다는 것'의 의미를 매우 중요하게 여긴다. 뚜렷한 자기 공감능력을 가진 사람은 자신을 비판적으로 대하는 사람에 비해 우울과 공포에 시달리는 경우가 드물며 불행한 운명이 닥쳐도 빨리 회복하고 낙관적인 태도를 유지한다. 이런 사람은 한 가지 생각에 너무 골똘히 잠기지 않으며, 수치심을 느끼는 경우도 적고, 스트레스 상황도 잘 넘긴다. 자기를 사랑할 줄 아는 사람은 자아실현율도 높은 편이다. 다시 말해서 이런 사람은 세상에 긍정적인 영향을 끼칠 수 있는 자신의 능력을 신뢰한다. 또한 실패가 결코 금기는 아니기 때문에 더 큰 모험을 감행하기도 한다. 자신에게 패배를 극복할 수 있는 능력이 있다는 것을 이미 알고 있기 때문이다.

자기 공감의 긍정적인 효과는 다음의 연구에서 또렷하게 드러난다. 결론부터 말하면 자신을 친절하게 대하는 행동과 생각은 우리 뇌에서 진정효과를 발휘하는 영역을 매우 활발하게 작동시킨다. 한 실험에서는 사람들을 여러 가지 비관적인 상황에 대면시키면서 참가자들의 뇌를 스캔해보았다.

참가자들은 자신이 입사 지원한 곳에서 낙방했다는 회신을 벌써 세번째로 받았다고 상상해보았다. 연구진은 우선 이들에게 이 실패와 관련해 자기 자신을 비판해보라는 주문을 했고, 두번째로 는 친절하고 이해심 가득한 태도로 반응하도록 요청해보았다. 뇌 를 스캔한 결과, 자기비판을 했을 때는 잘못을 찾고 문제 해결을 담당하는 뇌의 영역이 활발히 활동하는 것을 발견했다. 그와는 반 대로 자기 공감은 긍정적인 감정과 연관된 뇌의 영역에서 반응을 보였다.

이 모든 것을 고려해봤을 때, 자기 공감은 정신적 균형에 꼭 필 요한 기본조건이며 우울증 예방에도 필수적인 역할을 한다고 볼 수 있다. 엄마로서, 가족을 보살피는 딸이나 며느리로서, 아내로 서, 도움을 필요로 하는 직업에 종사하는 직원으로서, 다른 사람 을 종종 돌봐야만 하는 여성에게 자기 공감은 특히나 중요하다. 일 상의 스트레스와 다른 사람에 대한 배려 때문에 정작 본인은 관심 밖으로 밀려나는 일이 다반사이기 때문이다.

심리치료사인 크리스틴 네프는 이것이 무엇을 뜻하는지 정확히 알고 있다. 그녀 스스로가 자폐증이 있는 아이를 둔 엄마로서 몇 몇 장애물을 뛰어넘는 데 자기 공감이 큰 역할을 한다는 것을 깨 달았기 때문이다. 네프의 장애아 아들은 괴성을 지르는 경우가 잦 았다. 이는 단지 아들이 진정할 수 없는 상태에 빠져 있을 뿐인데, 다른 사람들은 네프가 아이를 다룰 줄 모른다고 생각했다. 이러한 인식 때문에 네프는 외출할 때 종종 사람들에게 비난 어린 시선을 받았다. 네프는 이렇게 말했다.

"이런 경우에 자기 공감은 좀더 수월하게 어려운 상황에 대처할 수 있게 해주죠. 또한 어려움을 해결할 때 도움이 되도록 마음의 평정을 불러오기도 하고요."

우울한 여자가 자기 자신에 대해 좀더 많이 공감을 표하고, 자기를 덜 희생시키는 방향으로 변화하면 우울에서 벗어나는 지름길로 접어들 수 있다. 우리가 스스로를 어떻게 생각하는지에 따라 힘든 시기에 정신적으로 균형과 건강을 지킬 수 있느냐가 결정되기 때문이다.

만약 여자가 자기 자신의 친구가 되지 못하면 삶에 몰아치는 거센 폭풍과 생활에서 겪는 스트레스로 마음이 필요 이상으로 심하게 흔들릴 테고 자연히 일상생활을 유지하기도 어려워질 것이다. 하지만 자기 공감을 할 수 있는 능력을 밑바탕에 두고 힘든 상황이 닥쳤을 때 자기 자신을 이해하면 정신적 균형을 잃지 않는다. 여자가 제때에 제동을 걸고 단호한 태도로 무리한 요구와 간섭, 교만에 저항한다면, 우울의 덫에 빠지지 않을 수 있다. 요컨대 여자는 스스로를 보살핌으로써 자기 자신을 위해 싸우고 스스로를 옹호할 수 있다.

"저는 다른 사람을 돌보기에 앞서 먼저 나 자신을 돌봐야 한다는 것을 배웠습니다."

우울에서 벗어나는 방법을 찾은 한 여성은 이렇게 말했다. 또다른 여성은 항상 자기를 희생시킬 준비가 되어 있었던 것이 자신을 병들게 했다는 사실을 깨달았다.

"저는 다른 사람들에게 한 번도 도와달라고 한 적도 없고 불만을 가득 품고 살면서 툭하면 울음을 터뜨렸어요. 그렇게 하더라도 원하는 것은 충족되지 않았고요. 내가 무엇을 원하는지 말하지 않았으니까요. 마침내 이제는 무엇을 원하는지 말하기 시작했습니다."

이전에 깊은 우울 속에서 힘들어했던 이들은 자신이 깨달은 사실을 통해 우울증을 겪는 다른 많은 이들에게 하나의 길을 보여준다. 삶의 가치란 가능한 한 많은 사람을 위해 일함으로써 얻을 수 있는 것이 아니라, 자신을 많이 아껴줌으로써 얻을 수 있다는 사실을 깨달았기 때문이다. 철학자인 세네카에 따르면, 편안한 마음을 갖기 위해서는 "우리 자신을 정확히 평가해야 한다. 사람은 흔히 실제로 할 수 있는 것보다 더 많은 것을 할 줄 안다고 생각하기 때문이다".

"악마가 가르쳐줬지?"
다섯번째 전략: 만인에게 친절한 나는 지나갔다

밀짚으로 금실을 자아야 했을 때 방앗간 집 딸에게는 아버지의 명령과 왕의 위협에서 벗어날 수 있는 내면의 힘과 능력이 부족했다. 게다가 자신에게 그런 요구를 하는 남자들을 만족시켜야 한다는 생각에서 벗어나지 못한 상태였다. 자신에게 주어진 의무는 생각했지만 정작 자신의 마음에 대해서는 어떤 생각도 하지 않았던 것이다. 그러나 왕비가 되고 엄마가 되자 방앗간 집 딸은 자기 안에 있던 전투력을 발견한다. 이제 그녀는 더이상 왕도 난쟁이도, 어떤 누구도 만족시키려 조바심을 내지 않는다. 정말 중요한 건 자신과 아이의 행복이라 생각하기 때문이다. 물론 여전히 상황이 절망적이기는 하지만 계속 싸울 수 없을 만큼 깊은 절망에 빠진 것은 아니다.

우울한 여자도 이와 비슷한 결정의 순간 앞에 서 있다. 우울증이라는 병과 이 병으로 말미암아 일어난 일에 굴복할 것인가? 정말 내가 이에 굴복하고 나약함과 무기력감 같은 감정 속에서 묻혀 지내기를 원하는 것인가, 아니면 왕비처럼 자신의 능력과 가능성을 자각하고 결투를 받아들일 것인가? 우리는 지금 이런 결정의 순간 앞에 서 있다.

방앗간 집 딸은 매우 상냥한 소녀였다. 하지만 왕비가 되고 난후에는 절망적인 상황 앞에 분노하며 절대 굴복하지 않는 강한 의지를 갖춘 결단력 있는 여성이 된다. 우울한 여자도 종종 분노를 느끼지만 다른 사람들과 때로는 본인에게조차 이런 감정을 숨겨버린다. 이들은 무엇이 자신의 신경을 거슬리게 하는지, 무엇 때문에 울분을 토했는지, 어떤 일이 자신을 화나게 만들었는지 다른 사람에게 말하는 대신 계속해서 상냥하고 친절한 태도를 유지한다. 심리분석학자인 프리츠 리만Fritz Riemann은 우울한 사람이 공격적 성향을 억제하는 것에 대해 이렇게 썼다.

"상실에 대한 두려움으로 가득차 있고 의존적이며 사랑에 저토록 집착하는 사람이 어떻게 공격적으로 바뀌고 자신의 의견을 일관되게 주장하며 밀어붙일 수 있을까? 그렇게 의존적이었던 사람이 어떻게 자기가 의존할 대상을 공격할 수 있을까? 이것은 마치 자기가 앉아 있는 나뭇가지를 잘라내는 일과 같다. 이런 위험을 감행하지 않기 위해 우울한 여자는 차라리 상냥한 소녀가 되고자 노력하는 것이다. 이들은 다른 사람이 나쁘게 말하는 것이 틀렸다고 생각하면서도 그저 묵묵히 예, 라고 말한다. 그녀들은 절대 반항하지 않는다."

리만이 묘사한 내용을 보면 우울할 때의 우리 자신의 모습을 발견할 수 있다.

"우울한 여자는 자기주장을 관철하고 대결해야 할 때, 혹은 실제로는 반대해야만 하는 상황에서도 돌려 말하거나 대수롭지 않게 여김으로써 상황을 완화시킨다. 상대방은 전혀 그런 뜻으로 말한 게 아닐 거야. 그런 사소한 일 때문에 화를 내봤자 소용없잖아? 그래 봤자 득 될 일도 별로 없을 텐데, 라고 무마한다."

이렇게 다른 사람들에게 순응하면 그 보상으로 자신이 그토록 절박하게 바라는 친근감과 애정을 받을 수 있으리라 믿고 있는 것이다. 이들은 항상 착하고 완벽하며 친절하게 굴려고 열심히 노력하지만, 오히려 그 때문에 우울이 점점 거대해진다는 사실은 부인할 수 없다. 이렇듯 만성적인 스트레스에 시달리면서 자신의 욕구를 계속 무시하다보면 결국은 우울에 중독될 수밖에 없다.

우울한 여자는 화내지 않고 친절하고 이해심 많으며, 가능한 한 다른 사람의 신경을 거슬리게 하지 않는다. 일을 더 심하게 부풀리지 않으려고 침묵하며 울고 싶을 때 미소짓고 잘못을 빌 일이 없는데도 사죄한다. 우울한 여자가 다른 이들에게 순응하려는 노력은 이토록 눈물겹다.

이런 여성은 제루야 샬레브^{Zeruya Shalevs}의 소설인 『러브 라이프^{Liebesleben}』(한국어판 제목은 '불륜의 시간')에 나오는 주인공 야아라와 비슷한 상황에 처해 있다고 볼 수 있다.

"그를 보면 미소지으려 애썼어요. 하지만 이내 어딘가 삐딱한 미소가 되고 말았지요. 늦게 집으로 돌아온 남편을 보면서 짓는 여성의 미소를 닮았다고나 할까요? 잘해내지도 못할 거면서 자존심을 세우려는 여성 말이에요…… 그가 나를 보는 순간 다시 뒤로 돌아섰을 때 그의 기분이 좋지 않다는 것(나쁜 기분에서 나오는 압박감)을 온몸으로 느낄 수 있었어요. 그가 기분 나쁜 것이 마치 내 잘못 때문인 것 같았죠…… 어떻게 하면 그의 화를 가라앉힐 수 있을까 생각했지만 무엇을 해야 좋을지 몰랐어요. 그저 침착하게 굴면서 화를 내지 않으려고 애썼죠. 그런데 귓속에서 삑삑 하고 기관차가 들이닥치면서 내는 듯한 거친 두려움의 소리가 들려왔어요. 하지만 건널목 차단기는 작동하지 않았고 더이상 사고를 피할 수 없다는 것을 알았죠. 이제 남은 문제는 얼마나 큰 재앙이 다가올 것인가, 오직 그뿐이었어요."

우울한 여자는 다가올 재앙이 두렵기 때문에 관계에 욕심을 내지 않는다. 이들은 참고 침묵하며 극도의 이해심을 보인다. 자기가 생각하기에 결코 바뀌지 않을 것처럼 보이는 일은 그저 참고 견딘다. 이를 통해 여자는 자신이 저항하고 목소리를 높이고 내면의 소리에 귀기울이면 무슨 일이 일어나는지 경험할 기회를 잃는다. 그러고는 아무 일도 일어나지 않는다는 것을, 적어도 나쁜 일은 일어나지 않는다는 것을 알게 된다. 프리츠 리만은 이렇게 말했다.

"공격적 성향을 잘 처리하는 방법은 오로지 자신의 공격적 성향을 직접 경험해야만 배울 수 있습니다."

대등한 관계는 서로 상처 입히고 굴욕을 주며 무시하는 태도가 허용되지 않을 때에만 가능해진다. 분노와 욕설, 무관심, 악용 혹은 심지어 폭력이 즉각적으로 확실히 제지되면 이런 부적절한 태도가 다시 나타날 기회는 확실히 적어진다.

영화 〈귀여운 여인Pretty Woman〉의 한 장면은 이런 내용을 담고 있는 모범답안이라 할 수 있다. 이 영화는 콜걸인 비비안 워드(줄리아 로버츠 분)가 잘생긴 재벌기업가인 에드워드 루이스(리처드 기어 분)와 사랑에 빠지는 이야기이다.

에드워드는 자신의 격에 맞는 옷을 비비안에게 사준 후, 일주일 동안 자신과 동행할 수 있는 기회를 준다. 그러고는 변호사 친구와의 만남에서 비비안이 실제로 무슨 일을 하는지 밝힌다. 그런데 이 친구는 젊은 여인인 비비안에게 빈정대면서 다가가는 것 외에 다른 관심이라고는 눈곱만치도 없다. 이에 비비안은 비록 에드워드의 옆에서 지낸 시간이 맘에 들고 이미 그를 사랑하기 시작했지만 자신의 마음을 묻어두고 꿈같던 생활을 즉시 끝내려고 한다.

실제로 둘은 격하게 싸우고 그 과정에서 비비안은 짐을 싸서 에드워드를 떠나려 한다. 에드워드는 이런 비비안의 마음이 진심이라는 것을 깨닫고는 사과하며 자기 옆에 머물러달라고 한다. 이때 비비안은 부당한 일을 당한 여성이라면 누구나 기억해둬야 할 이야기를 한다.

"당신은 나를 아프게 했어요. 절대 다시는 그러지 말아요!"

심리학자인 해리엇 러너는 말한다.

"분노는 감정입니다. 우리가 분노하는 데는 항상 원인이 있으며 우리는 여기에 관심을 가져야 합니다. 우리는 누구나 모든 것을 느낄 권리가 있습니다. 확신하건대 우리가 느끼는 분노 역시 예외가 아니죠. 하지만 우울한 여성은 이 권리를 스스로 박탈합니다. 부정적인 감정을 표출하면 관계가 깨질까봐 두렵기 때문이죠. 따라서 이들은 오랜 시간에 걸쳐서 분노의 감정과 공격적 성향을 깊숙이 숨깁니다. 사실 분노란 긍정적이지도, 부정적이지도 않은 감정인데 말이죠. 요컨대 여성이 분노를 느끼는 건 어떤 일이 부정적으로 전개되려고 할 때 주의하기 위해서입니다."

분노에는 자신의 욕구와 희망사항이 만족할 만큼 받아들여지지 못했다는 사실을 스스로에게 알리는 중요한 기능이 있다. 또 해결해야만 하는 갈등이 있다는 것을 알려 우리의 주의를 환기시킨다. 또 여자가 자기 자신을 변호하고 한계를 설정하며 다른 사람의 요구를 거부할 수 있도록 격려해서 스스로 변화할 수 있게 동기를 부여한다.

　이렇게 긍정적인 의미를 지닌 분노를 표현할 수 있도록 우울한 여자는 목소리를 높이는 방법을 배워야 한다. 그러려면 먼저 분노하는 것에 대한 두려움을 없애고, 처벌이나 보복을 받지는 않을지, 애정을 박탈당해 혼자 남겨지지는 않을지, 다른 사람을 아프게 하지는 않을지 두려워하는 것이 과연 적정 수준인지 자문해야 한다. 여자들 가운데는 배우자나 남자친구 혹은 삶에서 중요한 의미를 갖는 다른 사람을 두려워하는 이들이 더러 있다. 이런 여자는 어쩌면 어린 시절에 가정에서 받은 상처가 원인이 되어 당시에 느낀 대로 행동하는 것일 수도 있다. 예를 들어 어린아이였을 때는 아직 무력해서 어른이 화를 낼 만한 행동은 피하게 되고, 자연히 언제나 숨죽이며 살게 된다. 이런 경험을 자주 하다보면 유년기에서 벗어나 어른이 되어도 다른 사람에게 대등한 파트너로 인정받지 못할 때가 많다. 관계 안에서 수평을 이루지 못하고 삐딱하게 기울어지기 때문이다.

　우울한 여자의 삶에는 자주 이렇게 삐딱한 경사가 생긴다. 이는 다른 사람이 자신을 이해하지 못하고 인정하지 않으며 자신의 이야기를 듣지 않는다고 느낄 때, 실감할 수 있다. 하지만 무조건 다른 사람들의 잘못 때문만은 아니다. 여자의 목소리가 너무 조그맣거나(혹은 아예 아무 말도 하지 않거나) 어른이 아닌 아이처럼 이야기하는 것이 원인일 수도 있다.

　우리가 어른이라면 자신이 상냥하고 친절하게 상대방을 대해도 그 사람이 반드시 같은 방식으로 자신을 대해주리라는 보장이 없다는 사실을 잘 알 것이다. 따라서 항상 크고 분명한 소리로 자신을 대변해서 말하고, 맘에 들지 않을 때는 상냥하게 미소짓는 대신, 아니요, 라고 말해야 한다. 그래야만 자신이 원하는 것을 얻을 수 있다. 불평불만으로 자신의 분노를 에둘러 표현하거나 괜한 두통 핑계를 대거나 침묵으로 거부하면서 숨겨서도 안 된다. 또한 화가 나면 이를 억제하지 말고 곧바로 드러내 표현하는 것도 두려워하지 말아야 한다. 그래야만 우리는 온갖 비이성적인 것들과 감정의 폭발로부터 스스로를 보호할 수 있다.

리만은 이렇게 썼다.

"건전하고 능숙하게 공격적인 성향을 표출하는 것은 우리의 자긍심과 인격의 존엄, 그리고 건전한 자부심의 중요한 구성요소이다. 그런데 자긍심이 약하고 우울한 여자는 대담하지 못하기 때문에 자신의 분노나 공격성을 능숙하게 표현하지 못한다."

따라서 자신의 존엄성을 다시 찾고 싶은 여자라면 자기 안에 들어 있는 작은 소녀가 성인이 된 여성에게 목소리를 높이도록 허락해야 한다. 이런 일을 잘해내고 싶다면 다음에 이어지는 내용을 기억해야만 한다.

◆ 어떤 상황에서도 절대 단념하지 말고 다른 사람이 우리를 존중하게 하고 올바른 대화방법을 찾도록 요구해야 한다. 이를 단념하면 여성은 정신적으로 점점 약해지기 때문이다.

다른 사람이 제멋대로 나를 다루도록 내버려두다보면 무기력감과 마비증상이 생긴다. 이런 감정은 삶의 기쁨과 힘을 빼앗아버린다.

◆ 우리는 자신의 감정에 귀기울이는 법을 배워야 한다. 자기 회의는 주변으로부터 충분한 관심과 공감을 받지 못할 때 생겨난다. 이렇게 되면 여자는 본인이 느끼는 것을 그대로 믿지 않게 된다. 보통 사람들은 이런 회의감에 대해 결코 알지 못한다. 이들은 '내 느낌이 그러면, 다른 사람이 뭐라 말하고 행동하든 간에 이 문제에 관해서는 내가 옳다'고 생각한다. 혹은 어떤 특정인 옆에 있으면 기분이 안 좋아질 때, 누군가가 그 사람이 싫은 이유를 대신 입증해줄 때까지 기다릴 필요는 없다. 우울하지 않은 보통 사람들은 '나는 내 마음대로 행동할 수 있고, 그렇게 할 권리가 있다'고 생각한다.

'당신에겐 날 막 대할 권리가 없어'
욱하는 남편에게 대응하는 법을 알게 된 그녀

수년 동안 남편이 불같이 화를 내는 것을 보면서도 괜히 더 속을 긁지 않으려고 꿋꿋이 참아온 한 여자가 있었다. 어느 날 그녀는 자신이 더는 이 스트레스를 감당할 수 없다는 사실을 깨달았다. 그녀는 시도 때도 없이 욕을 퍼붓고 공격적인 태도를 보이는 남편에게 대항하기 시작했다. 그의 행동은 일종의 정신적 폭력을 행사하는 것과 같으며 더이상은 견딜 수 없다고 선포했다. 그러고는 남편에게 이제부터 그런 식으로 이유 없이 분노를 거칠게 분출하면 자신은 곧장 일어나 그곳을 떠나겠다고 말했다. 남편은 이 말을 듣자 더욱 분노했다. 하지만 남편이 화를 낼 때마다 그녀가 실제로 방을 나가버리자, 광기에 가까운 폭발은 점점 줄어들기 시작했다.

우울은 우리가 지금까지 너무 오랫동안 침묵해왔다는 신호이다. 또한 다른 사람들의 일에 너무 많이 신경쓰고, 지나치게 순종적으로 다른 이의 상황에 자기를 끼워맞추며, 무리한 요구를 거부하지 못하고 본인을 존중하지 않으며 살았다는 신호이다. 스위스의 우울증 전문가인 다니엘 헬은 우울은 한 사람이 잃어버린 균형을 다시 찾고자 싸움을 벌이는 상태라고 묘사한다. 헬은 이렇게 말한다.

"신경마비에 대해 이야기하는 사람도 있고 무력감에 대해 이야기하는 사람도 있습니다. 그뿐 아니라 심리적 마비증상이나 어지럼증을 느끼거나 혹은 익숙한 생활이 혼란스럽게 느껴진다는 사람도 있죠. 우울한 사람들이 삶이 더이상 자연스럽게 여겨지지 않고 어찌할 바를 모르겠다고 말하는 것은 우연이 아닙니다. 이처럼 이전에는 당연시했던 것들과 힘들여 유지했던 균형이 깨져버렸다고 표현하는 사람들이 꽤 많습니다."

그런데 우울한 여자들이 잃어버렸다고 주장하는 균형은 사실상 우울증이 생기기 전에도 그렇게 안정적이지 못한 일종의 허상이었을 뿐이다. 우울로 인해 이런 허상의 껍질이 벗겨지고 삶이 불안정하다는 사실을 마침내 분명하게 깨달을 수 있었던 것이다. 우울할 때 우리는 현재의 삶이 정상이 아니라는 사실을 인식해야 비로소 내면의 균형을 다시 찾을 수 있다. 이를 위해서는 실제 자아가 모습을 드러낼 수 있도록 기회와 목소리를 마련해주어야 한다. 할말이 있을 때 더이상 침묵해서는 안 되며, 실제로 밀짚으로 금실을 자을 수 있는 양 행동해서도 안 된다. 항상 본인의 욕구보다 다른 이들이 원하는 것이 더 중요한 것처럼 구는 일은 더더욱 안 된다.

검은 옷을 입은 여인과 대화를 나눌 준비가 된 여자에게 가장 필요한 건 용기와 지구력이다. 또한 자기 자신에게 참을성을 갖고 시간을 주어야 한다. 정신적인 변화는 짧은 기간 안에 빨리 일어나지 않기 때문이다. 동화 속의 왕비도 마지막에 문제의 정답을 찾아내기까지 세 번이나 시도했다는 것을 기억해야 한다.

또한 우울에서 벗어나려면 적극적인 태도를 보이도록 노력해야 한다. 비록 자신의 무력감과 무능함을 감추지 않고는 제대로 살아가는 게 불가능한 듯 보이더라도 말이다. 난쟁이의 요구에 저항하고 항복하지 않으려면 자신이 알고 있는 모든 지식과 창의성, 환상을 총동원해야 한다. 이렇게 해야만 우리는 왜 내가 우울해졌는지 원인을 밝혀내고 그에 대항해 무엇을 해야 할지 알 수 있다. 자신이 이제껏 침묵해왔지만 머지않아 목소리를 크게 높여야 한다는 사실 역시 깨닫게 될 것이다.

우울과 맞서 싸우려는 여성이 스트레스를 없애고 충족되지 않은 친밀감과 유대감에 대한 희망을 실현하기 위해서는 해야 할 일이 두 가지 있다. 동화 속의 왕비가 그랬던 것처럼 말이다.

◆ 과거의 침묵에서 벗어나 자신을 더욱 소중하게 여기는 법을 배워야 한다. 그래야만 삶에서 겪는 다양한 스트레스를 적절한 방법으로 해소할 수 있다. 또한 "내가 나를 위하지 않으면 누가 나를 위하겠는가?"라는 말을 삶의 좌우명으로 삼아야 한다. 이렇게 자신을 우선하는 법을 배우면 과중한 의무와 과제에 치여서 쓰러지는 일은 없을 것이다.

◆ 우울증을 극복하고자 하는 여자는 상냥한 소녀의 역할을 그만두어야 한다. 『친절은 제기랄의 여동생Nett ist die kleine Schwester von Scheiße』이라는 책이 있다. 책제목처럼 과격하게 표현하진 않더라도 친절은 결국 일방통행밖엔 되지 않는다. 비록 사람들은 친절한 이를 좋아하기 마련이지만, 반드시 그에 상응하는 반응을 보이고 대가를 지불하지는 않기 때문이다. 만약 우울한 여자가 약간은 덜 상냥하지만 그 대신 상황을 더 좋게 만들기 위해 더 많은 것을 요구하는 방법을 배우게 된다면, 남들이

자신을 제대로 보지 못하고 진지하게 받아들이지 않는다는 느낌을 서서히 지워갈 수 있을 것이다.

네가 없는 나는 누구일까?
바로, 나!

심리치료사인 볼프강 슈미트바우어는 우울한 사람을 "누구보다 유쾌하며 겉보기에는 스트레스를 잘 이겨내고 재능이 풍부하다"고 묘사한다. 의심할 여지 없이 우울증에 걸렸거나 걸릴 위험에 처해 있는 여자에게 딱 들어맞는 특징이다.

◆ 우울한 여자는 전반적으로 유쾌하며 다른 사람의 감정을 잘 이해하고 남들에게 많은 관심을 갖기 때문에 대화 상대로 꽤 인기가 많다. 또 자신을 과잉평가하지도 않고 이기적이지도 않다. 그래서 이들은 자기한테 힘이 더이상 남아 있지 않을 때까지 끊임없이 다른 사람을 상대해준다. 하지만 이런 그녀에게 더이상 여력이 없다는 것을 깨닫는 순간, 정작 다른 사람들은 이들과 멀찍이 거리를 두기 시작한다.

◆ 그녀들은 압박감을 이겨내는 데 천부적인 재능을 갖춘 듯하다. 단, 그것은 완전히 지쳐 쓰러지기 전까지만 발휘된다.

◆ 그녀들이 유능하다는 것은 자명하다. 그렇지 않다면 삶에서 그토록 많은 요구사항들을 지금처럼 조리 있고 완벽하게 구성하지 못할 것이기 때문이다. 우울의 베일이 아직 이들을 완전히 덮어버리지 않는 한 이들은 유능하다.

우울한 사람은 근본적으로 강하다
우울에서 탈출하기 위한 마스터키

하지만 유감스럽게도 우울할 때의 우리는 자신이 강하다는 사실을 전혀 인식하지 못한다. 도리어 완전히 반대로 생각한다. 우울할 때 우리가 지배당하는 감정은 허약함과 열등감이다. 이들은 자신이 지닌 소질을 자기 발전에 쓰는 대신 자신을 혹사하는 데 이용한다. 게다가 이들은 여러 만성적인 스트레스 요인과 깊숙이 자리잡은 상실감으로 말미암아 강점을 발달시키는 것을 방해받는다. 자신이 있는 그대로 받아들여지지 않는다고 느끼는 여자는 자신의 가능성에 대한 신뢰를 잃어버린다. 그래서 항상 자신이 불완전하다는 느낌과 맞서 싸워야 한다. 이때 우울은 자기 자신을 다시 믿을 수 있는 기회를 제공한다.

지독한 우울에 맞서 대처해야겠다고 결심한 당신은 강하다.

"사실 우울증은 저한테 좋은 영향을 주었어요. 이전보다 제 자신이 더욱 강하고 정신적으로 균형을 이루고 있다고 느끼거든요.”

이전에 우울증을 앓았던 한 여성은 확신을 갖고 이렇게 대답했다. 그녀처럼 우울증을 겪어본 사람들은 우울증을 통해 비로소 자신이 강하다는 사실을 깨달았다고 말한다. 자신에게 매우 특별한 성향과 능력이 있어서 이를 적절히 사용하면 원하는 대로 삶을 꾸려갈 수 있다는 믿음을 갖게 되는 것이다.

우울증을 앓았던 미국의 저널리스트 앨리슨 피어슨^{Allison Pearson}은 이런 의식의 변화를 위한 마스터키가 무엇인지에 대해 다음과 같이 썼다.

“우리는 자신이 여성들 가운데 가장 훌륭한 사람은 아니며 이것이 전혀 문제되지 않는다는 점을 받아들여야만 합니다.”

우울을 앓는 과정은 정체되어 있던 우리의 몸과 마음이 변화를 겪는 과정과 같다. 그 과정에서 우리는 자신이 누구인지 깨닫고, 자신을 잃지 않으려면 삶에서 중요한 무언가를 변화시켜야 한다는 신호를 듣는다. 이를 받아들이면 여자의 내면에는 혁명이 일어난다. 그 결과 우울을 앓기 전과는 공통점을 찾을 수 없을 정도로 전혀 다른 모습이 된다. 예전의 자기 모습은 추억 속에서나 찾아볼 수 있게 될 것이다.

“우울의 베일이 벗겨졌을 때, 저는 난생처음 나에게 내 삶을 통제할 수 있는 힘이 있다는 걸 느꼈어요. 이제 더이상 다른 사람이 나에게 어떻게 살고, 무엇을 생각하고, 어떻게 느껴야 한다고 지시하도록 가만있지 않을 겁니다. 내가 원하는 것에 더 신경쓰고 이전보다 나를 더 잘 돌볼 거예요."

이렇듯 우울한 여자가 불가능한 것을 가능하게 만드는 일과 다른 사람을 위해서 항상 착하게 행동하는 일을 중단하고 왜 멈춰서야 하는지 머리가 아닌 마음으로도 이해한다면 내면에 혁명적인 변화가 일어난다. 이는 일종의 성장이라고 할 수 있다. 이 과정에서 환자는 자신의 능력과 강점을 (새로) 발견하거나 지금까지 가려져 있던 것에 생명을 불어넣을 수 있다. 이렇게 뚜렷한 의식을 가지고 우울과 용감히 싸우고 나면 '이런 것이 나다! 나는 이렇게 되고 싶다! 하지만 또한 이것은 내가 아니다! 나는 이렇게 되고 싶지 않다!'와 같은 분명한 태도와 신념을 갖게 될 것이다.

유명한 뉴욕 액터스 스튜디오의 설립자이자 메릴린 먼로의 연기 선생이었던 리 스트라스버그Lee Strasberg는 먼로에게 이런 말을 했다.

"네가 두려움 때문에 이렇게 많은 일에 짓눌려 있는 게 참 안돼 보여. 네 재능을 발휘할 수 있도록 해봐."

잘 알려진 일이지만 이후에도 메릴린 먼로는 자신의 능력으로 향하는 통로를 찾지 못하고 자기 회의로 말미암아 좌절한다. 그만큼 여자가 우울을 이겨내려면 힘들고 고통스러운 길을 갈 마음의 준비를 해야 한다. 이렇게 해야만 본인의 힘을 자신을 위해서 쓸 수 있다. 그 결과 사회학에서 '권리 부여'라고 부르는 '자기 능력화' 혹은 '자율성과 독립성'을 얻는다. 자기 자신에게 권리를 부여할 힘을 지닌 여자는 인생에 대해 확신과 통제력을 가진다. 이런 여자는 본인의 삶뿐만 아니라 다른 사람의 삶에도 영향을 끼칠 수 있다는 점을 안다. 즉 권리 부여는 여자에게 다른 사람이 자신을 무너뜨릴지도 모른다는 위협에서 벗어나 지금 그대로의 모습으로 있어도 괜찮다는 근본적인 확신을 준다.

나를 위해서는 아무것도 바라지 않는다?
당신을 위한 자기방어의 기술

자율적인 여성은 분노를 속으로 삼키거나 무조건 다른 사람들이 마음대로 하도록 놔두지 않는다. 자신을 위해서는 아무것도 바라지 않는 일이 단기적으로는 좋을지 몰라도 장기적으로는 그렇지 않다는 점을 알기 때문이다. 날마다 생기는 무리한 요구와 간섭 및 모든 종류의 폭력에 반대하려면 "안 돼!"라는 말 한마디만 하면 된다. 메릴린 먼로는 이 "안 돼"라는 말을 결국 꺼내지 못했다.

"안절부절못하겠고 계속 심란해요. 한번은 세트장의 어두컴컴한 구석에 은접시를 거의 집어던질 뻔했죠. 그러던 찰나에 내가 정말로 느끼는 감정은 그 어느 것도 밖으로 표출해서는 안 된다는 것을 깨달았어요. 만약 그렇게 했다간 멈추지 못할지도 모르잖아요. 그러니 아예 시작도 하지 않는 거죠."

우울한 여자들 대부분은 메릴린 먼로의 이런 두려움이 무엇인지 알 것이다. 이들은 억압된 분노가 파괴적으로 폭발할 수 있다는 것을 예감한다. 가령 억압받는 상황에서 때에 맞춰서 아니요,

라고 부인한다면 이러한 파괴성은 억눌려 있지 않을 것이다.

삶이 스트레스 요인으로 가득한데 여기에 더해 모든 것을 잘해내고, 모두를 만족시키려 노력하려는 여자가 있다면, 이들에게 '아니요'는 선택의 길을 열어주는 단어가 될 수 있다. 완벽해지고 모든 것을 혼자서 해내야만 한다고 믿으며 부질없이 애쓰는 것은 우울에 영양분을 주어 키우는 일이기 때문이다. 메릴린 먼로도 완벽주의자였다. 먼로는 노력과 성과를 통해서 우울이라는 악마를 쫓아버릴 수 있을 거라 믿었다.

"더 노력하고 적극적으로 행동하기. 수업 참가. 내 수업은 물론이거니와 가능하면 스트라스버그가 하는 다른 강좌도 자주 청강하기. 이런 계획을 똑바로 수행하기 위해 규칙 세우기. 액터스 스튜디오에서 시간 허비하지 않기. 눈을 똑바로 뜨고 나뿐 아니라 다른 사람과 전체를 관찰하기."

이기주의는 그 자체로 나쁜 것이 절대 아니다. 오히려 정신건강을 위해 중요한 조건 중 하나이다. 자기 자신에게 권리를 부여하는 능력이 생긴 여자는 좋은 의미의 이기주의자가 될 수 있다. 다시 말해서 자기 공감능력을 발달시키는 것이다. 다른 사람을 위해 존재하고 그들을 돌보는 일은 말할 필요도 없이 여자가 지닌 훌륭한 능력이다. 이런 능력을 자신을 위해서도 쓴다면 건전한 균형을 이룰 수 있다. 여자는 남들이 자기에게 바라는(혹은 스스로 기대하는) 모습이 되려고 더이상 애쓰지 말고 완벽한 아내와 엄마, 딸이 되어야 한다는 과잉된 기대도 내려놓고 자기의 원래 모습 그대로를 과

감히 내보여야 한다.

또한 여자는 이제 자신이 무슨 생각을 하고 무엇을 원하는지에 대해 귀기울여야 한다. 자신이 원하는 것과 의견을 남들이 들을 수 있도록 방법을 찾아야만 한다. 오직 자신의 목소리를 통해서만 세상에서 나 자신이 설 위치를 정할 수 있기 때문이다. 우울이 전하는 메시지를 제대로 이해했다면 여성은 이제 "~를 해야만 하는데" "반드시 해야 했는데" "내 잘못이야" "충분히 잘해내지 못했어"라는 말을 더이상 하지 않게 될 것이다. 그 대신에 "나는 ~를 했으면 좋겠어" "내가 생각하기에는" "나는 ~는 안 했으면 좋겠어"와 같은 문장으로 말하기 시작하고, 다른 사람들이 들을 수 있도록 그 목소리를 높이게 될 것이다. 그러면 여자가 이루어야만 한다고 믿는 이상과 진정한 자아 사이의 균열이 좁아지면서 이에 부응해 자긍심도 상승한다.

권리 부여는 여자에게 관계가 얼마나 중요한 것이며 이런 유대감을 원하는 마음이 어린아이의 미성숙한 의존이나 욕구와는 아무런 상관이 없다는 점을 깨닫게 해줄 것이다. 미국의 심리학자인 수전 놀런혹스마는 여성이 지닌 강한 '사회 정체성'에 대해서 다음과 같이 의견을 분명히 한다.

"여자의 정체성은 개인적인 성격이나 능력, 관심사로만 이루어진 것이 아닙니다. 이들이 갖는 관계 역시 매우 중요한 역할을 하죠. 본인의 성과만이 아닌 관계를 통해 여자를 정의하는 것은 이들에게 강인함을 더하는 원천입니다."

네가 없는 나는 누구인가?
나는 아무것도 아니라고 말하는 당신에게

권리를 부여한다는 것은 여자가 친밀감과 대화, 마음의 안식처를 동경하는 것을 부정적으로 평가하지 않는다는 뜻이다. 여자의 '관계적 자아'는 남자의 '자율적 자아'에 조금도 뒤지거나 열등하지 않기 때문이다. 그러나 이런 사회적 정체성을 중심에 두느라 사회적 유대감 외에 개인의 정체성을 잃어버린다면, 여자에겐 치명적일 수 있다. 놀런혹스마는 이렇게 경고한다.

"여자가 아내와 엄마 혹은 딸로서만 정체성을 갖는다면, 말 그대로 자신을 잃어버리고 맙니다."

이렇게 된 후에는 "네가 없는 나는 누구인가?"라는 질문에 "난 아무것도 아니다"라는 무서운 대답을 할 수밖에 없게 된다.

"자아를 집어삼키지 않는 한도 내에서만 사회적 정체성에 적절한 관심을 가질 때, 여자는 자기를 병들게 하는 얽히고설킨 관계에서 해방될 수 있습니다."

놀런혹스마의 말이다. 이는 최소한의 사람에게만 신경쓰거나 당장 발등에 불이 떨어진 과제에만 집중해야 한다는 의미가 아니다. 오히려 우리는 사는 동안 가능한 한 많은 역할을 실행해야 한다. 다양한 사회적 역할과 관계, 다양한 성향을 내면에서 조화시키다보면 정신적으로 중요한 자원인 '자아복합성'을 지니게 되기 때문이다. 심리학자 퍼트리샤 W. 린빌Patricia W. Linville은 '자아복합성'이 정신적 혼동과 스트레스 억압으로부터 우리를 보호한다는 사실을 언급했다. 때로는 의존적이며 요구가 많지만 반대로 강하고 독립적인 면도 있다고 자신을 인정할 수만 있다면, 또 자기가 아내와 엄마의 모습만이 아닌 친구, 이모, 동료, 운동선수도 될 수 있다면 자신에 대해 훨씬 다양한 그림을 그릴 수 있다. 그리고 이런 그림이 더욱 다양해질수록 우울증으로부터 자신을 보호할 수 있는 확률도 훨씬 높아진다. 한 예로 장기간에 걸쳐서 실행된 한 연구 결과는 여자가 주부와 엄마로서만 지냈을 때의 우울증 수치가 다시 일을 시작하면서 줄어들었다는 사실을 입증하고 있다. 집 밖에서 일하는 시간이 길어질수록, 이들의 마음도 안정적으로 바뀌는 것이다. 직업이 가져다주는 이런 긍정적인 영향은 미취학 아동을 자녀로 둔 엄마에게서도 역시 관찰할 수 있다. 이와는 반대로 직장을 그만둔 여성은 자꾸만 우울의 수렁에 빠지는 것 같다고 진술했다.

다양한 역할을 해낸다는 것이 왜 여자의 정신적인 압박감을 해소해주는 것일까? 언뜻 생각해보면 오히려 더욱 심한 부담감을 줄 것 같은데 말이다. 그 이유는 바로 여자가 여러 역할을 맡으면 한 분야에서 잘해내지 못하더라도 다른 분야를 통해 위로받고 보호받기 때문이다. 삶의 다른 부분에서 힘과 용기를 얻을 수 있으면 사람들은 실패와 분노, 스트레스에 더욱 잘 대처할 수 있다. 가령 행복한 가정생활은 직장에서 받는 스트레스에 대한 완충제 역할을 한다. 그래서 여성은 성공적인 직장생활과 유능한 자신의 모습을 경험함으로써 가정에서 일어난 갈등과 걱정도 더 잘 다룰 수 있게 된다. 다른 사람들로부터 인정과 칭찬을 받으면 자긍심이 강해져서 기분도 좋아지고, 자연히 가족과의 생활에도 더 만족할 수 있게 되기 때문이다. 이렇듯 직장생활이 만족스러운 여성은 가정의 불가피한 위기상황과 분노를 직업과 깊이 결부시키지 않는다. 집에서 무언가가 잘못되더라도 이런 여성에게는 그리 대단한 일이 아니다. 그것은 언젠가는 지나갈 것이고 해결책이 있으리라 믿는 것이다. 다시 말해 복합적인 역할은 여자가 굳이 관계에 집착하지 않더라도 자신을 가치 있고 완전하다고 느낄 수 있도록 도와준다. 또한 이를 통해 '네가 없어도 나는 나야'라는 생각이 확실히 자리를 잡는다.

다양한 역할을 한다는 것은 문제가 생겼을 때 많은 곳에서 도움을 얻을 수 있다는 뜻이기도 하다. 예를 들어 직장에 다니는 엄마는 동료와의 사적인 대화를 통해서 많은 힘을 얻는다. 남성이 직장에서 동료들과 사적으로도 좋은 관계를 맺는 일은 매우 드물다. 그 대신 이들을 사회적으로 후원해줄 수 있는 사람은 바로 아내이다. 만일 배우자의 지지가 없다면 남자들이 직장에서 느끼는 만족도는 급격히 떨어질 것이다.

다양한 역할이 여자를 우울증으로부터 보호해줄 수 있다는 인식은 여성 특유의 스트레스를 다룰 때 특히 중요한 문제이다. 분명히 해두자면, 여자를 압박하는 것은 다양한 역할이 아니라 사회적 정체성을 과장하고 강조하는 데에서 생기는 스트레스이다. 만성적 스트레스에는 결혼, 임신과 육아, 관계를 맺고 유지하기 위한 일, 보살핌에 대한 의무감 혹은 폭력 경험 등이 속한다. 이런 스트레스 요인이 장기간 지속될 때 여자의 몸에 나쁜 영향을 끼친다는 것은 두말할 필요도 없다. 여자는 지속적으로 자기를 소진하지만 어떠한 보상도 받지 못하므로 이로 인해 마음에 균열이 생긴다. 만일 여자가 다양한 모습의 자아를 갖추어서, 이들이 관계에만, 특히 유일하게 배우자와의 관계에만 의존하지 않았다면 이러한 균열은 생기지 않을 것이다. 본인의 능력에 믿음을 더해주는 원천이 부가적으로 또 있다면 여자는 삶에 존재하는 스트레스 요인에 더 굳세게 저항할 수 있다. 더군다나 때로 타인과 관계를 맺으면서 자신에게 실망하는 피할 수 없는 경험으로부터 스스로를 방치하지 않아도 된다.

위협에 직면해서 빠져나갈 곳이 없어 보이는 상황에 처했을 때 무기력한 태도로 수동적으로 머물지 않고 자신이 가진 능력을 자각한 동화 속의 왕비는 좋은 본보기이다. 그녀는 창의성을 발휘하고(난쟁이의 이름이 무엇일까 생각한다), 행동을 취하고(신하를 보낸다), 자신을 조심스럽게 대하며(자신을 비난하거나 자신의 팔자와 박복함에 대해 골똘히 생각하지도 않는다), 왕이나 아버지(남성들의 세계)에게서 어떤 도움과 위로도 구하지 않는다. 처음에는 단순히 주어진 일만 꾸역꾸역 해내는 무력한 울보였던 방앗간 집 딸이 드디어 자신의 삶을 손에 쥔 채 적극적으로 행동하는 여성이 된 것이다.

다만 우울이 마침내는 좋은 결말을 가져올 수 있고 왕비의 지혜를 자기에게 유리하게 이용할 수 있다 하더라도 우울한 여자가 반드시 명심해야 할 한 가지가 있다. 즉, 우울은 완치되지 않는 병이라는 사실이다. 안타깝게도 살다보면 우울한 기분을 불러일으키는 상황이 계속해서 나타나기 마련이다. 하지만 한번 우울의 늪에 빠져본 여자에게 이것은 더이상 끔찍한 일은 아니다. 삶에서 무엇인가가 잘못되었을 때마다 매번 검은 옷을 입은 여인이 문을 두드린다는 것을 경험해봤기 때문이다. 어쩌면 지나간 잘못된 습관이 다시 살아나거나 스트레스가 커졌을 수도 있고, 스스로에게 너무 많은 것을 기대했을 수도 있다. 아니면 '나'는 거의 없는 반면에 '너'가 너무 많이 있을 수도 있다. 상황이 이렇게 된다 해도 우울을 벗삼은 여자는 우울증이 보내는 경고신호를 판단하는 방법을 잘 알고 있다.

이렇듯 우울이란 스스로 극복할 수 있으며 빨리 다시 사라지게 할 수 있는 증상일 뿐, 그 이상은 아니라고 생각하는 여자는 인생에는 언제나 우울한 시기가 있다는 사실을 인정한다. 이들은 살면서 과도한 억압과 스트레스를 받을 때면 자신을 특별히 더 잘 보살펴야 한다는 것도 안다. 배우자와의 관계에서, 가족과 직장에서 혹은 친구와의 사이가 삐거덕거리는 것이 참기 어렵지만, 자기 자신을 믿고 옹호할 줄 안다면 주위 사람들이 결국은 자신을 버릴 것이라는 두려움을 가질 필요가 전혀 없다는 것을 안다. 이런 여자는 본인의 기분을 더욱 세심히 살피고 분석해서 우울이 재발하는 것을 막기 위해 의식적인 행동을 취한다.

"우울증이 다시 생기겠구나, 하고 느낀 적이 서너 번 정도 돼요. 안 돼, 무서워, 난 끝장이야, 이런 감정에 빠져들다가도 다시 마음을 다잡죠. 결국엔 우울로부터 나를 지킬 수 있고, 우울의 늪에 빠지더라도 다시 빠져나올 수 있는 능력이 내게 있다는 사실을 깨달았으니까요. 이번엔 이전처럼 그렇게 심하지는 않을 거예요."

우울의 끝에 도달하면 한 가지 명백한 사실이 드러난다. 여자가 우울증에서 해방되어 본인의 진정한 자아를 발견하기 시작하면 경우에 따라 주변 사람이 곱지 않은 시선을 보낼 수도 있다는 것이다. 이 사실을 반드시 염두에 두어야만 한다. 세상에는 어디에나 밀짚에서 금실을 자으려고 애쓰는 여자의 행동으로 이득을 보는 사람이 있기 때문이다.

또 우울을 극복한 여자는 간혹 화가 난 룸펠슈틸츠헨과 맞닥뜨릴 수도 있다. 하지만 "네가 없는 나는 누구인가?"라는 질문에 주저 없이 "나"라고 대답할 수 있는 여성이라면, "룸펠슈틸츠헨, 네가 문제가 있구나. 그런데 미안하지만 그건 내 문제는 아니야"라고 대꾸하고 엷은 미소와 함께 돌아설 수 있으리라.

옮긴이 **손희주**

충남대학교 독문과를 졸업하고 독일 뒤셀도르프 대학에서 미술사학과 석사학위를 취득했다. 뒤셀도르프, 쾰른, 에센 지역의 전시행사 전담 통번역을 담당하며 독일인을 대상으로 한국어 강의도 펼치고 있다. 현재 독일에 거주하면서 번역에이전시 엔터스코리아에서 출판기획 및 전문번역가로 활동중이다. 옮긴 책으로 『100만 원의 행복』『남자는 왜 잘 웃지 않을까』 등이 있다.

나는 내가 제일 어렵다
남에겐 친절하고 나에겐 불친절한 여자들을 위한 심리학

1판 1쇄 2014년 4월 2일
1판 17쇄 2020년 4월 3일

지은이 우르술라 누버
옮긴이 손희주
펴낸이 염현숙

기획 고아라 | 책임편집 이연실 | 편집 고아라 | 독자모니터 전금희
디자인 고은이 | 일러스트 김민경
마케팅 정민호 이숙재 양서연 박지영
홍보 김희숙 김상만 오혜림 지문희 우상희 김현지 | 저작권 한문숙 김지영 이영은
제작 강신은 김동욱 임현식 | 제작처 한영문화사

펴낸곳 (주)문학동네
출판등록 1993년 10월 22일 제406-2003-000045호
주소 10881 경기도 파주시 회동길 210
전자우편 editor@munhak.com | 대표전화 031)955-8888 | 팩스 031)955-8855
문의전화 031)955-3578(마케팅) 031)955-2651(편집)
문학동네카페 http://cafe.naver.com/mhdn | 트위터 @munhakdongne
북클럽문학동네 http://bookclubmunhak.com

ISBN 978-89-546-2444-2 03180

www.munhak.com